Ouvindo crianças na escola

abordagens qualitativas e desafios metodológicos para a psicologia

Marilene Proença Rebello de Souza
Organizadora

Ouvindo Crianças na Escola

abordagens qualitativas e desafios
metodológicos para a psicologia

Anabela Almeida Costa e Santos
Gôngora de Lucca
Angela Uchôa Branco
Beatriz Belluzzo Brando Cunha
Carmen Tereza Gonçalves Trautwein
Edwiges Ferreira de Mattos Silvares
Elisabeth Gelli Yazzle
Gisele Favoretto de Oliveira
Giuliana Carmo Temple
João Batista Martins
Leticia Passos de Melo Sarzedas
Lygia de Sousa Viégas
Márcia Helena da Silva Melo
Sergio Fernandes Senna Pires
Silvia Helena Vieira Cruz
Renata Fernanda Fernandes Gomes
Ruth Bernardes de Sant'Ana

© 2010 Casapsi Livraria e Editora Ltda.
É proibida a reprodução total ou parcial desta publicação, para qualquer finalidade,
sem autorização por escrito dos editores.

1ª Edição
2010

Editores
Ingo Bernd Güntert e Juliana de Villemor A. Güntert

Assistente Editorial
Aparecida Ferraz da Silva

Capa
Marina Takeda

Projeto Gráfico & Editoração Eletrônica
Sergio Gzeschenik

Produção Gráfica
Fabio Alves Melo

Preparação de Original
Nair Hitomi Kayo

Revisão
Luciane Helena Gomide e Ana Paula dos Santos Bianchini

Revisão Final
Juliana de Villemor A. Güntert

Dados Internacionais de Catalogação na Publicação (CIP)
(Câmara Brasileira do Livro, SP, Brasil)

Ouvindo crianças na escola : abordagens e desafios metodológicos
para a psicologia / Marilene Proença Rebello de Souza. -- 1. ed. -- São
Paulo : Casa do Psicólogo®, 2010.

Vários autores.
ISBN 978-85-62553-10-3

1. Crianças - Pesquisa - Metodologia 2. Pesquisa educacional
3. Psicologia educacional 4. Psicologia infantil 5. Subjetividade
I. Souza, Marilene Proença Rebello de.

10-04331	CDD-370.152

Índices para catálogo sistemático:
1. Crianças : Pesquisas : Abordagens qualitativas :
Psicologia educacional 370.152

Impresso no Brasil
Printed in Brazil

Reservados todos os direitos de publicação em língua portuguesa à

Casapsi Livraria e Editora Ltda.
Rua Santo Antônio, 1010
Jardim México • CEP 13253-400
Itatiba/SP – Brasil
Tel. Fax: (11) 4524-6997
www.casadopsicologo.com.br

SUMÁRIO

Apresentação - A psicologia ouvindo crianças na escola: abordagens qualitativas e desafios metodológicos 7
Marilene Proença Rebello de Souza

Prefácio - Ouvir crianças: uma tarefa complexa e necessária 11
Silvia Helena Vieira Cruz

Criança-sujeito: experiências de pesquisa com alunos de escolas públicas 23
Ruth Bernardes de Sant'Ana

Cultura infantil e psicologia: contribuições da abordagem etnográfica para a pesquisa com crianças.. 51
Beatriz Belluzzo Brando Cunha e Renata Fernanda Fernandes Gomes

Subjetividade e relações étnico-raciais: a criança negra na escola 73
Letícia Passos de Melo Sarzedas e Elisabeth Gelli Yazlle

Rejeição infantil: o papel dos colegas de escola e professores............................... 101
Edwiges Ferreira de Mattos Silvares e Márcia Helena da Silva Melo

A entrada do bebê na escola e seu processo de adaptação 117
Ana Tereza Gôngora de Lucca, Gisele Favoretto de Oliveira e João Batista Martins

Conhecendo a perspectiva de alunos acerca da Progressão Continuada: apontamentos metodológicos 135

Lygia de Sousa Viégas

Promoção da paz e metodologia de pesquisa: uma vivência sociocultural construtivista 163

Angela Uchôa Branco e Sergio Fernandes Senna Pires

Construindo modos de conversar com crianças sobre suas produções escolares 203

Anabela Almeida Costa e Santos

A escrita na perspectiva histórico-cultural: metodologia etnográfica de pesquisa... 229

Giuliana Carmo Temple

A dor e a delícia de entrevistar crianças na construção de um procedimento metodológico infantil 257

Carmen Tereza Gonçalves Trautwein

Sobre os autores 279

APRESENTAÇÃO

A psicologia ouvindo crianças na escola: abordagens qualitativas e desafios metodológicos

Um dos grandes desafios da ciência moderna está em tentar explicar os fenômenos físicos, químicos, matemáticos e principalmente os processos e fatos que constituem as relações sociais, institucionais e individuais. Durante muitas décadas, a divisão do conhecimento foi instituindo-se e cada uma das dimensões da vida passou a ser estudada por segmentos da ciência com objetos de estudo distintos. Coube à psicologia o estudo das emoções, dos sentimentos humanos, do comportamento, da percepção, do desenvolvimento, da linguagem, da aprendizagem, das representações, dos desejos, dos instintos, da constituição histórico-cultural do homem... Qualquer que seja o nome que possamos dar ao objeto de estudo da psicologia, este revela a perspectiva teórica e metodológica que cada uma das epistemologias construiu para explicar os fenômenos humanos.

Mas, embora as diversas abordagens psicológicas revelem o que Vygotsky denomina de "a crise da psicologia", ou seja, a existência de uma ciência que não encontrou ainda as suas leis gerais – os princípios gerais que regem o ser humano –, nenhum outro ramo da ciência pôde dedicar-se tanto a estudar os primeiros anos de vida quanto a psicologia. Em todas as vertentes teóricas da ciência psicológica, a criança – seu desenvolvimento, seu pensamento, sua linguagem, suas maneiras de aprender e conhecer o mundo – exerceu um enorme fascínio. A psicologia propôs-se a explicar como a criança constitui-se como pessoa, suas fases de desenvolvimento, os desafios que apresenta ao construir o seu trajeto rumo à idade adulta, como ela brinca, porque o faz, porque fantasia, como compreende o mundo adulto, como revela seus sentimentos, medos, imaginação, desejos e como compreende o desenvolvimento da ciência.

Talvez seja possível afirmar que a psicologia foi quem pela primeira vez pôde de fato ouvir o que a criança pensa, como pensa e por que pensa, e isso foi possível pela construção de diversos instrumentos que permitiram a existência dessa aproximação. As várias explicações presentes nas diversas abordagens psicológicas partem da premissa de que há um universo infantil que precisa ser explorado, compreendido, interpretado.

As formas de aproximação com as crianças apresentaram à psicologia uma série de desafios: como mediar essa aproximação, como se aproximar de uma criança? Que linguagem utilizar? Para responder a esses desafios, surgiram diversas formas de aproximação: desenho, brinquedo, jogos, observação, registro de suas ações e falas, situações-problema, formas lúdicas, encontro com outras crianças, arte, histórias, imagens, programas de computador, experimentos, provas... Enfim, nos diversos momentos do desenvolvimento da psicologia e das perspectivas teóricas adotadas, construíram-se novas propostas de aproximação com o universo infantil. Nessa trajetória histórica, tivemos desde experimentos montados especificamente para verificar as reações das crianças, suas habilidades e possibilidades e que envolveram situações de laboratório, até aqueles que observaram o que crianças em diversas idades realizavam em diferentes situações de vida: familiar, escolar, em situação de brinquedo e jogo, convivendo com seus pares, dentre outros exemplos.

E, mais recentemente, as discussões no campo da pesquisa centram-se nos aspectos éticos envolvidos no encontro entre o pesquisador e aqueles que participam da pesquisa. As discussões no campo das pesquisas em saúde trouxeram para as áreas das ciências humanas uma série de desafios relativos a aspectos, como por que e quando autorizar que uma situação de pesquisa pudesse acontecer. Essa questão torna-se ainda mais delicada quando se trata de pesquisa com criança, pois sua autorização é solicitada aos seus responsáveis, não sendo sequer necessário que haja o consentimento explícito da criança que vai participar da atividade proposta. Mas, embora o consentimento não seja oficialmente necessário, todos aqueles que participam de pesquisa com crianças sabem da importância em obter sua adesão para que de fato seja possível empreender as etapas previstas para conseguir informações ou participação em qualquer tarefa ou desafio proposto.

Dentro desse conjunto de possibilidades, este livro tem a intenção de apresentar a criança na perspectiva daqueles que se propuseram a realizar um trabalho metodológico árduo de aproximação com seu universo, seus interesses, sua forma de pensar e viver uma situação muito peculiar do desenvolvimento e aprendizagem humanos: o contexto da escolarização. Essa dimensão da vida, a escolarização, fruto da educação formal, tal como concebida em nossa sociedade, exerce um lugar de grande importância na constituição dos indivíduos. Nas suas formas de viver, de sentir, de pensar, de se constituir como pessoa, como indivíduo, as crianças são convidadas a se inserir em uma dimensão atravessada por uma complexa rede de elementos que a constituem em âmbitos sociais, institucionais, psicológicos, pedagógicos, políticos, dentre outros.

Poder construir conhecimento sob o ponto de vista dos referenciais da psicologia, na compreensão do desenvolvimento infantil no interior do processo de escolarização, trouxeram para o interior desta ciência grandes desafios teórico-metodológicos. A compilação de trabalhos que pudemos fazer neste livro é um exemplo desse processo de construção de conhecimento no campo da psicologia, ao intentar aproximar-se do universo infantil de escolarização. Podemos observar que, para dar conta dessa tarefa, a psicologia critica a si mesma, revê seus modelos interpretativos, aproxima-se de outras ciências humanas, revê seus procedimentos metodológicos, arrisca-se no campo da pesquisa qualitativa, recria instrumentos de aproximação, distancia-se de uma dimensão apenas discursiva de entender a realidade. Podemos afirmar que a psicologia "solta suas amarras positivistas" e se lança a novas perspectivas de âmbito interacionista, sociointeracionista e histórico-crítica. Ao fazer isso, assume para si possibilidades antes pouco ou nada consideradas e produz um conjunto de explicações que poderão, na dimensão da construção do conhecimento, constituir respostas a algumas das questões que atualmente se fazem presentes diante da complexidade e da perplexidade das relações sociais.

Os autores dos capítulos desta coletânea utilizam diversas formas de aproximação com as crianças, ora ouvindo-as, ora propondo situações a serem resolvidas, individualmente ou em grupo. Boa parte dos trabalhos apresentados é fruto de pesquisas em níveis de mestrado, doutorado e pós-doutorado desenvolvidos em universidades brasileiras e em conceituados programas de pós-graduação em psicologia. Os trabalhos analisam diferentes fases do desenvolvimento infantil: bebê, pré-escolar, escolar, sob diversas abordagens teóricas. O que une os trabalhos, além do que mencionamos anteriormente, encontra-se na abordagem de caráter qualitativo, fortemente marcada por instrumentos interativos, participativos, possibilitando que as crianças também conduzam o pesquisador, introduzindo novas possibilidades de constituição das relações entre participantes da pesquisa e pesquisadores.

Em minha experiência como pesquisadora e orientadora de teses e dissertações, bem como de pesquisas de iniciação científica, desde 1997, no Instituto de Psicologia da Universidade de São Paulo, tenho me debruçado em discutir com meus pares e difundir trabalhos de pesquisa que a psicologia escolar e educacional vem produzindo e que permitem lançar luzes a alguns dos desafios postos no plano das políticas educacionais. De maneira geral, esta coletânea compila alguns dos mais destacados trabalhos que articulam conhecimentos a respeito da criança, da escolarização, atravessados por escolhas metodológicas que permitam a compreensão desse universo por parte de pesquisadores do campo da psicologia.

Os meus mais sinceros agradecimentos aos autores que aceitaram o desafio de trilhar esse caminho!

São Paulo, 29 de abril de 2009
Marilene Proença Rebello de Souza

PREFÁCIO

Ouvir crianças: uma tarefa complexa e necessária

Os artigos aqui reunidos têm em comum o desejo de ouvir crianças acerca de variados temas relativos à sua experiência escolar e o compromisso com a transformação da realidade que é melhor conhecida através dessa escuta. Só essas duas características já justificam o grande prazer e mesmo a honra que sinto em escrever este prefácio. Somam-se a isso o afeto e a admiração que tenho pela sua organizadora e o meu interesse pessoal em ouvir crianças.

Pesquisas com foco na criança não se constituem numa novidade. Se até o início do século XX foram escassos os trabalhos que procuraram produzir conhecimento acerca da criança, a partir deste momento a criança passou a atrair a atenção de estudiosos de algumas áreas. No campo da psicologia, uma das condições propícias foram as bases de uma nova compreensão acerca do desenvolvimento do homem: as características humanas são produzidas num processo que se inicia na infância; para compreendê-lo, era necessário estudar a criança.

O interesse em identificar quais são as características de cada momento do processo de desenvolvimento, que fatores presidem as transformações observadas, como a criança adquire conhecimentos, habilidades e valores, de que modo ela se constitui como pessoa e em muitos outros temas levou à elaboração de variadas estratégias de pesquisa e produziu uma grande quantidade de conhecimentos sobre a criança.

O que é inovador é o aumento na produção científica que toma crianças como sujeitos, não para avaliá-las ou definir alguma de suas peculiaridades, mas para conhecer o que elas pensam e sentem sobre temas que lhe dizem respeito.

E a referência não é a criança, mas crianças, uma vez que há o reconhecimento, como expressam Dahlberg, Moss e Pence (2003), de que

> A infância, como construção social, é sempre contextualizada em relação ao tempo, ao local e à cultura, variando segundo a classe, o gênero e outras condições socio-econômicas. Por isso, não há uma infância natural, e nem uma criança natural ou universal, mas muitas infâncias e crianças. (p. 71)

Assim, destaca-se o fato de que as crianças vivem as suas diferentes infâncias imersas em práticas sociais, das quais participam e através das quais, de diversas maneiras e posições, apropriam-se de conhecimentos, crenças, habilidades, desejos, necessidades... E essa apropriação não se dá de maneira passiva, as crianças não só reproduzem, mas também produzem significados; como afirma Corsaro (2001), trata-se de uma *reprodução interpretativa*, na qual esses sujeitos têm papel ativo. Portanto, as diferentes crianças possuem maneiras próprias de entender e sentir a realidade.

Por outro lado, paulatinamente, vem firmando-se a crença de que as crianças são competentes para expressar suas percepções e seus sentimentos, abandonando a prática comum de recorrer aos adultos com os quais elas têm mais contato (e que, supostamente, a conhecem bem) para obter informações sobre elas. De fato, enquanto até o final da década de 1990 a utilização de instrumentos diretamente com as crianças restringia-se quase exclusivamente a medidas de desempenho em habilidades específicas ou a investigações acerca de aspectos da sua personalidade, atualmente muitos pesquisadores estão empenhados em apreender, em primeira mão, o ponto de vista das crianças sobre variados temas relativos às suas experiências.

À percepção da criança como competente para falar vem somando-se o reconhecimento de que ela deve ser ouvida. Na definição contemporânea dos direitos fundamentais da criança, inclui-se o direito assegurado pela Convenção Internacional sobre os Direitos da Criança, adotada pela Assembleia Geral nas Nações Unidas em 20 de novembro de 1989: o seu artigo 12º afirma que a criança tem o direito de exprimir livremente a sua opinião sobre questões que as afetam e de ver essa opinião tomada em consideração. Entre as justificativas apontadas para que as crianças sejam envolvidas nas discussões dos adultos sobre como melhorar a própria vida está a constatação de que assegurar que aqueles que diretamente vivenciam a situação focada tenham as suas vozes ouvidas aumenta a possibilidade de que as decisões sejam relevantes e apropriadas (*Save the Children*, 2003). Portanto, serem ouvidas acerca de temas que lhes dizem respeito não é uma concessão que lhes fazemos, mas um direito das crianças, e isso pode ajudar os adultos a tomarem melhores decisões.

A compreensão de que o conhecimento da perspectiva das crianças traz ganhos aos adultos é inovadora, pois se coloca na contramão do desdém dominante acerca da opinião das crianças na nossa sociedade. O pediatra e pedagogo polonês Janusz Korczac (1986), em meados da década de 1920, já alertava:

> Os políticos e legisladores experimentam soluções cuidadosamente elaboradas, mas a toda hora acabam se equivocando. Entre outras coisas, deliberam e decidem sobre o destino das crianças. Mas a ninguém ocorreria perguntar à própria criança o que ela acha, se está de acordo. Afinal, o que ela teria a dizer? (p. 71)

Realmente, como constata Lygia de Sousa Viégas em seu artigo neste livro, mesmo nas pesquisas voltadas para conhecer os impactos de políticas públicas educacionais, não tem sido uma prática ouvir o que os alunos têm a dizer. No entanto, vários autores têm destacado que as crianças podem acrescentar informações novas e importantes, que ampliam o nosso conhecimento sobre a realidade. Novaes (2000), por exemplo, diz que "a infância, em sua aparente fragilidade, pode revelar ao adulto verdades que ele não consegue mais ouvir ou enxergar". Trata-se, portanto, de reconhecer uma contribuição insubstituível, já que, como reforça Rocha (2008), a escuta das crianças torna possível conhecer e confrontar um ponto de vista diferente daquele que nós seríamos capazes de ver e analisar no âmbito do mundo social de pertença dos adultos. Portanto, a possibilidade de aprofundar ou chegar a novos conhecimentos acerca da infância pode favorecer, inclusive, a alteração de concepções equivocadas que se têm mantido ao longo do tempo (Leite, 2008). Em artigo incluído neste livro, também Anabela Almeida Costa e Santos destaca que "quando encontramos os caminhos adequados para que as crianças se expressem, descobrimos que elas têm informações preciosas a nos revelar"[1], e esses caminhos desvelam "facetas importantíssimas das relações que se dão na escola" (idem).

No marco das investigações qualitativas também encontramos boas razões para a escuta das crianças. Segundo Taylor e Bogdan (1986, p. 20, citados por Gomes *et al.*, 1999), uma das características desse tipo de pesquisa é que o investigador procura compreender as pessoas a partir de suas próprias referências e todas as perspectivas são importantes. Miles e Huberman (1994, p. 5-8, também citados por Gomes *et al.*, idem), fazem eco, ressaltando que,

---

[1] *vide* p. 229 deste livro.

nesse tipo de investigação, uma tarefa fundamental é a de explicar as formas com que as pessoas, em situações particulares, compreendem, narram, atuam e lidam com suas situações cotidianas. Ao referir-se aos estudos de caso, Stake (1999) também assegura que é necessário compreender como os atores, as pessoas estudadas, veem as coisas. E, como destacam Renata F. Fernandes Gomes e Beatriz Belluzzo Brando Cunha, em artigo neste livro, a abordagem etnográfica "preocupa-se com o significado, com a maneira peculiar com que as pessoas veem a si mesmas e representam suas vivências e experiências em relação ao mundo que as cerca"[2].

Assumir que nos estudos que envolvem diretamente crianças a perspectiva delas é valiosa implica a busca de formas de enfrentar o desafio de ouvi-las. Certamente, isso requer esforço. No entanto, não se trata, como já esclarecia Korzac (1981) de "descer ao nível de compreensão" das crianças, mas de "elevar-nos, subir, ficar na ponta dos pés, estender a mão".

Para tanto, além de recorrerem às estratégias tradicionalmente disponíveis, vários pesquisadores têm buscado novas formas de explorar as diferentes linguagens da criança. Buscam criar recursos metodológicos diferentes, vários dos quais trazidos nos artigos reunidos no presente livro, como entrevistas de crianças em pequenos grupos; criação de histórias acerca de desenhos feitos por elas; complementação de pequenas histórias relativas ao tema enfocado; realização de jogos simbólicos; utilização de vídeos e fotografias feitas pelas crianças etc. Então, dando às crianças melhores oportunidades de exercerem a sua competência expressiva, os adultos pesquisadores procuram superar as suas dificuldades de escutar o que elas dizem.

Vale mencionar que, mesmo sendo movido por um genuíno desejo de aproximar-se dos significados que as crianças atribuem às suas experiências, de saber mais sobre as suas percepções, seus desejos, expectativas e sugestões, o empenho do pesquisador corre o risco de não atingir os seus objetivos se não considerar algumas peculiaridades na pesquisa com crianças.

É preciso considerar, por exemplo, que nesse tipo de pesquisa é estabelecida uma relação entre sujeitos com posição desigual na nossa sociedade: enquanto ao adulto é conferido o poder de realizar ações que afetam diretamente a criança, ela usualmente precisa submeter-se a ele. No caso das pesquisas realizadas com crianças pertencentes às camadas mais empobrecidas da população (o que tem sido bastante comum), soma-se a assimetria de poder derivada do pouco prestígio dos pobres ante as camadas dominantes. Em muitos casos, são agregadas

---

[2] *vide* p. 64 deste livro.

ainda as desigualdades de poder originadas na raça e no gênero das crianças envolvidas na situação de pesquisa.

Referindo-se a uma das estratégias mais usadas em pesquisas, Arfouilloux (1983, p. 9), lembra que

> A situação de entrevista com alguém mobiliza na criança, como nesse alguém, todo um conjunto de fenômenos subjetivos. Esses fenômenos não somente influem na relação entre a criança e seu interlocutor, mas pode-se dizer que eles a organizam em todos os momentos.

Assim, tem sido constatado que as desigualdades presentes na relação estabelecida entre as crianças e o pesquisador acentuam a necessidade que ela sente em "acertar" as respostas dadas, agradar ao adulto dizendo-lhe o que ela acha que ele deseja ouvir. É claro que as reações das crianças ao pesquisador são influenciadas por características pessoais de ambos, assim como pelas experiências anteriores das crianças com adultos, mas não se pode esquecer que a relação entre ambos é marcada por múltiplas determinações sociais.

Alguns cuidados adicionais, portanto, precisam ser tomados. Por exemplo, dar especial atenção à questão ética do consentimento e da manutenção da participação das crianças: após obter a autorização dos seus responsáveis, agir de modo que elas não se sintam constrangidas a participar da pesquisa, deixando bastante clara a possibilidade de elas aceitarem ou não o convite que lhes é feito; e ficar atento para perceber se as crianças estão confortáveis e interessadas nessa participação ao longo de todo o processo da pesquisa, mesmo que a desistência de alguém não seja conveniente para os seus objetivos. Vale lembrar que o interesse para a realização da pesquisa não parte da criança e, ao contrário do pesquisador, para ela é uma proposta nova e nem sempre muito clara.

Uma das formas de diminuir os possíveis constrangimentos decorrentes das desigualdades entre pesquisador e crianças é a realização de atividades em grupos. Estando entre pares a criança sente-se mais à vontade e essa condição também favorece a emergência de interações (verbais ou não) entre as crianças: a partir do que é trazido por um colega, lembram-se de algo, concordam ou refutam opiniões dadas, fazem gozações etc. que agregam informações importantes.

Dependendo dos objetivos da investigação, também é oportuno recorrer a variadas estratégias que favoreçam as crianças a se expressarem de maneiras diferentes. Isso porque, a partir das suas experiências concretas, as crianças percebem o que é socialmente esperado delas e podem, já que começam a ter a possibilidade de exercer algum controle sobre o que querem ou não dizer, desejar dar as respostas que pensam serão melhor avaliadas pelo seu interlocutor. Por exemplo, à pergunta sobre por que vai à escola, uma criança responde que a escola é boa e é importante aprender muita coisa lá. Embora tal comportamento forneça algumas informações, como a boa adaptação da criança, não diz muito sobre como ela se sente em relação à sua frequência escolar. Mas a mesma criança pode, por exemplo, numa história que elabora, expressar que a mãe do seu personagem bateu nele porque ele não queria ir para a escola, e que "ele não gostava [de ir] não, achava muito ruim, ele queria ficar no meio da rua, brincando". Portanto, a utilização de variadas estratégias dá oportunidade de complementar a escuta das crianças.

Além disso, a maior proximidade e familiaridade permitida pela prolongada convivência do pesquisador no campo de pesquisa aumentam a chance de estabelecer um vínculo de maior confiança por parte das crianças, que passam a perceber como possível compartilhar com o pesquisador as suas discordâncias ou reclamações. É o que se pode constatar numa passagem do artigo de Ruth Bernardes de Sant'Ana, em que crianças que geralmente procuravam mostrar-se como "bons alunos", também puderam expressar, por exemplo, que gostaram de a pesquisadora ter ido à escola porque assim não precisariam copiar a tarefa (interessante notar que antes de falar isso a criança pediu para desligar o gravador).

Também a compreensão de que o adulto tem sobre o lugar social da criança e o saber que ela possui pode assumir um papel fundamental para uma nova relação a ser estabelecida entre ambos. É o que o apontam Souza e Castro (2008, p. 53):

> Na medida em que a criança não é apenas um objeto a ser conhecido, mas alguém que é visto como sujeito que dispõe de um saber que deve ser reconhecido e legitimado, a relação que se estabelece com ela, no contexto da pesquisa, começa a ser orientada e organizada a partir desta visão. Nesta perspectiva, em vez de pesquisar **a criança**, com o objetivo de melhor conhecê-la, o objetivo passa a ser pesquisar **com a criança** as experiências sociais e culturais que ela compartilha com as outras pessoas do seu ambiente, colocando-a como parceira do adulto pesquisador, na busca de uma permanente e mais profunda compreensão da experiência humana.

Segundo as mesmas autoras, se o investigador supera a postura mais comum de valorizar o conhecimento do adulto como necessariamente superior ao da criança e perceber que adultos e crianças apresentam possibilidades distintas de compreensão das experiências que compartilham (as quais devem ser igualmente valorizadas e devidamente analisadas), a situação de pesquisa inverterá o que a prática cotidiana usual entre criança e adulto geralmente estabelece. Assim, nessa situação, são invertidos os papéis: o adulto, comumente na posição do que sabe, pergunta; e a criança, em geral na posição de quem não sabe, responde.

Outra dificuldade bastante presente nas pesquisas com crianças decorre do fato de que ouvir é um processo interpretativo. Há muito que já se admitiu que, desde a coleta até a interpretação dos fatos a que a pesquisa dá acesso, não existe nenhuma pretensa neutralidade. No entanto, a diferença geracional (à qual, como já referido, podem ser acrescidas outras diferenças usualmente transformadas em desigualdades) implica perspectivas diversas[3], que exigem um real empenho de deslocamento do pesquisador para tentar apreender o ponto de vista da criança, num grande esforço para se manter aberto ao inusitado, para ver e ouvir o que não espera.

Além da utilização de variadas estratégias de pesquisa que estimulem e permitam a expressão das crianças, a falta de pressa em entender logo o que elas estão dizendo contribui para que a interpretação incorpore em maior medida a perspectiva desses interlocutores. Como afirma Stake (1999), o bom estudo de caso é paciente.

Reconhecendo as crianças como sujeitos sociais que vivem as suas infâncias sob determinadas condições e que tais condições concretas as afetam profundamente, as pesquisas têm buscado considerar informações relevantes sobre os ambientes nos quais as crianças desenvolvem-se para melhor entender o que elas dizem. Para melhor compreender o ponto de vista das crianças sobre temas relacionados à escola, por exemplo, é necessário levar em conta os estilos de interação que são normalmente aí estabelecidos, os processos de disciplinamento em curso, as metodologias de ensino utilizadas, as rotinas adotadas, os espaços e materiais disponíveis etc., além de características dos contextos em que as crianças vivem[4].

Essas condições concretas de existências precisam ainda ser analisadas numa outra dimensão. A perspectiva adotada por Rockwell (1986), e explicitamente assumida nas pesquisas trazidas neste livro, indica a necessidade de complementar

---

[3] Um bom exemplo da diferença de perspectiva entre adultos e crianças pode ser constatado por ocasião da realização da consulta sobre qualidade na Educação Infantil (Campos e Cruz, 2006): enquanto todos os grupos de crianças enfatizaram a presença de brinquedos e brincadeiras como fundamental para uma creche ou pré-escola ser "legal", esse critério não esteve presente entre os pais e profissionais entrevistados.

[4] Como exemplo, numa pesquisa que procurou apreender o ponto de vista das crianças acerca de suas experiências numa creche comunitária (Cruz, 2002), foi possível entender melhor a supervalorização das escassas possibilidades de brincar oferecidas pela instituição que elas frequentavam levando em consideração as suas precárias condições de vida, pois no local onde moravam não havia equipamentos coletivos de lazer, o que era agravado pela falta de espaços para brincadeiras nas suas pequenas casas e pelo fato de a maioria das crianças quase não possuir brinquedos.

as informações do campo de pesquisa mais próximo com outras relativas a outras ordens sociais e buscar interpretações e explicações a partir de elementos externos à situação particular. Assim, se as observações realizadas numa creche dão elementos para entender por que a longa permanência, desde tenra idade, nessa instituição tem dificultado a ampliação da capacidade de comunicação dessas crianças saudáveis e inteligentes, também é oportuno tentar entender por que esse tipo de equipamento oferece uma educação de tão baixa qualidade a essas crianças.

Gostaria de concluir dizendo que espero que os comentários feitos acerca de algumas das dificuldades envolvidas nas pesquisas com crianças não desencorajem os interessados nesse tipo de empreendimento. Trata-se de tarefa complexa, mas muito prazerosa e necessária.

Escutar as crianças decorre de uma postura política. O maior conhecimento das perspectivas das crianças sobre aspectos de suas experiências tem permitido ampliar o conhecimento acumulado, entender melhor essa perspectiva e também os contextos em que as crianças vivem. Mas o empenho em escutar as crianças é movido também por uma forte insatisfação acerca da situação atual da infância e, portanto, pelo desejo de mudança.

A própria escuta das crianças tem dado acesso a informações muito preocupantes. Como expressa Carmen Tereza Gonçalves Trautwein em seu artigo neste livro, a pesquisa com crianças envolve dor e delícia. Acredito que a maior dor provém do que elas têm a dizer. Não traz alegria ouvir, por exemplo, falas que exprimem o resultado do disciplinamento e dos métodos utilizados para isso; as reações das crianças diante de rotinas desinteressantes, da espera e da ociosidade; os sentimentos de baixa autoestima provocados pela não aprendizagem, fazendo a criança *"sentir-se ruim"*; o desejo de não frequentarem instituições que muitas vezes percebem como lugares chatos, desagradáveis, espaços de ameaças, repreensões, violências e injustiças... Tais informações alimentam o desejo de mudança.

As palavras apaixonadas de Tonucci (2005) expressam a crença no potencial transformador da participação das crianças:

> Só podem entregar-se às crianças aqueles que acreditam que valha a pena (...). É conveniente, pois, para todos que estão sinceramente insatisfeitos com a situação atual: para os pais que percebem que não é suficiente o bem-estar econômico para viver uma boa relação com os filhos; para os professores que não sabem resignar-se com uma escola não amada e muitas vezes recusada por seus alunos; para os administradores que não podem aceitar uma cidade na qual não se veem crianças, velhos

ou portadores de deficiências físicas nas ruas porque estas foram transformadas em propriedades particulares pelos adultos motoristas. Para todos eles, trabalhar com as crianças é um recurso relevante e altamente inovador, que pode reconstruir a esperança para o futuro e a vontade corajosa de realizar a mudança. (p. 17)

Por isso espero que cada vez mais pesquisas com crianças, como as relatadas neste livro, forneçam elementos importantes para o desenvolvimento de ações concretas que tenham como meta a construção de melhores condições para que as crianças vivam a própria infância.

Silvia Helena Vieira Cruz

Referências bibliográficas

ARFOUILLOUX, J. C. *A entrevista com a criança*. Rio de Janeiro: Zahar, 1983.

CAMPOS, M. M.; CRUZ, S. H. V. *Consulta sobre qualidade na Educação Infantil:* o que pensam e querem os sujeitos desse direito. São Paulo: Cortez, 2006.

CRUZ S. H. V. Fala, menino! Uma experiência de pesquisa sobre o cotidiano da creche comunitária na perspectiva da criança. *Educação em Debate*, Fortaleza, v. 2, n. 44, 2002, p. 20-35.

CORSARO, W. A reprodução interpretativa do brincar. *Revista Educação, Sociedade e Cultura*, Porto, Universidade do Porto, n. 17, 2001.

DAHLBERG, G.; MOSS, P.; PENCE, A. *Qualidade na educação da primeira infância*: perspectivas pós-modernistas. Porto Alegre: Artmed, 2003.

DALLARI, D. de A.; KORCZAK, J. *O direito da criança ao respeito*. São Paulo: Summus Editorial, 1986.

GÓMEZ, G. R.; FLORES, J. G.; JIMÉNEZ, E. G. *Metodología de la investigación cualitativa*. Málaga: Ediciones Aljibe, 1999.

JOBIM e SOUZA, S.; CASTRO, L. R de. Pesquisando com crianças: subjetividade infantil, dialogismo e gênero discursivo. In: CRUZ, S. H. V. (org.) *A criança fala:* a escuta de crianças em pesquisas. São Paulo: Cortez, 2008.

KORZAC, J. *Quando eu voltar a ser criança*. São Paulo: Summus Editorial, 1986.

LEITE, M. I. Espaços de narrativa – onde o eu e o outro marcam encontro. In: CRUZ, S. H. V. *A criança fala:* a escuta de crianças em pesquisas. São Paulo: Cortez, 2008.

NOVAES, M. H. O "maior interesse" da criança e do adolescente face às suas necessidades biopsicossociais: uma questão psicológica. In: PEREIRA, T. da S. (org.) *O melhor interesse da criança*: um debate interdisciplinar. Rio de Janeiro: Renovar, 2000.

ROCHA, E. A. C. Por que ouvir as crianças? Algumas questões para um debate científico multisdisciplinar. In: CRUZ, S. H. V. *A criança fala*: a escuta de crianças em pesquisas. São Paulo: Cortez, 2008.

ROCKWELL, E. Etnografia e teoria na pesquisa educacional. In: EZPELETA, J.; ROCKWELL, E. *Pesquisa participante*. São Paulo: Cortez, 1986.

SAVE THE CHILDREN. *So you want to consult with children?* A toolkit for good practice. Londres: International Save the Children Alliance, 2003.

STAKE, R. E. *Investigación com studio de casos.* Madri: Ediciones Morata, 1999.

TONUCCI, F. *Quando as crianças dizem*: agora chega! Porto Alegre: Artmed, 2005.

CRIANÇA-SUJEITO:

experiências de pesquisa com alunos de escolas públicas[1]

Ruth Bernardes de Sant'Ana

INTRODUÇÃO

Desde a década de 1970, parte da Psicologia brasileira tem refletido a sua forma de compreensão da formação do sujeito a partir da construção de abordagens que levem em consideração a dimensão social na compreensão do psiquismo humano. Desse modo, os diferentes ciclos da vida humana, ou seja, a infância, a adolescência, a juventude e a velhice, passam a incorporar a experiência social dos sujeitos que os atravessam. Isso implica também buscar capturar as representações sociais desses ciclos em uma dada sociedade, em um determinado momento histórico e no interior do universo sociocultural de pertença ou de referência dos quais os sujeitos participam. Em meio a essa mudança de perspectiva, nosso trabalho orienta-se por uma abordagem psicossocial dirigida à compreensão do processo de formação do sujeito em seus diferentes ciclos de vida, mais especificamente na infância e na adolescência.

---

[1] A ampliação dos meus conhecimentos acerca das questões teóricas e metodológicas da área de infância foi possibilitada por um estágio pós-doutoral, no ano de 2007, junto ao Instituto de Estudos da Criança da Universidade de Minho, em Portugal (sob os cuidados do professor Manuel Jacinto Sarmento). Meus agradecimentos à Capes (Coordenação de Aperfeiçoamento do Pessoal do Ensino Superior), do Brasil, pelo financiamento do estágio, aporte financeiro sem o qual o trabalho de investigação não se concretizaria.

Por isso, um segmento da psicologia brasileira veio assumir um empreendimento teórico ambicioso: requerer colaborações de outros campos do saber, como a sociologia, a etnologia e a história, a fim de alargar a compreensão do papel do social no percurso biográfico do sujeito. Mas isso não ocorre sem dificuldades, pois, embora esses diferentes campos de conhecimento apresentem teorias muito férteis, não necessariamente somos competentes para construir instrumentos capazes de fazer a passagem de um conceito a outro, de um plano de análise a outro, sem provocar reducionismos na análise do objeto de investigação. Tendemos a encontrar pontos que não se pode ultrapassar, exceto mediante complexas intervenções teóricas, visto que temos de discernir diferenças de características ou qualidades entre as "ciências do coletivo" e as "ciências do indivíduo", na definição dos pontos de aproximação e de afastamento entre elas. Portanto, escolhemos elementos que formam um conjunto com outros, capturamos e ensejamos promover transposições conceituais de um domínio a outro, na busca de uma nova configuração analítica e de uma nova síntese que dê conta de um objeto dado.

No interior dessa mobilização por novos referenciais para a compreensão do processo de formação do sujeito, o campo acadêmico brasileiro foi atingido pelo questionamento das concepções de infância e criança aqui vigentes, a exigir um olhar crítico sobre tudo o que se fazia e teorizava.

O marco de mudança de referencial deu-se no final dos anos 1970, no momento em que ganhou impulso a pesquisa sobre a história da infância brasileira, provocado pela entrada do instigante trabalho de Ariès (1978) no cenário acadêmico do Brasil. Essa nova perspectiva passa insistentemente a buscar a consolidação de "uma visão da criança como cidadã, sujeito criativo, indivíduo social, produtora da cultura e da história, ao mesmo tempo que é produzida na história e na cultura que lhe são contemporâneas" (Kramer, 2002, p. 43).

Desde então, o campo de pesquisa sobre a criança conquistou uma expressão acadêmica nunca vista em nossa história, enriquecendo-se com a participação mais efetiva de diversas disciplinas nas suas reflexões teóricas. Outrora objeto de pesquisa sob a hegemonia da psicologia, agora encontra uma pluralidade de disciplinas que buscam legitimidade em um campo do conhecimento que vive um enorme florescimento neste momento histórico. A proclamação de uma "sociologia da infância", que disputa com a Psicologia os referenciais de compreensão desse objeto no campo do conhecimento, é um indicativo da importância de se indagar sobre a criança na sociedade contemporânea.

Essa mudança de perspectiva veio atingir meu trabalho, que foi instigado por essa nova tendência que se pronunciava como fecunda e desafiadora, razão pela qual, no percurso de uma investigação empreendida de 2002 até o presente momento, desenvolvi vários estudos dirigidos à compreensão da criança como sujeito. No princípio, a pretensão foi abordar o lugar das relações intergeracionais (adulto-criança) da formação infantil e, posteriormente, as relações intrageracionais (criança-criança). Atualmente, o alvo é uma teorização que conjugue esses dois elementos no processo de formação.

Neste texto, questões (surgidas na maior parte das vezes das experiências de pesquisa de caráter exploratório) sobre metodologia de pesquisa com crianças são aqui retomadas. Isso ocorrerá após a apresentação das duas principais perspectivas teóricas a conceberem a criança como sujeito e de uma breve discussão sobre as dificuldades em agregá-las com vistas a uma maior integração teórica entre os estudos da criança e os da infância.

Dada a pluralidade de concepções que são mobilizadas pelo debate sobre a criança e a infância hoje, desenhar um mapa nítido do campo é difícil, pelo risco de reducionismos que impedem distinguir as diferentes linhas de forças que o atravessam. Mesmo porque alguns autores são incorporados por diferentes abordagens, exigindo o reconhecimento de certa arbitrariedade na sua categorização, conforme os vários aspectos em jogo, sejam eles de ordem epistemológica, ideológica, conceitual e assim por diante.

Para os objetivos deste texto, trataremos brevemente das duas principais concepções de criança que atentam para a dimensão social na formação humana, de modo a engendrar a visão da criança como sujeito ativo e coconstrutor do mundo em que habita. No interior da primeira concepção, identificamos a psicologia sócio-histórica, cujo teórico mais conhecido é Vygotsky (1998, 2001), bem como o interacionismo de Mead (1967), autores que revolucionaram os estudos da criança ao integrar a dimensão social na apreensão do processo de formação do psiquismo humano (Sant'Ana, 2007).

A segunda concepção congrega em seu interior uma multiplicidade de contribuições teóricas e tem a infância como tema que articula os diferentes trabalhos oriundos da historiografia, da etnografia, da economia etc., na construção de um debate teórico-metodológico, cuja principal interlocutora das diferentes produções no campo teórico é a sociologia da infância. A defesa de um entendimento da infância (ou de infâncias) como experiência geracional que se inscreve nas supostas especificidades infantis (seu poder de imaginação, fantasia, criação, por exemplo) incita a vontade de melhor entendê-las, a procura de ver o mundo a partir do ponto de vista da criança, no momento específico em que ela vive a infância. As pesquisas voltam-se à compreensão da infância na história, aos modos diferentes de as crianças viverem a(s) infância(s) em diferentes sociedades e em distintos contextos sociais. *Construcionismo social* é um nome que dá conta da maior parte dos trabalhos produzidos no campo de investigação da infância nas últimas duas décadas; porém, como no interior desse campo, um ou outro autor tem feito a crítica do uso indiscriminado dessa noção, prefiro usar a expressão *novos estudos sociais da infância*, ou *New Social Studies of Childhood* (abreviada por mim como NSSC), por considerá-la mais abrangente do que sociologia da infância. A seguir, primeiramente, apresento a perspectiva do *interacionismo social* de Mead e Vygotsky e, depois, enfoco aquela dos NSSC.

INTERACIONISMO SOCIAL DE MEAD E VYGOTSKY

Com o objetivo de situar a base teórico-epistemológica da primeira concepção de criança, anteriormente aventada, é preciso datar essa produção teórica, ocorrida principalmente entre fins do século XIX e a década de 1930. O liame entre as teorias de Mead e de Vygotsky é dado por Bronckart (2003), o qual insere as suas correntes de pensamento no *interacionismo social*, por considerar que elas compõem

> [...] uma posição epistemológica geral, na qual podem ser reconhecidas diversas correntes da filosofia e das ciências humanas. Mesmo com a especificidade dos questionamentos disciplinares particulares e com variantes de ênfase teórica ou de orientação metodológica, essas correntes têm em comum o fato de aderir à tese de que as propriedades específicas das condutas humanas são um resultado histórico de **socialização**, possibilitado especialmente pela emergência e pelo desenvolvimento dos **instrumentos semióticos**. (p. 21)

Em oposição às teorias que pensam o ser humano como detentor de uma estrutura cognitiva que é posta em ação em qualquer tipo de tarefa e contexto, independentemente dos conteúdos específicos dos objetos e das posições que estes ocupam em cada experiência dada, Mead (1967) e Vygotsky (1998, 2001) voltam-se para uma teoria que busca o vínculo cognição e cultura.

Na verdade, o interacionismo social defende, de acordo com Bronckart (2003), ser uma ilusão tentar interpretar o especificamente humano, ou, para utilizar uma terminologia de Vygotsky (1998, 2001), as funções psíquicas superiores (percepção, pensamento, linguagem, memória etc.), por uma menção direta ao aparato neurobiológico humano ou às aprendizagens condicionadas.

A ideia de que a experiência social pode ser reduzida a uma cognição universal, em que o máximo que se permite ao sujeito é ajustar os seus esquemas genéricos de funcionamento a diferentes objetos, leva à dificuldade na compreensão do papel da atribuição de significado na formação do psiquismo. Ao refletir o pensamento desses autores, Sant'Ana (2007) acentua que

> [...] para Vygotsky e Mead, o núcleo que organiza todas as propriedades envolvidas no fenômeno da articulação pensamento e palavra, linguagem e experiência, é o processo de atribuição de significado, no aqui e agora da experiência social ou no processo posterior de elaboração do vivido, permitido pela capacidade reflexiva. Para os autores, somente é possível para a psicologia entender o pensamento, a consciência e ação dos sujeitos sociais a partir da análise das significações sociais que perpassam a experiência do sujeito no mundo, em dados momentos de sua história. (p. 8)

Como a questão das significações é central na psicologia sócio-histórica de Vygotsky e no interacionismo de Mead, caso queiramos compreender a criança a partir de uma abordagem que coloque o acento na dimensão social da formação do sujeito[2], faz-se necessário atentar ao aspecto semântico da linguagem infantil em diferentes contextos, no momento mesmo que a ação da criança no mundo realiza-se.

Vygotsky (1998, 2001) critica os estudos piagetianos que deram origem à ideia de que as crianças "pré-escolares" são egocêntricas e de que um dos indicadores do egocentrismo infantil seria o fato de elas brincarem uma ao lado da outra utilizando o monólogo. A presença do solilóquio na brincadeira dessas crianças mostraria que a fala da criança pequena não se dirige a parceiros, mas apenas a si mesma. Desse modo, na situação de brincadeira, a criança relaciona-se apenas com o objeto manipulado (o brinquedo), mas o *deforma,* pois ignora as relações objetivas, ou seja, em função da ação e do seu ponto de vista próprio (assimilação deformadora), ela desfigura o significado carregado pela coisa, algo típico do pensamento egocêntrico. Portanto, em Piaget, a criança pequena é vista como um ser incapaz de interagir realmente com outras pessoas, pois ainda não

---

[2] Em Mead e em Vygotsky encontramos dificuldades na utilização do termo *sujeito*, porém, já é lugar-comum considerar que o sentido alargado do termo na contemporaneidade é suficientemente inclusivo para ser deslocado para outros universos teóricos que partem da ideia de "indivíduo real, que é portador de determinações e que é capaz de propor objetivos e praticar ações" (verbete *sujeito*, dicionário Aurélio, versão eletrônica), algo detectável nos textos dos autores. Essa definição guarda concordância com o sentido etimológico do termo: *sub-jectum,* aquele que *subjaz* às ações, às enunciações do discurso. É uma noção "cuja finalidade é política e historicamente pensada como consciência crítica das novas relações sociais" (Lopes, 1996, p. 13).

evoluiu mentalmente para isso. Por objeção a essa ideia, Vygotsky (1998, 2001) realça que os sistemas fundamentais das funções psíquicas da criança não podem ser compreendidos quando divorciados do contexto em que as crianças interagem entre si e com os adultos. Exemplifica-se isso com base nos estudos sobre a linguagem, desenvolvidos por Piaget, cuja conclusão é de que a linguagem da criança "não serve para fins de comunicação, não cumpre funções comunicativas, apenas copia, imprime ritmo, acompanha a atividade e as vivências da criança como um acompanhamento segue uma melodia central" (Vygotsky, 2001, p. 50). O autor sublinha que Piaget cometeu um equívoco, uma vez que a *"fala egocêntrica"*, caracterizada pela não colaboração das crianças entre si, é típica das escolas que se referenciam no método Montessori, enquanto em escolas da Alemanha, que não seguem o mesmo método, as crianças estabelecem uma colaboração estreita entre si, de modo que uma linguagem social desenvolve-se muito cedo na vida infantil. Portanto, segundo Vygotsky (2001), Piaget não cuidou das diferenças culturais na sua investigação do processo de formação da linguagem na criança e tratou como universal uma expressão infantil típica de determinado contexto educativo.

Vygotsky (2001) acentua que Piaget não considera a criança como

[...] uma parte do todo social, como um sujeito das relações sociais que, desde os seus primeiros dias de vida, participa da vida social daquele todo a que ela pertence. O social é visto como algo situado fora da criança, que a pressiona e reprime os seus próprios modos de pensamento. (p. 80)

A desconsideração da prática social da criança, ligada ao domínio da experiência social, é o que constitui o ponto central de toda teoria de Piaget, conforme Vygotsky.

O rechaço da teoria de Piaget, considerada universalista e a-histórica, em nome da teoria sócio-histórica de Vygotsky e do interacionismo meadiano, foi um elemento fundamental na retomada da reflexão acerca da criança enquanto sujeito. A ênfase acentuada na importância da interação social, trazida por tais referenciais teóricos, levou ao desenvolvimento de pesquisas que têm produzido uma enorme valorização das atividades das crianças. Ademais, um novo impulso foi dado à investigação das crianças e das competências infantis, sobretudo a partir da análise das interações sociais das crianças entre si e com os adultos em diferentes situações e contextos sociais.

NEW SOCIAL STUDIES OF CHILDHOOD (NSSC)

New Social Studies of Childhood (NSSC) é o nome de um programa de investigação, nascido no começo da década de 1980, que destaca que a geração como categoria de análise fundamental para compreensão da condição social das crianças só apareceu efetivamente no último quartel do século XX (antes, a categoria era usada essencialmente para tratar das diversidades entre grupos de adultos nascidos em épocas diferentes). Os investigadores vinculados aos NSSC colocam em causa o caráter fundamentalmente social das distinções fundadas sobre a idade, com ênfase na dimensão política e no aspecto relacional dessas distinções, razão pela qual tais estudos invertem o olhar dominante sobre o assunto, que focalizava a criança e colocava a infância em segundo plano. Uma analogia com a teoria da *gestalt* nos permitiria considerar que se a infância era até então o fundo, com maior ou menor opacidade, e a criança a forma, a inversão desses elementos conduziria necessariamente à emergência de uma nova configuração teórica, ao enfocar o estudo da infância como relação social geracional por excelência. Ao fazer isso, os pesquisadores do programa engajaram-se numa busca do sentido e da natureza das relações entre adultos e crianças em diferentes contextos e universos de discurso, ao mesmo tempo que retomaram o processo histórico que produziu as supostas desigualdades de poder geracional, visualizadas no mundo ocidental moderno. Reconhecem que a investigação da criança como um domínio separado da adultez acontece no processo histórico que separa as pessoas por critérios etários, em um processo crescente de institucionalização das mais jovens. Em função disso, percorrem um enorme caminho no estabelecimento dos liames entre a história da infância no passado e as práticas sociais dirigidas à geração infantil na contemporaneidade.

Entre outras coisas, os NSSC destacam que a oposição binária adulto-criança já existia anteriormente, mas sem atingir a relevância e a amplitude do presente, motivo pelo qual estudam como se expressam as desigualdades entre os elementos desses polos. Logo, os NSSC conclamam uma nova forma para definir essa relação e insistem sobre a incapacidade das teorias existentes em explicar as disparidades apresentadas, frequentemente tratadas como existentes por si mesmas (Prout, s/d, 2005, por exemplo).

Destarte, os teóricos ligados aos NSSC enfatizam sobremaneira a criança como sujeito político, apto a exercer os seus direitos de cidadania e constituir novos direitos em todas as esferas da vida (Prout, s/d, 2005, por exemplo). Eles elaboram uma concepção de criança "sociológica" que proclama um nível maior de competência da criança pequena do que supunham as teorias do desenvolvimento, mesmo a de Vygotsky. Na busca de um novo estatuto científico para os estudos da criança e da infância, fazem severas críticas à noção de egocentrismo e de desenvolvimento da teoria genética de Piaget, além da oposição a qualquer campo do saber, sobretudo à psicologia e à biologia (conforme Warde, 2007), que remeta à dimensão biológica na formação do sujeito. A concepção de criança como ator social é imbuída de forte carga política, ao propor que a ação social infantil seja adequadamente tratada pelo campo do conhecimento, com vista à redefinição de sua posição na vida social. É por meio da afirmação de que nas ciências sociais a criança não fala, exceto por porta-vozes adultos, estando por isso submetida a concepções "adultocêntricas" que a tomam como objeto e não como sujeito, que o debate instaura-se. Ou seja, é por oposição a uma concepção de criança passiva, própria a uma perspectiva naturalizante da condição subalterna da geração da infância na sociedade, que se recorre à condição de sujeito da criança, o que significa trazer a dimensão social e política da ação infantil para a construção de uma nova concepção de criança e infância.

Na busca de uma ruptura epistemológica e conceitual no tratamento da questão, esses teóricos defendem a infância como uma construção social ligada a um processo crescente de institucionalização da criança, por sua vez, relativa e dependente do contexto social em que isso ocorre. Para eles, os repetidos discursos da psicologia infantil, aceitos sem críticas, transformaram-se em obstáculos epistemológicos no reconhecimento da criança enquanto sujeito ativo em todas as suas dimensões expressivas. Logo, os NSSC tendem a renunciar a todo o referencial teórico construído sob uma perspectiva racionalista do sujeito, por estar associada a uma concepção "iluminista", a ser rechaçada. Portanto, aquele campo de estudo enfatiza que os discursos constituídos pela modernidade impedem o reconhecimento da existência de formas próprias de submissão da criança ao poder adulto, na nossa sociedade, impedindo, assim, a mudança nessa condição subalterna. Por isso, os autores investiram na desconstrução discursiva das disciplinas que sempre trataram da infância e da criança, sobretudo, da Psicologia. Além disso, intentam renovar o olhar sobre a criança partindo do pressuposto de uma competência interacional, cognitiva e afetiva não adequadamente reconhecida anteriormente.

Esses teóricos ocuparam o papel progressista de questionar as relações de dominação e subordinação geracional da infância. Muitas de suas pesquisas procuraram inverter o olhar adulto que acentuava o tempo todo as incompetências infantis e foram bem-sucedidas nesse empreendimento. Descobriram, nas crianças investigadas, pessoas capazes de refletir sobre a própria vida na família, na escola e na sociedade (por exemplo, Montandon, 1997), quando abordadas adequadamente.

A concepção da infância e dos modos de ser criança tem sido frequentemente tratada como uma construção social pelos teóricos dos NSSC, principalmente com o objetivo de romper com categorias tidas como comuns a todas as crianças, cujo caráter universalizante as tornam incapazes de tratar com a heterogeneidade de experiências infantis ao longo da história e em diferentes contextos. A *construção social da infância*, por vezes, aparece como um novo paradigma, suscetível de favorecer a desconstrução desse conceito marcado por uma visão ocidental e "adultocêntrica" de criança, em direção a uma concepção não hierárquica e igualitária das relações intergeracionais na infância. Assim sendo, a infância é concebida como historicamente construída em decorrência da sucessão de mudanças que afetaram as condições de vida das crianças e definiram a posição social daquelas na sociedade, em um processo contraditório movido por razões de diferentes ordens (normativas e ideológicas, por exemplo).

Assim, o apelo à noção de construção social tem permitido aos NSSC a crítica da naturalização e da imutabilidade da infância, ao retomar a gênese e as mudanças que nela se processaram no transcurso histórico, bem como as configurações próprias que assumiu em diversos contextos e no interior de diferentes grupos sociais.

Recentemente, o uso abusivo da categoria construção social da realidade tem sido objeto de crítica (Prout, 2005). Essa categoria portou um papel liberalizante, ao mostrar que condições sociais adversas não são inabaláveis, já que são susceptíveis a mudanças, pois nem sempre foram assim (Hacking, 1999); porém, não pode constituir a salvaguarda teórica diante de qualquer objeto com uma história de constituição definida.

Em muitas ocasiões, o fio condutor da teorização dos NSSC nos conduz à ideia de que, se assumirmos uma nova representação social da infância e da criança e a colocarmos em prática, iremos necessariamente descobrir as competências infantis obscurecidas pelas teorias então existentes e mudar as condições de subordinação e dependência da criança, justificadas por tais teorias.

Por outro lado, concebem que a partir do exercício da autonomia e participação política da criança podemos nos dar conta de quanto elas são competentes, sobretudo, no que diz respeito à tomada de decisão sobre a sua vida e sobre o mundo, em diferentes planos de atividade política (do local ao mundial). Por isso, no interior desse movimento, a ideia de criança autônoma e competente impede a discussão do que permanece e do que muda nas competências sociocognitivas infantis, em função das mudanças engendradas em momentos marcantes no percurso histórico da infância, bem como em decorrência do crescente processo de individualização da criança no mundo contemporâneo.

No caso específico das pesquisas que desenvolvi, parti da concepção presente em Mead (1967) de que a criança é um ser competente, inclusive os bebês. A competência à qual se refere o autor remete à ideia de que, na interação face a face, a criança, mesmo sendo ainda bem pequena, é capaz de atribuir significações à expressividade do outro (verbal e gestual) e assumir o papel de coparticipante no processo comunicativo, inclusive permite a emergência de um padrão de interação social.

Mas o ponto de confluência entre as teorias termina aí. Mead, de maneira mais flexível que Piaget, reconhece fases no "desenvolvimento infantil". A pergunta que a psicologia social acha importante colocar, no tocante às supostas competências infantis enfatizadas pelos NSSC, pode ser resumida na seguinte questão: A criança é competente em relação a quê? As respostas dadas são muito vagas e generalistas.

Dados os obstáculos encontrados na conjugação da produção teórica dos NSSC com o interacionismo social de Mead e Vygotsky, em diferentes pontos, acabo por fazer uso da noção de infância como categoria geracional, como forma de mobilizar diferentes planos de análise, que vai da criança para a infância e vice-versa, sem a pretensão de integrar os diferentes planos teóricos em uma nova síntese. A ultrapassagem dos impedimentos teóricos que dividem os dois campos não é uma tarefa fácil, pois implica integração de conceitos que estão em distintos planos de análise em uma nova síntese.

Parto do reconhecimento de que os NSSC ofereceram um corpo de conhecimento não desprezível na análise das relações intra e intergeracionais no mundo contemporâneo que não pode ser rejeitado em função das dificuldades teóricas hoje existentes. Por outro lado, independentemente da noção vaga e generalista de competência infantil, eles tiveram, entre outras coisas, o mérito de colocar o desafio de ampliar as metodologias de pesquisas voltadas à escuta das vozes infantis, no sentido da minimização do "adultocentrismo" que muitas pesquisas apresentam. Mas, de maneira não idêntica a essa, o interacionismo social de Mead e Vygotsky também renovou os estudos sobre a criança, pois, ao deslocar o foco da formação humana do sujeito cognoscente para a interação social, os autores provocaram uma mudança epistemológica fundamental, colocando no centro da reflexão as significações da experiência social compartilhada pelos sujeitos humanos. Isso fez com que os estudos sobre a criança não mais dependessem do método clínico, formulado por Piaget, já que a investigação das interações sociais pode ocorrer em qualquer situação e contexto[3], o que impede que as pesquisas desenvolvidas ocorram num vazio social.

O PESQUISADOR ADULTO E O "PONTO DE VISTA DAS CRIANÇAS"

A discussão sobre o que significa assumir o "ponto de vista das crianças" não é algo simples sob a ótica da epistemologia e da metodologia. Ainda que os pesquisadores descrevam e teorizem os mundos da criança e da infância por meio de metodologias de pesquisa desenvolvidas especificamente para isso, não podemos deixar de considerar que o pesquisador é um sujeito cultural que não vai para o trabalho de campo desprovido de "concepções teóricas" acerca da criança e da infância. Na verdade, um paradigma teórico de referência sempre norteia o "olhar" do investigador, por mais que ele queira que o seu lugar de adulto na sociedade entre em suspensão na relação com as crianças investigadas, em função da exigência de objetividade científica. Qvortrup (1999, p. 5) faz alguns questionamentos sobre a experiência de alteridade do adulto em relação à criança, recorrendo a uma analogia acerca da relação homem-mulher nos estudos do gênero. O autor coloca como interrogação o seguinte:

O que significa estudar as crianças por seu próprio mérito, ver a sociedade segundo a perspectiva da criança ou adoptar o seu ponto de vista? (…) Em primeiro lugar, não se refere a lugares-comuns sobre adultos que tentam ver o mundo como se fossem eles mesmos crianças. Seria decepcionante pela simples razão de que os adultos não são crianças e, por isso, não têm capacidade para o fazer, exactamente assim como os homens não conseguem perceber o mundo das mulheres como se fossem mulheres. Mas, do mesmo modo que não é impossível (a meu ver) que os homens levem a cabo estudo sobre mulheres ou pesquisas sobre gênero, também não é impossível (na minha opinião) que os adultos realizem pesquisas sobre crianças. Em qualquer dos casos, quanto a este último não parece existir qualquer alternativa viável?

Até onde pode ir a analogia dos estudos da infância com os de gênero? O fato de todo homem já ter sido um dia criança torna essa experiência diferente

---

[3] Muitos dos trabalhos sobre a formação da criança passaram a focalizar a interação social entre crianças e entre elas e os adultos em espaços lúdicos, como salas de recreação, brinquedotecas, laboratórios do lúdico etc. Um estado da arte sobre a pesquisa de brincadeira de faz de conta, norteado pelas teorias da escola soviética e pelo interacionismo de Mead, pode ser encontrado em Sant'Ana, Resende e Ramos (2004).

daquela trazida pelas relações de gênero. Ele nunca foi mulher e não viveu essa condição social; ele um dia foi criança e viveu a infância. O que podemos argumentar é que o fato de adulto e crianças não viverem da mesma forma a infância, dada a rapidez das transformações da sociedade ocidental no tempo, nem sempre a experiência do adulto pode ser suficiente para seu olhar tenha uma perspectiva a ponto de entender o mundo da criança. Por outro lado, a condição adulta coloca novas responsabilidades sociais para aqueles que a vivem, já que o adulto é considerado o porta-voz do mundo social e tem o dever de "filtrá-lo" para a outra geração, o que envolve posicionamentos diante de princípios e preceitos éticos, normas de conduta e de ação.

Porém, a questão do método não esgota a discussão sobre a construção da experiência de alteridade na pesquisa com crianças. O norte da investigação sempre estará dado pelas teorias que levamos para o campo e pela abertura que temos para deixar que o "sujeito" investigado provoque nosso suposto saber. Por vezes, a atribuição de significado àquilo que é percebido nas crianças implica a interpretação seletiva do passado, o que depende de negociações complexas, de acomodações entre universos culturais distintos e propostas conflitantes. Nesse processo, a facticidade da experiência concreta atualiza e renova os elementos presentes na memória do pesquisador, enquanto a refletividade os retoma na busca de dar conta da situação atual. Algo semelhante ocorre com as crianças, pois, em função de suas experiências anteriores com adultos, elas podem rapidamente expressar uma imediata aceitação do pesquisador e de sua entrada no seu mundo particular, ou, ao contrário, ignorá-lo ou rejeitá-lo.

Desse modo, a dicotomia entre objetividade e subjetividade aparece o tempo todo, apontando aspectos da subjetividade do adulto e da criança, por um lado, e a condição da objetividade como mediada pelo mundo sociocultural, por outro. Assim, na pesquisa com criança, não é possível abolir completamente a realidade existente fora da situação de entrevista, ao imbricar-se no encontro entre "sujeito" e "objeto" de conhecimento.

AS PESQUISAS DESENVOLVIDAS

As ressonâncias da discussão teórica apresentada conduziram-me a reforçar algumas considerações anteriores e a atenuar outras, com consequências para a investigação. Durante a trajetória da pesquisa, foram experimentadas diferentes maneiras de abordar crianças, com variações quanto a seu nível de participação na construção do conhecimento.

A primeira pesquisa, de doutoramento, investigou, nos anos 2001-2002, a ação da pré-escola no processo de formação de crianças, por meio da análise da rotina construída e sua efetivação no plano concreto, a partir, principalmente, da observação em uma escola pública de São João del Rei, Minas Gerais. Desse modo, a investigação recaiu sobre o cotidiano escolar das crianças, dentro e fora da sala de aula, para refletir acerca do sentido subjacente ao arranjo das atividades escolares. Isso significou buscar respostas para perguntas dos seguintes tipos: A organização das atividades no tempo e no espaço cria competências pessoais e sociais favorecedoras de independência e autonomia? Ou, ao contrário, as experiências nascidas das diferentes situações, criadas para garantir o trabalho educativo, conduzem à formação de competências pessoais e sociais que dificultam a formação de cidadãos autônomos e democráticos? (Sant'Ana, 2002). Partindo do pressuposto de que toda pesquisa de campo implica uma forma de participação em relações sociais, o trabalho também enfocou a prática do pesquisador, enfatizando a importância de uma postura teórico-metodológica em que a escuta do jogo expressivo e comunicativo entre os sujeitos, ao acompanhar o ritmo da oferta das atividades no tempo e no espaço, assume um papel fundamental para compreensão do projeto formativo edificado no cotidiano escolar.

A observação foi feita na forma de registro cursivo, isto é, foram minuciosamente descritas as atividades e dinâmicas interacionais ocorridas no espaço da escola, durante o tempo de observação. Seguindo a proposta interacionista para o processo de investigação, tomei como unidade de estudo o "ato social" (Mead, 1967), ou seja, o conjunto de atos produzidos pela interação de diversas pessoas em um contexto determinado, cujo sentido não é capturado facilmente (Sant'Ana, 2002, 2003).

Depois de negociar com a direção e os professores da escola sobre a permanência em salas de aula, eu pedia licença para a professora e as crianças para observar a sala. A maior parte das crianças interessava-se em minha presença e tarefas, mostrava curiosidade em saber o que eu anotava no diário de campo. Não precisava fazer qualquer esforço de aproximação, visto que muitas delas logo se achegavam e iniciavam a interação social, por vezes deixando-me em apuros diante das professoras das turmas, pois quase todas demandavam silêncio o tempo todo. Após esse momento inicial, era comum, quando da minha entrada em sala, que algumas crianças expressassem um olhar amigo acompanhado de um gesto dirigido para uma cadeira vazia, bem próxima delas, a convidar-me para sentar ali – porém, a situação de pesquisa não permitia isso e eu era obrigada a recusar o convite.

Fora da sala de aula, as crianças podiam vasculhar o meu diário e fazer todas as perguntas que quisessem, e eu procurava responder o mais próximo possível da realidade. No horário do recreio, quando circulava pela escola, jamais entrei na casinha de bonecas sem ser convidada pelas crianças que lá brincavam, numa atitude de respeito, por considerar que aquele espaço deveria ser completamente gerido por elas (algo que não necessariamente ocorria, pois a escola só o franqueava às meninas, de maneira que os meninos eram proibidos de lá entrar); quando era solicitada, ajudava nas brincadeiras infantis.

Durante o período de permanência no campo, fiz a primeira tentativa de entrevistas com as crianças. Passei a andar com um gravador, o que despertava a curiosidade de vários grupos delas que queriam saber qual a serventia do aparelho. Para demonstrar seu funcionamento, eu gravava as conversas deles, a fim de que pudessem ouvi-las, o que lhes causava surpresa. Em seguida, acontecia de todos falarem ao mesmo tempo, pois queriam ouvir as suas vozes, causando um enorme ruído na gravação, já que algumas crianças chegavam a gritar, na busca de destacar a própria voz. Em algumas situações em que tive a oportunidade de ficar com um pequeno grupo, tentava levar as crianças a falarem de sua própria vida na escola, mas encontrei enormes dificuldades. Percebi que essas crianças, entre 4 e 5 anos de idade, completavam as informações verbais com uma linguagem de gestos que a situação e o uso do gravador não permitiam capturar. Sem a pretensão de resolver essa dificuldade, passei a fotografá-las em suas diferentes atividades escolares, inclusive nos momentos de ensaios e de apresentações de trabalhos dirigidos às famílias em datas comemorativas.

Assim, essas imagens funcionariam como suporte mnemônico para cada retomada do olhar sobre a vida das crianças na escola. Não precisava pedir autorização às crianças para a foto, pois, sempre que me aproximava com a câmera fotográfica, muitas delas faziam pose e solicitavam que lhes fotografasse, tornando isso um critério de escolha de quem fotografar.

Naquele momento, a discussão acerca do consentimento informado sobre imagens não era algo conhecido pela pesquisadora, mas ela tomou o cuidado de ilustrar com poucas fotos a tese, além de diminuir a nitidez das imagens de modo a dificultar a identificação das crianças. O texto de Kramer sobre a ética do uso da imagem na pesquisa com crianças, "Autoria e autorização" (2002), só foi conhecido depois.

A reflexão sobre os obstáculos relativos à construção de uma metodologia de pesquisa que permitisse fazer a escuta de crianças pequenas em contextos institucionais como a escola levou-nos a criar um novo instrumento de investigação. A partir de 2003, continuamos a pesquisa por meio do acompanhamento do percurso de escolarização dos alunos que saíram da pré-escola em 2002 e foram para escolas públicas do município. Em 2003 e 2004, fizemos observações de estabelecimento com base na mesma metodologia construída para a análise da pré-escola.

Novamente, procuramos uma metodologia de investigação que fosse capaz de dar voz às crianças da amostra. O balanço das dificuldades encontradas na pesquisa anterior e o fato de termos observado que a única atividade que toda criança expressava gostar era o desenho levaram-nos a criar uma metodologia que envolvia o desenho e a escrita infantil. A pesquisa foi desenvolvida em quatro escolas públicas da cidade de São João del Rei (MG), no ano de 2005. O objetivo foi compreender as significações do projeto educativo edificado para as crianças, principalmente por professores e familiares, bem como a posição delas em relação ao projeto.

A pesquisa de campo foi desenvolvida por dois pesquisadores de iniciação científica, três estagiários escolhidos por edital e oito alunos da disciplina de estágio[4] denominada "Entrevistas psicológicas em situação de grupo", todos do curso de Psicologia da Universidade Federal de São João del Rei (UFSJ).

Procuramos garantir a presença, em cada grupo, de um entrevistador que já tivesse observado a sala das crianças a serem entrevistadas, no ano anterior. Quando isso não foi possível, fez-se referência à situação de observação de sala de aula, nomeando quem lá esteve, com vistas a minimizar a estranheza das crianças diante da situação de entrevista.

As entrevistas aconteceram no interior das escolas, em local cedido pelos educadores responsáveis pela direção do estabelecimento, ocorrendo em espaços improvisados, principalmente em salas de vídeo, bibliotecas e salas de aula. Isso fez com que os pesquisadores lançassem mão da criatividade para transformar os espaços de modo a se aproximarem do delineamento planejado por nós.

A proposta está fundamentada nas proposições de Gobbi (2004), que afirma que o uso conjugado do desenho e da oralidade nos permite conhecer melhor a infância e, assim, compreender o modo como as crianças significam seu contexto social, histórico e cultural. A metodologia desenvolvida pelo grupo de pesquisadores consistiu em uma fase exploratória que constou de entrevistas realizadas por meio de sessões de desenhos e produções de textos livres, seguidas de diálogos, em que se buscou conjugar o trabalho realizado com a fala de quem o produziu. No delineamento desse modelo de entrevista não estruturada, os

---

[4] Meus mais profundos agradecimentos aos alunos estagiários de Pesquisa e alunos de Iniciação Científica que participaram deste trabalho de pesquisa.

pesquisadores procuraram atingir o tema da pesquisa, pedindo que o sujeito falasse um pouco sobre o seu desenho. Buscávamos saber se as referências relativas à escola, à família e ao trabalho escolar surgiriam no processo de produção das crianças. É válido ressaltar que o diálogo, não registrado nem por gravador nem por filmagem, teve o intuito de obter alguns esclarecimentos acerca dos desenhos, sem qualquer finalidade de interpretá-los. Assim, sua utilização apenas buscou apreender as falas sobre o desenho e a escrita, sem preocupação com um registro passível de análise de conteúdo ou de discurso.

O desenho e a escrita, realizados de forma livre, não nos permitiram refletir sobre as significações da experiência construída na trajetória escolar, a envolver, preferencialmente, a criança, sua família e a escola, apesar de oferecerem material suscetível de ser usado para a análise dos aspectos culturais apresentados nos desenhos infantis. Por essa razão, criamos uma nova estratégia de pesquisa que envolvia introduzir a temática, a partir de um mural com diversas imagens que conjugam o mote "família-criança-escola", almejando que tais figuras (criança fazendo tarefa em casa, indo a escola, junto à professora etc.) provocassem a produção infantil.

Estagiários de pesquisa buscaram na Internet imagens de crianças na família, na pré-escola e no ensino fundamental. Entre as imagens, introduzimos fotos da pré-escola em que eles estudaram (escolhemos fotos cujas feições infantis fossem de difícil identificação, por uma questão de respeito à ética das imagens na pesquisa). O resultado foi um mural bem colorido e atrativo.

Decidimos filmar a situação de entrevista, pois isso nos permitiria observar elementos da expressividade da criança, como a expressão corporal, o movimento gestual, a entonação da voz, a expressão facial, a acompanharem a comunicação verbal. Partindo da perspectiva da criança como sujeito ativo de suas ações, foi-lhes pedida permissão para filmagem durante todo o processo de entrevista. As crianças não demonstraram nenhuma objeção, provavelmente porque já conheciam os entrevistadores, pois já tinham observado suas salas de aula. É relevante destacar que os estabelecimentos escolares, bem como as famílias das crianças, já haviam adquirido conhecimento prévio acerca da pesquisa e concordaram com os procedimentos de investigação.

No espaço disponibilizado pela escola, afixamos, antes do início da sessão, um cartaz com os dizeres: "O QUE VAMOS FAZER", no qual constavam as etapas do trabalho de investigação:

1) Bate-papo.
2) Desenho: "A minha vida como aluno".

3) Escrita: "A minha vida como aluno".
4) Bate-papo com os entrevistadores: individual.
5) Bate-papo com os entrevistadores: coletivo.

Assim, as crianças eram convidadas para esse espaço e lhes era solicitado que se sentassem em círculo, para uma conversa inicial acerca de sua vida como alunos, sendo esta etapa denominada, por nós, como "bate-papo". Inicialmente, foi relembrado às crianças o contato anterior que tiveram com os pesquisadores durante a etapa de observação dos estabelecimentos escolares. Para que as crianças ficassem mais à vontade, ou seja, com vistas a ancorar a situação de entrevista em algo familiar, os entrevistadores diziam: "Precisamos aprender a fazer entrevistas, como os repórteres da televisão". Isso permitiu tornar as entrevistas mais lúdicas, fugindo ao modelo de "atividade escolar". Abordamos a temática ao dizer, entre outras coisas, "Como tem sido a vida de aluno de vocês?".

Em seguida, recordamos com as crianças elementos de suas trajetórias escolares da pré-escola até aquele momento. Para tanto, utilizamos, como deflagrador da discussão, a indagação: "O que é ser aluno?", sempre abordando junto a elas as atividades que a condição de aluno engloba, ou seja, deveres de casa, atividades dentro e fora da sala de aula, valores e normas sociais etc., partindo sempre do referencial das crianças. Assim, nós lhes dizíamos que "gostaríamos que fizessem um desenho e uma redação sobre o seguinte tema: 'A minha vida como aluno'", e juntos retomávamos o que falaram acerca do que é "ser aluno", buscando não acrescentar conteúdos novos àqueles que elas traziam.

Mencionávamos o mural, explicando a sua finalidade, ou seja, "foi feito para ajudá-las a se lembrar de algumas situações escolares", e lhes era apresentado o eixo temático que o compunha (família, pré-escola e escola primária). Após a exploração das imagens do mural, as crianças começavam a desenhar, segunda atividade que propomos, seguida pela produção do texto. Depois, à medida que a criança terminava o texto, passávamos para outro passo da investigação, ou seja, bate-papo individual com os entrevistadores. Assim, cada criança apresentava seu desenho para os entrevistadores, seguido da leitura de sua produção, bem como de diálogos acerca do que retratavam os desenhos, enquanto as demais continuavam a fazer suas produções.

Após a entrevista individual, abríamos novamente um círculo para a entrevista em grupo, em que o pesquisador enfatizava "Todos já desenharam, escreveram e conversaram com os 'repórteres da entrevista', agora gostaríamos que cada um mostrasse o seu desenho para os colegas e falasse sobre o que fez", assim, era respeitado nesse momento o desejo da criança em mostrar ou não o que produziu.

Ressaltávamos não se tratar de uma competição, destacando-se que cada desenho tem seu valor individual. Estabelecemos como estratégia dialógica, durante a entrevista coletiva, focalizar semelhanças e diferenças encontradas nos desenhos, a fim de abrir espaços para as falas infantis. Ao fim dessa conversa, agradecíamos às crianças pela participação e colaboração, explicando-lhes qual seria a próxima etapa da investigação, ou seja, as entrevistas no âmbito familiar[5].

Após a realização das entrevistas com as crianças, os pesquisadores faziam registro, em diário de campo, de suas impressões acerca do trabalho que haviam desenvolvido, enfocando a interação com as crianças e os conteúdos mais significativos que emergiram durante o processo de entrevista.

As entrevistas foram realizadas com grupos de 5 a 10 crianças, totalizando 68 entrevistadas. Utilizamos como forma de registro escrito as legendas: relato oral (RO) e relato escrito (RE), para destacar de onde foram extraídos os conteúdos analisados.

A título de ilustração, trazemos pequenos excertos de alguns conteúdos que se destacaram nos relatos das crianças (Santos e Sant'Ana, 2006), nas entrevistas na escola[6]. Um elemento em destaque concerne às formas coercitivas empregadas pelos docentes para controle dos "maus comportamentos" dos alunos, entre elas as mais comuns são:

a) **Cópias e exercícios suplementares**. A professora pedia ao aluno para copiar textos, tabuadas:
(RO) *Tipo assim: escrever 50 vezes 'não devo fazer bagunça'.*

b) **Admoestações por parte dos docentes.**
(RO) *Ela tem uma mania de porque ela usa uma vareta, de dá varetada! Eu já falei com minha mãe que eu não gosto disso! Faz... faz outra coisa! Mas não bate na minha cabeça não porque no outro dia eu fico com dor de cabeça.*

---

[5] Acoplado a esse trabalho, aqui citado, desde o segundo semestre de 2005, desenvolvemos o projeto "Colaboração família e escola nos primeiros anos escolares" que, além de realizar visitas domiciliares e entrevistar a família, as crianças das amostras eram convidadas a preencher a "Ficha de atividades da vida da criança" (preenchimento não obrigatório), a descrever no tempo e no espaço a rotina de uma semana vivida por elas (essa pesquisa será objeto de publicação futura).

[6] Meus especiais agradecimentos a Mayanna Auxiliadora Martins Santos, aluna de Iniciação Científica (PIIC), pela aglutinação de aspectos significativos das falas das crianças entrevistadas.

(RO) [...] *a professora pôs tudo mundo em pé de costas virado para a parede.*

c) **Privá-los de atividades que mais gostavam**, como educação física, recreio, aulas de biblioteca.
(RO) *A tia deixou o M. sem educação física até ele tomar jeito.*

d) **Retirar o aluno da classe e/ou levá-lo à diretoria.**
(RO) *Uma vez ela* [a professora] *escreveu um bilhete no caderno de todo mundo que se não comportasse bem ia ficar com a P.* [diretora] *e ela vai embora tarde e pediu pros pais assinarem. Ela passou no quadro e mandou todo mundo copiar.*

e) **Advertências, ameaças de suspensões e expulsão escolar.**
(RO) *É porque não pode correr aqui na escola! E quem desobedece fica de castigo e assina o caderno verde! É assim, por exemplo, quando tiver, por exemplo, B. B. B.* [três vezes o nome do aluno], *três vezes assim no caderno, aí chama o pai e a mãe para arrumar outra escola! Cê tem uma chance primeiro, aí brincou de novo leva uma suspensão da escola de três dias, aí se brincou de novo é expulso da escola!*

A violência física e verbal dos alunos para com professoras também foi descrita em algumas entrevistas em que os eles demonstraram repúdio às atitudes dos colegas agressores, como podemos destacar nos trechos trazidos em seguida:

(RO) [...] *a professora pegou o caderno dele e ele falou 'não pega meu caderno não que eu não te permiti não!'. Aí ela foi lá e pegou o caderno dele, aí ele disse 'eu vou aí pegar meu caderno', e a professora disse 'você não vai pegar seu caderno', aí ele foi lá e chutou ela e mordeu ela! A tia teve que pedir socorro! E tirou ele da sala* [...] *aí ele foi suspenso só que depois ele voltou e não adiantou!*

(RO) *A professora não gostava era da F., porque ela ficava fazendo chantagem, dizendo que se ela subisse a escada ela ia empurrar ela. Eu não acho certo o que ela falava. A tia é muito boazinha.*

Na entrevista na escola, embora todos os entrevistados procurassem apresentar-se como "bons alunos" (cumpridores na íntegra dos seus deveres escolares), algumas vezes deixavam escapar expressões que denunciavam certa resistência à rotina de sala de aula. Escolhemos a fala de uma criança que sintetiza isso:

> (RO) *Oh, fulano, desliga o gravador aí que eu quero te dizer uma coisa. Eu gostei que você veio, porque assim a gente não tem que copiar tarefa.*

A situação descrita acima, em que uma professora não pede licença para pegar o caderno de uma criança, que reage agressivamente, ilustra bem algumas mudanças em curso na educação das novas gerações, cujas crianças cada vez mais conquistam o direito de fazer escolhas e de negociar na esfera familiar, o que faz das relações no interior da família mais democráticas que outrora. Trata-se de crianças cada vez mais conscientes de seus direitos, que têm de encontrar maneiras de conjugar a liberdade de expressividade na família e a contenção da expressividade na escola.

O BALANÇO DESSA ETAPA E ALTERNATIVAS ENCONTRADAS

Notamos que a entrevista com os grupos de criança da "escola primária" nem sempre ocorria em condições físicas adequadas (salas mal iluminadas, com problemas acústicos que dificultavam ouvir corretamente algumas frases emitidas pelos alunos), bem como o ambiente disciplinar de alguns estabelecimentos parecia constrangedor, na medida em que algumas crianças olhavam para os lados, como se procurassem identificar se eram espionadas por alguém antes de emitir críticas à escola. Isso nos levou a concluir que, sempre que possível, deveríamos fazer entrevistas o mais distante possível da sala de aula e da parte administrativa da escola, lugares que podem mobilizar temores associados ao caráter opressivo e burocrático que a escola pode representar para a criança.

No final do ano de 2006, empreendemos mais um esforço no aumento da participação das crianças no processo de investigação. A atividade realizada consistiu em convidar crianças da amostra (podiam levar os seus amigos, de dentro e de fora da escola observada) para se divertirem na brinquedoteca da UFSJ. O contrato estabelecido esclarecia que elas poderiam levar seus próprios brinquedos, definir e conduzir os jogos e brincadeiras, produzir roteiros e dirigir filmagens elaboradas com seu grupo de amigos.

Compareceram três grupos de crianças, cada qual coordenado por uma dupla de pesquisadores. Por se tratar de um estudo exploratório, cada uma dessas duplas poderia conduzir o processo grupal como julgasse necessário, com a finalidade de favorecer a expressividade das crianças (faixa etária de 10 a 11 anos de idade), para melhor conhecermos o mundo onde habitam.

Os grupos produziram roteiros e um vídeo sobre temas que haviam escolhido (fizeram o roteiro, dividiram as tarefas, só não editaram as imagens por não termos equipamentos adequados para isso).

Uma das duplas de coordenadores abdicou da diretividade, pois sua ação restringiu-se a oferecer ajuda técnica (ensinar como filmar, procurar os materiais requeridos pelo grupo etc.), sem qualquer interferência no roteiro. Quando as crianças abordaram assuntos mais espinhosos (relações conflituosas com os familiares, por exemplo), os coordenadores não se sentiram à vontade em intervir para obter maiores esclarecimentos, então notaram que perderam a oportunidade de ouvir mais claramente sobre questões que mobilizavam afetivamente as crianças. Os outros dois grupos de crianças fizeram roteiros de filmagem com o uso de linguagens mais próximas do cinema e do teatro; os coordenadores foram mais diretivos, especialmente os do terceiro grupo, que participaram ativamente em toda a etapa do processo, oferecendo informações e levantando questões que auxiliavam as crianças nas suas escolhas estratégicas, bem como foram parceiros na encenação do roteiro.

Esse longo percurso de investigação nos deu experiência suficiente para nos lançarmos com amadurecimento em um outro projeto, em que almejamos que os sujeitos de nossa amostra (agora adolescentes) participem na formulação do instrumento de investigação e da realização de entrevistas com adolescentes sobre a própria vida na escola, na família e na comunidade.

O projeto em desenvolvimento envolve mais de uma etapa. Na primeira etapa, de caráter exploratório, os estudantes da amostra serão convidados à participação na elaboração de um primeiro instrumento de investigação e na entrevista com alunos. Os encontros serão iniciados com atividades para "quebrar o gelo", em que, entre outras coisas, o grupo de adolescentes fará diferentes experiências com o uso da filmadora, mas já com enfoque para a questão da adolescência. Paulatinamente, iremos introduzir um maior nível de negociação entre as partes em torno das temáticas, dos modos de formulação e desenvolvimento do trabalho de pesquisa. Temas como a amizade e a inimizade, os grupos de amigos e os de inimigos, a vida escolar e a vida não escolar etc. serão focados na reflexão grupal.

Após essa fase inicial, em que diferentes grupos farão seus trabalhos separadamente, eles serão reunidos para negociação do roteiro final da pesquisa, a ser desdobrada para todos os estudantes da amostra. O grupo de pesquisa

OuviNDo CRiaNÇas Na esColA abordagens qualitativas e desafios metodológicos para a psicologia

assim constituído irá fazer a entrevista com todos os estudantes da amostra que queiram participar da investigação. Abriremos espaço para que adolescentes fora da amostra também possam ser objetos de investigação, desde que haja alguma particularidade nesse estrato de estudantes que o justifique.

Consideramos que a construção da fase exploratória com os estudantes já será um rico momento de pesquisa, razão pela qual ela também será filmada, caso os envolvidos autorizem. Almejamos fazer desses encontros momentos muito ricos, suscetíveis de construção de uma relação de confiança e empatia entre os estudantes da escola do ensino fundamental e os pesquisadores da UFSJ, o que nos dará base para uma compreensão mais profunda desse segmento do grupo geracional. Por isso, buscaremos fazer encontros semanais com os grupos de adolescentes dispostos a participar na formulação e realização das entrevistas de pesquisa.

Todas as etapas serão filmadas, caso os adolescentes (e os seus responsáveis legais) autorizem. Na verdade, a regra geral na questão do esclarecimento informado (ou de consentimento livre e esclarecido) é de que o consentimento é dado pelo adolescente, e o responsável legal dá a autorização.

ALGUNS PROCEDIMENTOS COMUNS EM VÁRIAS PARTES DA INVESTIGAÇÃO

Qual o nível de diretividade possível em uma pesquisa que visa franquear a palavra às crianças e aos adolescentes? As duas vezes em que a produção das crianças ocorreu sem definição da temática a ser explorada, na fase exploratória das entrevistas baseadas no desenho e na oralidade e no caso do primeiro grupo de produção de filmagem ocorrido na brinquedoteca da UFSJ, tivemos muita dificuldade em extrair dessas experiências dados de pesquisa. Concluímos que as metodologias de pesquisa muito abertas podem conduzir à geração de trabalhos muito descritivos, com baixa possibilidade de aprofundamento analítico. O contrato de produção de uma experiência coletiva baseada no diálogo e na negociação de todas as etapas do trabalho, ou seja, o modelo de coparticipação, parece-nos mais frutífero em investigações como esta que estamos desenvolvendo agora. Por outro lado, devemos nos prontificar a auxiliar os adolescentes na aquisição dos saberes necessários para uma participação mais efetiva em todas as partes do processo de investigação, para que eles não fiquem a reboque dos coordenadores.

Consideramos que esse tipo de proposta exige mais do que o termo de consentimento informado, geralmente assinado antes do início do trabalho de pesquisa, pois dilemas de ordem ética sempre irão aparecer durante o percurso, a exigir que saibamos lidar com a questão do sigilo e da proteção dos conteúdos das falas e das imagens das crianças e dos adolescentes, ou seja, garantir o respeito à privacidade do sujeito. Soares, Sarmento e Tomás (2004) reforçam essa posição ao afirmarem que

> [...] numa investigação que encare a participação das crianças, os princípios éticos que a influenciam não devem estar previamente estabelecidos, mas considerados num processo contínuo de construção, atendendo à idade das crianças, ao seu grau de competência e experiência, ao contexto sócio-cultural e ainda ao género; defendemos que também as ferramentas e opções metodológicas terão de estar em permanente diálogo com a diversidade das interacções que se estabelecem à medida que a investigação se vai desenvolvendo. (p. 10)

O consentimento informado (ou termo de consentimento livre e esclarecido – TCLE) não pode ser tratado como uma exigência legal e burocrática, mas como um momento fundamental na construção de uma relação de respeito. Logo, ele é suscetível de resguardar o direito do adolescente (e da criança) de ser informado sobre o que esperam dele e de ser consultado quanto ao querer ou não participar do processo investigativo, inclusive o direito de deixá-lo a qualquer momento, caso não o agrade. De maneira semelhante, Soares, Sarmento e Tomás (2004) destacam que

> [...] *o consentimento informado* é na investigação participativa com crianças um dos momentos mais importantes. Considera-se aqui a informação dada à criança acerca da investigação em causa e o seu consentimento para participar na mesma. Informar as crianças acerca dos objectivos e da dinâmica da investigação (se estes não foram definidos com elas) é um passo essencial, o qual deverá cautelar que tais objectivos e dinâmicas se traduzam em conhecimento válido acerca dos seus quotidianos, experiências, sentimentos e competências. (p. 11)

A filmagem pode trazer um conjunto de imagens, o gravador pode captar o que se disse, mas ambos não reproduzem necessariamente o contexto interacional que produziu as falas. As anotações, conforme a maneira como são construídas, permitem ao pesquisador agrupar as experiências em categorias amplas, universais, a permitir a inclusão de uma experiência específica em uma classe mais abrangente de fatos e categorias de análise. Assim, o pesquisador organiza um conjunto inteiro de atitudes dos envolvidos no processo de interação e vai retomando suas suposições teóricas concomitantemente à pesquisa de campo.

Além disso, é importante registrar também as próprias impressões do cotidiano da pesquisa, como dúvidas, indignações, tédio, satisfação, desânimo, encantamento etc. Quando possível, o investigador deve registrar as impressões dos sujeitos observados, a atitude deles em relação à observação e a respeito do observador, sua interpretação mais imediata das interações mais significativas ocorridas. Ou seja, abrimos parêntesis nos registros de observação para anotar as nossas impressões sobre situações consideradas significativas.

Laville e Dionne (1999, p. 180) distinguem as notas produzidas pelo observador em dois tipos: a) *notas descritivas,* que são expressas em relatórios descritivos, neutros e factuais a facilitarem a compreensão das situações observadas; b) *notas analíticas*, que falam das impressões pessoais, das intuições, registradas como breves lembretes. Aquelas notas registradas durante o processo de observação, somadas daquelas acrescentadas posteriormente, permitem acompanhar a evolução do investigador no transcorrer do processo de investigação. Nas notas do diário de campo, os registros permitem dar sentido aos dados coletados, o que favorece, mais tarde, mobilizar a memória para recordar os elementos mais significativos, não necessariamente registrados pela câmera ou pelo gravador.

Utilizamos essa forma de registro da pesquisa na maior parte dos trabalhos de investigação. Na observação de estabelecimentos escolares, na reflexão sobre a entrevista realizada, na descrição de processos grupais etc. Isso favorece o trabalho de reflexão sobre o ocorrido na relação entre parceiros em cada uma dessas situações, interação social que surge integrada aos conteúdos específicos da tarefa por eles empreendida.

CONSIDERAÇÕES FINAIS

A investigação aqui apresentada foi ganhando densidade, à medida que o campo de conhecimento dispôs de elementos teórico-metodológicos adequados ao enriquecimento de cada momento da pesquisa.

Atualmente somos capazes de um maior planejamento operacional prévio da pesquisa, na proporção que questões referentes à escolha de procedimentos de pesquisa dirigidos exclusivamente a crianças e adolescentes, bem como as questões éticas que os acompanham, ganham densidade teórica e política. Em outras palavras, referenciais teórico-metodológicos importantes foram forjados, a fim de referenciarem as condutas de pesquisadores e agentes sociais no tocante ao respeito aos direitos da criança e do adolescente.

A elaboração da metodologia de pesquisa aqui apresentada foi resultado da convergência de muitas leituras, principalmente do interacionismo social de Mead e dos *New Social Studies of Childhood* (NSSC). Nessa empreitada, tive acesso paulatino às experiências de pesquisadores que se dedicam à aventura de investigar crianças, importante referencial ante as diferentes situações enfrentadas durante o desdobramento da pesquisa. Muitos caminhos metodológicos foram trilhados e acabaram por contribuir, de uma forma ou de outra, para a realização da pesquisa e para a reflexão crítica de diferentes modos de pesquisar, na busca de entender a criança (e o adolescente) a partir de seu próprio referencial, algo que perseguimos durante a trajetória de pesquisa. Durante todo percurso da investigação, arriscamo-nos a criar recursos metodológicos diferentes, como forma de conhecimento e de reconhecimento da alteridade desses sujeitos. Continuamos o trabalho, pois ainda não respondemos a uma questão que mobilizou e que continua a nos mobilizar até este momento: Como repensar as práticas educativas e sociais tendo como referência a visão da escola e da sociedade trazida pelo olhar infantil e adolescente?

Referências bibliográficas

ÁRIES, P. *História social da criança e da família*. Rio de Janeiro: Zahar, 1978.

BRONCKART, J. P. *Atividades de linguagem, textos e discursos:* por um interacionismo sócio-discursivo. São Paulo: Educ, 2003. (Original publicado em 1997).

GOBBI, M. Desenho infantil e oralidade. In: FARIA, A. L. G.; DEMARTINI, Z. B. F.; PRADO, P. D. (orgs.). *Por uma cultura da infância*. Campinas: Autores Associados, 2004.

HACKING, I. *The social construction of what?* Cambridge: Harvard University Press, 1999.

KRAMER, S. Autoria e autorização: questões éticas na pesquisa com crianças. *Cadernos de pesquisa*, n. 116, jul. 2002.

LAVILLE, C.; DIONNE, J. *A construção do saber*. Belo Horizonte: UFMG, 1989.

LOPES, J. R. Da concepção de sujeito aos "modos de subjetivação": noções e historicidade. *Serviço social e sociedade*, n. 51, ago. 1996.

MEAD, George H. *Mind, self and society*. Chicago: The University of Chicago Press, 1967.

MONTANDON, C. *L'éducation du point de vue des enfants*. Paris: L'Harmattan, 1997.

PROUT, A. *Reconsiderar a nova sociologia da infância*. Braga: Universidade do Minho, Instituto de Estudos da Criança, 2004.

PROUT, A. *The future of childhood*: towards the interdisciplinary study of children. Londres: Routledge Falmer, 2005.

QVORTRUP, J. A infância na Europa: novo campo de pesquisa social. *Seminário Crescer na Europa:* Horizontes Actuais dos Estudos sobre a Infância e a Juventude (mimeo., s/d). Extraído de http://cedic.iec.uminho.pt/Textos_de_Trabalho/textos/jensqvortrup.pdf.

SANT'ANA, R. B. *Experiências formativas em pré-escola:* sob a perspectiva da psicologia social de G. H. Mead. 2002. Tese (Doutorado em Psicologia Social). Pontifícia Universidade Católica, São Paulo.

_____. A dimensão social na formação do sujeito na psicologia. *Memorandum*, v. 12, p. 125-142, 2007. Disponível em: http://www.fafich.ufmg.br/~memorandum/a12santana01.htm. Acesso em: 1 nov. 2008.

_____. A pesquisa interacionista e a investigação da escola. *Vertentes*, São João del Rei, n. 22, jul.-dez. 2003.

SANT'ANA, R. B.; RESENDE, C. A.; RAMOS, L. C. O interacionismo social e a investigação da brincadeira infantil: uma análise teórico-metodológica. *Revista Brasileira de Crescimento e Desenvolvimento Humano*. São Paulo, v. 14, n. 3, p. 11-26, set.-dez. 2004.

SANTOS, M. A. M.; SANT'ANA, R. B. Da pré-escola ao ensino fundamental: a transição. In: V CONGRESSO DE PRODUÇÃO CIENTÍFICA DA UFSJ, XVI SIC (Semana de Iniciação Científica da UFSJ). *Anais V Congresso de Produção Científica da UFSJ, XVI SIC,* São João del Rei, nov. 2006. p. 1-21.

SOARES, N. F.; SARMENTO, M. J.; TOMÁS, C. Investigação da infância e crianças como investigadoras: metodologias participativas dos mundos sociais das crianças. In: SIXTH INTERNATIONAL CONFERENCE ON SOCIAL METHODOLOGY, RECENT DEVELOPMENTS AND APPLICATIONS IN SOCIAL RESEARCH METHODOLOGY. *Anais Sixth International Conference on Social Methodology, Recent Developments and Applications in Social Research Methodology,* Amsterdã, 16 - 20 ago. 2004. p. 1-17.

VYGOTSKY, L. S. *A formação social da mente.* São Paulo: Martins Fontes, 1998.

_____. *A construção do pensamento e da linguagem.* São Paulo: WMF Martins Fontes, 2001.

WARDE, M. Repensando os estudos sociais de história da infância no Brasil. *Perspectiva*, Florianópolis, v. 25, n. 1, p. 21-39, jan.-jun. 2007.

CULTURA INFANTIL E PSICOLOGIA:

contribuições da abordagem etnográfica para a pesquisa com crianças

Beatriz Belluzzo Brando Cunha e
Renata Fernanda Fernandes Gomes

INTRODUÇÃO

A partir de um conjunto de observações, interações, estudos e reflexões a respeito da infância e de suas instituições educacionais, desenvolvemos pesquisas, nas quais buscamos privilegiar o ponto de vista das crianças, mesmo considerando toda a complexidade envolvida nesse processo, podendo *ouvir* a perspectiva delas quanto às suas vivências em um contexto lúdico, "compreendendo que ouvir é um processo interpretativo e que as crianças podem se fazer ouvir de muitas formas" (Moss, 2002, p. 242).

Foi então, no Núcleo de Estudos e Pesquisas em Psicologia sobre a Infância e suas Instituições Educacionais (Neppei), que encontramos reflexões teóricas inovadoras que reivindicavam o direito de voz das crianças em pesquisas acadêmicas, as quais iam ao encontro de nossos anseios. Algumas referências lá discutidas foram primordiais para viabilizar o desejo de valorizar o ponto de vista infantil, tornando possível um trabalho científico: a tese de doutoramento da prof. Jucirema Quinteiro (2000), o livro organizado por Ana Lúcia Goulart de Faria, Zélia Demartine e Patrícia Dias Prado (2002), os trabalhos de Sônia Kramer e Maria Isabel Leite (1996), entre outros.

Recorremos a perspectivas teórico-metodológicas que concebem as crianças enquanto *sujeito* de suas próprias narrativas, preenchendo lacunas caracterizadas pelo silêncio ao qual meninos e meninas foram submetidos ao longo do tempo. Suas falas eram sempre referendadas pelos *outros* – adultos/as: especialistas, educadores, instituições de proteção e cuidado.

Nessa perspectiva, compreende-se a criança como sujeito histórico e social inserido em uma cultura e, consequentemente, dela produtora, como salienta Kuhlmann Jr. (1998, p. 31): "as crianças apropriam-se de valores e comportamentos próprios de seu tempo e lugar, porque as relações sociais são parte integrante de suas vidas, de seu desenvolvimento".

Quanto à atividade lúdica, além dos aportes teóricos da psicologia, buscamos contribuições na corrente de pensamento socioantropológica, a qual considera o brincar um ato social que produz uma cultura específica – a cultura lúdica infantil – e, concomitantemente, é produzido por uma cultura geral, da qual não se encontra isolado: "daí advém a riqueza, mas também a complexidade de uma cultura em que se encontram tanto as marcas das concepções adultas quanto a forma como a criança se adapta a elas" (Brougère, 1998, p. 29).

Essa é a base teórica que abre espaço para entender o sujeito/criança para além das concepções psicológicas pautadas nas ciências naturais, buscando ampliar o olhar da psicologia sobre a infância e a instituição de educação infantil. Teorias acríticas – modelo psicologizante – que desconsideraram o sujeito numa perspectiva histórica e social produziram (ou ainda produzem?) e revelaram atitudes excludentes e discriminatórias especialmente no campo educacional.

Considerando os apontamentos teóricos até aqui apresentados, a metodologia que nos permite apreender essas dimensões –, que compreendem a criança como ator social, determinada e determinante das relações sociais, historicamente definidas a partir do meio cultural no qual está inserida – fundamenta-se na abordagem etnográfica.

Para apreender o mundo social das crianças a partir de suas próprias perspectivas, a etnografia apresenta-se como um método profícuo de investigação sobre a cultura infantil, por meio do diário de campo, da observação participante, de filmagens, entrevistas semiestruturadas e de análises de documentos diversos. Sobre os limites e possibilidades da observação participante do tipo etnográfica nesse campo, Montandon (2001, p. 46), recorrendo a Mandell, afirma: "se é verdade que um adulto não pode se passar por uma criança, é possível se fazer aceitar pelas crianças e participar de um certo número de atividades com elas".

Nesse sentido, o objetivo deste artigo consiste em explicitar algumas considerações teórico-metodológicas sobre o desenvolvimento de pesquisas com crianças em um contexto lúdico, evidenciando a estreita relação entre as concepções construídas sobre elas, social e historicamente, e o método utilizado para investigar suas vivências nas diversas interações sociais. Enfatizaremos as contribuições da abordagem etnográfica para a pesquisa qualitativa em psicologia, no que diz respeito à cultura infantil[1].

CONCEPÇÕES DE CRIANÇA NA MODERNIDADE

As transformações econômicas, políticas e sociais ocorridas na modernidade suscitaram mudanças significativas na mentalidade e sensibilidade dos indivíduos, as quais, por sua vez, afetaram os modos de agir, viver e conviver. As noções de sujeito, dimensão pública e privada, intimidade, individualidade, racionalidade, cientificidade, entre outras, foram decisivas para demarcar novos comportamentos, atitudes, costumes e formas de se relacionar com os demais.

Nesse período, o indivíduo passa a ter uma importância centrada em si mesmo e a criança deixa de ser valorizada somente em função da perpetuação da linhagem, que assegurava as condições de continuidade do ciclo vital. A busca da autonomia plena com relação à vida interrompia o elo de pertencimento à coletividade (Boto, 2002).

Nessa conjuntura, a infância configura-se como um conceito construído pela sociedade burguesa, capitalista, urbano-industrial, no momento em que foram modificados a inserção e o papel social da criança na comunidade. Ou seja, ela passou a ser alguém que precisava ser cuidada, escolarizada e preparada para a atuação futura (Ariès, 1981).

Inovações na constituição familiar – núcleo reduzido, responsabilidade pelos filhos, reorganização do cotidiano doméstico etc. – corresponderam a novas expressões de convivência social regidas pela cultura moderna. É nesse contexto que a escola e a família consolidam-se como instituições responsáveis pela guarda, pelo acolhimento e pela educação dos pequenos.

Diante dessa nova categoria social – infância –, a modernidade engendrou os dispositivos institucionais necessários para seu cuidado e sua educação. Preocupando-se essencialmente com as formas de incutir modos de civilidade nas crianças, por meio de práticas de controle do corpo e concepções morais rígidas

---

[1] Este artigo originou-se das reflexões teórico-metodológicas desenvolvidas na dissertação de mestrado de Renata F. F. Gomes, *Infância e diversidade*: um estudo sobre significações de gênero no brincar, 2005.

e severas, "a puerilidade, agora, seria definida no projeto institucional que a abrigaria. Pela reflexão teórica e pela prática experimentada, a escola tornava-se o lócus da criança-aluno" (Boto, 2002, p. 37).

Conforme Boto (2002), a educação dos pequenos tornou-se algo tão importante a ser conquistado que a obra de Erasmo, do século XVI, *A civilidade pueril*, obteve sucesso inédito, com 130 edições publicadas ininterruptamente. Direcionada para preceptores, educadores e familiares, ditava e recomendava regras, instruções e preceitos de ensinamento da polidez. Atrelado ao aprendizado de boas maneiras, o conhecimento formal também se fazia presente no cenário da aristocracia renascentista.

Herdeira do modelo jesuítico, a pedagogia tradicional, por meio da institucionalização da infância, eliminava todas as formas de expressão da espontaneidade e diversidade das crianças, utilizando para isso métodos disciplinares e coercitivos nos colégios. "Tratava-se aqui de produzir a criança-indivíduo; a criança como um específico estado de ser: criava-se, com os colégios, a infância escolar" (Boto, 2002, p. 31).

Transformando-as em alunos, a modernidade ditou à criança uma nova forma de ser e estar no mundo, vislumbrando uma cultura escolar marcada pela organização, classificação, hierarquização e seriação de alunos, o que estimulava práticas de competição e disputa.

A garantia de escolarização, fundamentada nos pressupostos científicos e racionais do momento, projetava-se nos métodos pedagógicos, assim como na estruturação do tempo e do espaço, no ensino progressivo e gradual. Para isso, dispunham de procedimentos e estratégias mecanizados e padronizados, os quais desconsideravam as peculiaridades infantis em prol da homogeneização na aprendizagem.

Ao professor competia a vigilância contínua dos alunos, a manutenção da ordem e da disciplina e a transmissão de conhecimentos de forma unidirecional: "O mundo da infância separava-se, efetivamente, do mundo adulto; até pela distância que passa a ser recomendada entre o educador e a criança-aluno" (Boto, 2002, p. 39).

Contrariamente às exigências de polidez impostas pelos moralistas modernos, Rousseau, teórico de referência na época, propunha um trabalho pedagógico que primasse pela valorização e conservação da inocência da criança em sua interação com a natureza. Preocupado com o desenvolvimento humano em seus diversos matizes, salientou as características comuns de cada período da vida, ressaltando que a espontaneidade, a liberdade e a felicidade infantil deveriam ser preservadas.

Dessa forma, propôs um método capaz de potencializar os sentidos, as emoções, proclamando a primazia do sentimento sobre a razão. A perspectiva rousseauniana valorizava a natureza, a bondade e a espontaneidade infantil. Contudo, fazia-o considerando a criança em suas relações sociais. Nesse sentido, a bondade e a felicidade constituíam-se como principais objetivos dessa perspectiva educacional.

A originalidade do método proposto por Rousseau consistia em considerar a criança em sua especificidade. No entanto, não deixou de ser um método – apesar de mais abrangente e humanista – para educar o futuro cidadão, já que dialogava com os familiares e preceptores dos educandos (Boto, 2002; Smolka, 2002).

Em contraposição à concepção rousseauniana da infância, que primava pela preservação da naturalidade infantil, foi incumbida à educação institucionalizada a responsabilidade de tirar a criança de sua condição natural, engendrando modos de ser condizentes aos estatutos civilizatórios da cultura moderna.

Dessa forma, pode-se afirmar que a modernidade revelou a infância, mas ocultou a criança. Nesse período:

> [...] encontra-se um quê de silêncio, de separação, de isolamento, e também de invisibilidade. A criança é muda; em sua individualidade, é espectador silencioso; é silenciada em sua voz, que, pelo suposto moderno, não saberá falar por si. A criança dita pela razão moderna foi desencantada; sem dúvida. Foi secularizada e institucionalizada. [...] Não falamos mais das crianças, e sim da infância. (Boto, 2002, p. 57)

No contexto brasileiro, a modernização da sociedade como um todo era um ideal a ser conquistado no início do período republicano, sendo a criança considerada o principal agente de transformação social:

> Dos mais variados matizes interpretativos provinham opiniões, segundo as quais seria necessário fazer da ciência e da instrução instrumentos preparados para oferecer à sociedade uma direção que a distanciasse do próprio passado. Quanto ao futuro, seria necessário engendrar um tipo de modernização de cunho urbano industrial, produto e produtora de um *éthos* de civilidade pautado numa nova disciplina social, remodeladora e, em todos os aspectos, saudável. O ponto de partida era a criança. (Freitas, 2002, p. 351)

Ampliam-se, no cenário da intelectualidade brasileira, os debates educacionais em prol da modernização do país. A escola projeta-se como principal instituição capaz de viabilizar tal objetivo. No entanto, os educadores da época pretendiam que os ideais associados à modernidade, dentro de uma perspectiva civilizadora, ultrapassassem os limites institucionais da esfera escolar – espaço público –, angariando esforços para inseri-los também na esfera doméstica e familiar – espaço privado.

Nesse contexto, surgem ações e discursos de especialistas sobre a infância, pautados em saberes científicos da medicina, da psicologia e da pedagogia, direcionados à educação das famílias. Para ilustrar, destacam-se os discursos proferidos pelo intelectual Porto-Carrero por sua significativa atuação como educador nesse momento de renovação educacional (Magaldi, 2002).

Porto-Carrero foi um médico psiquiatra fortemente influenciado pelos ideais da eugenia e do higienismo-preventivismo, e, associando-os aos pressupostos psicanalíticos, "para além da preocupação com a saúde do corpo, conferiu maior destaque, em seus textos e ações, à saúde da alma" (Magaldi, 2002, p. 64), constituindo-se como um dos precursores da psicanálise no Brasil.

Segundo esse médico e educador, a partir de uma apropriação específica dos conhecimentos psicanalíticos, a educação constituía-se como um meio eficaz de intervenção na prevenção de *futuros males psíquicos* produzidos no ambiente familiar. Ele acreditava que através de ações educativas poderia preservar a saúde mental das crianças. E, por conseguinte, garantir a construção de adultos *normais* úteis à sociedade.

A profunda importância atribuída à infância estava atrelada à ideia de construir uma sociedade futura saudável e promissora, ressaltando para isso a responsabilidade dos familiares em tal empreendimento. Ao se considerar os filhos como uma *massa informe*, *cera a modelar*, *alma em branco*, justificava-se a preparação dos pais para exercer sua função da melhor forma possível.

Nesse sentido, às famílias, em especial às mães, foi imputada a tarefa de cuidar de seus filhos conforme os preceitos científicos da época em complementaridade à educação escolar. Para isso, deveriam estar devidamente orientadas para a *arte de criar filhos* ou a *ciência de ser mãe*, como afirmaram Cesário Correa Arruda e a puericultora Ida Sle, respectivamente (Kuhlmann Jr., 2002, p. 481).

Dessa forma, propunha-se uma formação preestabelecida fundamentada na higiene, na puericultura, nos deveres familiares e domésticos, inclusive morais. Delimitavam-se, assim, diferentes papéis e funções atribuídas a homens e mulheres no que diz respeito à infância, restringindo às mulheres atividades vinculadas à esfera privada.

O processo educativo em prol da construção de uma nação moderna englobaria aspectos físicos, psicológicos e morais. Um corpo saudável era conquistado por meio da criação de hábitos de higiene nos educandos que eram demarcados por orientações médico-sanitaristas. Quanto à saúde mental, vislumbrava-se uma prática pedagógica fundamentada nos postulados científicos da psicologia.

Discursos de intelectuais da época ilustravam esse posicionamento como bem demonstra Kuhlmann Jr. (2002, p. 476): "a educação da criança repousa sobre um problema de psicologia aplicada [...]. Deve-se seguir um novo rumo de acordo com os ditames da pedagogia científica, desenvolvendo harmonicamente toda a personalidade psíquica dos futuros cidadãos brasileiros",

O encontro da psicologia com a educação foi acentuado pela influência do positivismo do período republicano brasileiro, a tendência progressista da época. A importância da educação infantil, pautada nos conhecimentos científicos, revelava-se na consolidação de um laboratório de pedagogia e psicologia experimental, intitulado Gabinete de Antropologia e Psicologia Pedagógica, em 1914, ao lado da Escola Normal Secundária de São Paulo.

Tratava-se de conferir legitimidade científica à educação da criança, por meio da observação, mensuração e de procedimentos quantificáveis, aliados às concepções de higienismo e eugenia (Freitas, 2002). A educação tornou-se um lugar propício à aplicação dos procedimentos psicológicos. Acreditava-se que o sistema educacional somente obteria êxito se conhecesse a complexidade do ser humano e, em especial, da criança e de seu processo de desenvolvimento físico, mental e cognitivo, objeto de estudo da psicologia.

Os testes psicológicos – inteligência, aptidão, habilidade, percepção, dentre outros – foram amplamente utilizados nessa conjuntura, com a finalidade de hierarquizar, classificar e homogeneizar as classes escolares, conforme os ditames da ciência psicológica que se instaurava, indicando um ensino diferenciado para crianças ditas *normais* e *anormais*. Emergia, assim, uma ciência que propunha estudar as crianças nos limites do laboratório (Freitas, 2002).

Segundo Figueiredo e Santi (2000), a psicologia constitui-se como ciência independente no momento em que as transformações socioculturais ocorridas na história da civilização ocidental, sobretudo na modernidade, abrem espaço para a produção de subjetividades individualizadas e privatizadas. Isso acontece quando o homem, a partir da perda de referências coletivas, necessita recorrer à sua própria consciência para buscar meios de solucionar seus conflitos.

As condições socioeconômicas vigentes na época também colaboraram com o processo de constituição do sujeito moderno, já que no sistema mercantil de produção e trabalho que se instaurava – pautado nos pressupostos ideológicos do liberalismo – eram preconizados o lucro e a exploração. O indivíduo, para defender seus próprios interesses, deveria obtê-lo mesmo que isso significasse o prejuízo do outro. Rompiam-se os elos de solidariedade que compunham a produção comunitária feudal.

Nesse cenário de decadência do mundo medieval, no qual uma estrutura única predominava sob a égide da Igreja, o homem enquanto indivíduo livre e autônomo vai se posicionando como centro do mundo. Esse movimento de valorização da individualidade foi fundamental para a formação do humanismo moderno.

Em contrapartida, esse mesmo momento que potencializou a exaltação do sujeito moderno possibilitou também a sua crítica, tomando-o objeto de reflexão e investigação, desencadeando uma crise nos valores e perspectivas de até então. Alguns pensadores da época – Montaigne, Shakespeare, entre outros – o identificavam como um contexto de extrema vaidade humana.

Assim, mediante contestação da pretensa soberania do *eu*, novas formas de controle foram engendradas, principalmente referentes ao corpo, para a manutenção da ordem social vigente. A demanda por técnicas de controle reconhece a necessidade de elaboração de conhecimentos científicos para viabilizar tal objetivo:

> [...] como lidar melhor com sujeitos individuais? Como educá-los de forma mais eficaz, treiná-los, selecioná-los para os diversos trabalhos? Em todas essas questões se expressa o reconhecimento de que existe um sujeito individual e a esperança de que é possível padronizá-lo segundo uma disciplina, normatizá-lo, colocá-lo, enfim, a serviço da ordem social. (Figueiredo e Santi, 2000, p. 49)

Nesse contexto, os estudos psicológicos emergem a serviço do controle do comportamento individual, especialmente nos campos da educação e da saúde. Marcada por uma contradição intrínseca, a psicologia reconhece a subjetividade humana com a finalidade de conhecê-la para dominá-la de forma mais profícua, delimitando-a como objeto de ciência.

A psicologia postulada como científica começa a se configurar em meados do século XIX, na Europa Ocidental e na América do Norte, subordinada às ciências naturais, "baseada em valores como a mensuração, a classificação, a normatização, a ordem, a predição" (Smolka, 2002, p. 113). Nesse sentido, utilizam-se, principalmente como métodos de investigação, a observação e a experimentação.

Enquanto disciplina acadêmica, a psicologia ganha visibilidade no cenário das ciências da educação, sendo chamada a aplicar seus conhecimentos nesse campo que se consolidava nos fins do século XIX e início do século XX.

Segundo Warde (1997), a articulação entre a pedagogia e a psicologia projetou a criança como objeto privilegiado de análise e investigação nos estudos científicos. A busca pela compreensão dos processos de desenvolvimento mental, da infância à idade adulta, preocupação premente nos meios educacionais da época, sob acentuada influência das ideias evolucionistas, fez com que se ampliassem os interesses sobre o crescimento e desenvolvimento infantil.

Com o objetivo de universalizar a escolarização europeia, alguns temas são eleitos como centrais: a capacidade de aprendizagem e aquisição do conhecimento e a inteligência e as singularidades de cada criança. Assim, destacavam trabalhos que buscavam compreender e descrever os processos de desenvolvimento cognitivo com ênfase na mensuração e classificação da inteligência.

Dessa forma, as elaborações teóricas produzidas pela psicologia vão sendo incorporadas às práticas educativas, agora, com legitimidade científica, tendo como alvo as crianças.

> Nesse processo, vai legitimando imagens, constituindo o imaginário social, impregnando modos de agir e de pensar. Nesse processo, ainda, a psicologia, trabalhando com certas práticas de investigação, de descrição, de comprovação, vai produzindo evidências. Na produção de discursos, elege tópicos, privilegia temas, constrói fatos, proclama verdades. **Esse discurso**, no entanto, é, ele mesmo, produzido no âmago de determinadas relações e condições concretas de vida. Desse modo, **produz sujeitos, e produz a criança enquanto sujeito/objeto de estudo (e de práticas).** (Smolka, 2002, p. 113, grifo nosso)

A autora destaca:

> Os estudos da criança vêm, portanto, acompanhados das descrições de comportamento e da mensuração da mente. O conhecimento decorrente das observações e experimentações com as crianças é visto como elucidativo das origens e dos processos de desenvolvimento humano, contribuindo para a noção de que **a criança explica o homem, a criança é o pai do homem.** (Smolka, 2002, p. 114, grifo nosso)

AS CRIANÇAS ENQUANTO SUJEITO DE SUAS NARRATIVAS

De adulto em miniatura a cidadão de direitos – passando por avanços e retrocessos, cheios de descontinuidades, pelo qual se caracteriza o processo histórico, coexistindo o novo e o arcaico –, diferentes concepções de criança foram construídas ao longo do tempo sob a égide do adultocentrismo.

> Apesar de avanços significativos a história da criança e da infância sempre foi construída "sobre a criança" e não "com a criança", na medida em que ela não tem uma fala considerada como legítima na ordem discursiva, é sempre vista como infantil, infantilizada, destituída de razão. (Abramowicz, 2003, p. 16)

Por outro lado, perspectivas teóricas que pretendem modificar esse quadro de exclusão, distanciamento e silenciamento – difundidas, preponderantemente, a partir da década de 1990 –, por meio da valorização da fala, da voz, dos pontos de vista e das experiências infantis, estão cada vez mais se consolidando no cenário dos *novos* estudos da infância (Moss, 2002; Sirota, 2001; Montandon, 2001; Sarmento e Pinto, 1997). E conduzindo a posicionamentos que recusam uma imagem única de criança ou infância, muitas vezes, compreendida de forma genérica, consensual e abstrata. Em vez disso, mostra a possibilidade de múltiplas infâncias que são produzidas, inventadas e criadas, constantemente, para as crianças e pelas crianças em tempos e lugares distintos.

Nesse sentido, considerando a ampla diversidade de perspectivas teóricas caracterizadas pela variedade de conceitos e práticas que integram a construção e representação da infância em nossa sociedade, Moss (2002) afirma que – em relação a estas – fazemos escolhas pautadas numa concepção de criança que fundamentam os projetos, os programas, os serviços, os espaços e as práticas específicas para o atendimento da primeira infância.

Dessa forma, quando se opta por um conceito, uma imagem ou uma ideia de criança, essa escolha implica questões éticas, políticas e pedagógicas, produzindo consequências tanto para a implementação, estruturação e o funcionamento das instituições destinadas aos pequenos/as, quanto para os profissionais envolvidos nesse atendimento.

Visando à consolidação de uma imagem positiva da criança, compreendida como ativa, inteligente, rica em potencialidades, competente, ao invés de carente, fraca e imatura, Moss salienta a importância de um discurso alternativo ou de uma visão alternativa que contribua para a criação de espaços sociais para a infância:

> [...] nesse discurso alternativo, as crianças são vistas como cidadãos com direitos, membros de um grupo social, agentes de suas próprias vidas (embora não agentes livres), e como coconstrutores do conhecimento, identidade e cultura. A infância

está relacionada à fase adulta, mas não hierarquicamente; ao contrário, é uma etapa importante da vida em si mesma, que deixa traços nas etapas posteriores. Não estamos preocupados apenas com o adulto que a criança vai se tornar, mas com a infância que a criança está vivendo. (Moss, 2002, p. 242)

Reiterando que essas conceituações repercutem nos programas para a primeira infância, esse mesmo autor demonstra como os projetos vigentes na Suécia e na região de Reggio Emília, localizada no norte da Itália, inovaram suas práticas pedagógicas, consolidando essa concepção positiva da criança.

Em relação a esses programas, considera que "o importante é que eles mostram a possibilidade de pensar e agir de modo diferente e, portanto, desafiam todos nós a ficarmos atentos às escolhas que se colocam à nossa frente" (Moss, 2002, p. 243).

Por isso, ele ressalta que os programas não devem ser utilizados como modelos que podem ser copiados ou transferidos para outras localidades, já que estão inseridos em contextos sociais, culturais e econômicos particulares.

Ainda segundo o autor, as instituições de educação infantil devem configurar-se como espaços que possibilitem a promoção da cultura infantil. Ou seja, constituindo-se

[...] como lugar para a cultura própria da criança, principalmente, brincadeiras, exemplifica a ideia dos espaços sociais para a infância, como parte da vida e não apenas como preparação para a vida, oferecendo oportunidades para as crianças fazerem sua própria agenda ao invés de simplesmente copiar aquela da sociedade adulta. (Moss, 2002, p. 245-246)

Para a definição de cultura da criança, termo amplamente utilizado em estudos que priorizam as significações das crianças ou as relações estabelecidas entre elas para o entendimento da infância, o mesmo autor recorre a Corsaro, que a define "como uma série estável de atividades, rotinas, artefatos, valores e preocupações que as crianças produzem e compartilham numa interação com seus pares" (*apud* Moss, 2002, p. 245).

Esses novos estudos da infância, fundamentados em perspectivas teóricas multidisciplinares, têm contribuído amplamente para romper com a ausência e a invisibilidade da infância no cenário científico.

Esse campo do conhecimento centra seus interesses nas crianças enquanto atores sociais, em sentido pleno, como agentes ativos do processo de socialização. Portanto, nessa perspectiva, elas são vistas como sujeitos que podem e devem contribuir nas análises da dinâmica social. Dessa forma, busca-se revelar a criança que foi ocultada pelos dispositivos institucionais criados para elas (escola, família, justiça, Estado), colocando-as à frente destes.

Sirota (2001) faz um importante balanço sobre as pesquisas que têm como foco a perspectiva infantil, no qual afirma: "as crianças são atores sociais, participam das trocas, das interações, dos processos de ajustamento constantes que animam, perpetuam e transformam a sociedade. As crianças têm vida cotidiana, cuja análise não se reduz às instituições" (Mollo-Bouvier *apud* Sirota, 2001, p. 10).

Segundo Montandon (2001), a incipiente produção e a convergência teórica nesse campo do conhecimento referem-se ao fato de as crianças terem sido, durante muito tempo, "psicologizadas" (p. 54).

> [...] a socialização das crianças não é uma questão de adaptação nem de interiorização, mas um processo de apropriação, de inovação e de reprodução. Interessando-se pelo ponto de vista das crianças, pelas questões que elas se colocam, pelas significações que elas atribuem, individual e coletivamente, ao mundo que as rodeia, descobre-se como isso contribui para a produção e a transformação da cultura dos grupos de pares, assim como da cultura adulta. (Montandon, 2001, p. 43)

Trata-se, então, de valorizar a autonomia e a capacidade criativa das crianças de produzir/reproduzir o mundo social e histórico em que estão inseridas, considerando a importância de suas subjetividades nesse processo. Isso, por sua vez,

> [...] nos afasta da ideia de "criança" ou de "infância" como um ser essencial e universal que fica à espera de ser descoberto, definido e realizado. Em vez disso, nos oferece a possibilidade de muitas e diversas infâncias, construídas para crianças e por crianças em contextos específicos. (Moss, 2002, p. 237)

Entre as diversas posturas teóricas em psicologia, a perspectiva de Vygotsky – conhecida como abordagem sócio-histórica do desenvolvimento humano – enfoca a dimensão social como constitutiva do sujeito. Para esse autor, a cultura oferece os elementos simbólicos de representação que nos permitem construir e interpretar a realidade que nos cerca.

Assim, um dos pressupostos fundamentais de sua perspectiva analítica é considerar a cultura como parte da condição humana. Vygotsky preocupava-se em compreender como se dava o reflexo do mundo exterior no mundo interior, enfatizando a capacidade ativa e criativa dos sujeitos (Muniz, 1998).

Para ele, é a partir de um processo dinâmico e constante de internalização das significações culturais mediante interações sociais específicas que "o ser humano constitui-se na relação com o outro, que compartilha do mesmo contexto e, por isso, transmite os significados do meio em que se encontra. O outro é, dessa forma, sempre um outro social" (Muniz, 1998, p. 255).

A linguagem, nessa abordagem, assume um lugar central por configurar-se como portadora e transmissora dos aspectos culturais provenientes de cada grupo social específico. Por intermédio dela, os homens expressam seus pontos de vista, seus pensamentos, suas experiências e percepções sobre o mundo que os cerca.

Nesse sentido, para Vygotsky a linguagem possui duas funções básicas: a de intercâmbio social e pensamento generalizante, além de permitir que a criança faça a articulação entre signo e significado, a qual, por sua vez, possibilita construir funções psicológicas superiores. Ou seja, é por meio das trocas que a criança estabelece com o meio que ela vai começar a dar sentido e significado às suas ações, complexificando-as. "Esse meio no qual a criança vive e atua apresenta-se, para Vygotsky, como um lugar carregado de significados, carregado de ideologia, história e cultura, onde não cabe pensar num ser abstrato, naturalizado" (Muniz, 1998, p. 258).

Compreender a criança de acordo com essa corrente de pensamento permite considerá-la como um ser social, sujeito de sua história, que produz e se apropria da cultura.

> Conceber a criança como o ser social que ela é significa: considerar que ela tem uma história, que pertence a uma classe social determinada, que estabelece relações definidas segundo seu contexto de origem, que apresenta uma linguagem decorrente dessas relações sociais e culturais estabelecidas, que ocupa um espaço que não é só geográfico, mas que também é de valor, ou seja, ela é valorizada de acordo com os padrões de seu contexto familiar e de acordo também com sua própria inserção nesse contexto. (Kramer *apud* Muniz, 1998, p. 247-248)

A ABORDAGEM ETNOGRÁFICA NA PESQUISA EM PSICOLOGIA

O trabalho de pesquisa – do qual se originou este artigo – foi desenvolvido a partir de uma fundamentação teórica que compreende as crianças enquanto sujeitos, determinadas e determinantes das relações sociais, historicamente definidas a partir do contexto no qual estão inseridas, conforme exposto anteriormente.

A metodologia que nos permite apreender essas dimensões da perspectiva psicológica sócio-histórica baseia-se na abordagem etnográfica, que pressupõe, segundo André (2002), a interação constante entre o pesquisador e o objeto pesquisado, sendo o pesquisador o principal instrumento na coleta e análise dos dados. Essa análise caracteriza-se pela ênfase na dinâmica do processo, naquilo que está ocorrendo e não nos resultados finais. Preocupa-se com o significado, com a maneira peculiar com que as pessoas veem a si mesmas e representam suas vivências e experiências em relação ao mundo que as cerca. Além disso, envolve um trabalho de campo, que possibilita ao pesquisador aproximar-se das pessoas, das situações, dos locais e dos eventos do contexto estudado, mantendo um contato direto e prolongado.

Como essa abordagem de pesquisa privilegia a interação constante entre pesquisador e objeto pesquisado, enfatizando o pesquisador como principal veículo no registro e análise dos acontecimentos, considera-se como fator primordial a implicação da subjetividade deste no processo de produção do conhecimento científico. Ou seja,

> [...] o processo de pesquisa etnográfica requer do pesquisador que preste muita atenção nele mesmo, uma vez que é a sua relação com as pessoas do local e dele com as teorias e hipóteses que gerarão os achados. Ou seja, é preciso que continuamente estejamos nos perguntando: o que estamos fazendo? Essa constante postura interrogativa possibilita-nos questionar o que nos parece familiar e, portanto, o que nos faz sentido, pois aos eventos que assim concebemos conseguimos atribuir significados. (Souza e Sato, 2001, p. 39)

Conforme afirmam Souza e Sato (2001), na pesquisa de orientação etnográfica não há uma dicotomização entre a coleta e a análise dos dados, uma vez que, ao observar, paralelamente, fazemos interpretações, selecionando o que há de mais significativo de acordo com os interesses do estudo. É improvável apreender todas as cenas que se apresentam. Por isso, o melhor é focar aquelas em que o pesquisador participa de certa forma ou é interlocutor.

A expressão *dados* é empregada, segundo as autoras, por ser usualmente utilizada. Entretanto, deve ser problematizada, já que remete à ideia de que existe uma realidade externa, *a priori*, que precisa ser desvelada. Essa concepção vai de encontro à perspectiva teórica construtivista, segundo a qual os indivíduos constroem coletivamente o mundo social em que vivem por meio de suas interpretações sobre ele, agindo, por sua vez, segundo estas.

Nesse sentido, substituir o termo *dados* por *fatos*:

> [...] significa [compreender] que os "dados" não estão lá, prontos para serem colhidos, mas, ao contrário, os acontecimentos estão lá, prontos para sofrerem um processo interpretativo e só assim serem transformados em "fatos", que são, portanto, acontecimentos significativos. [...] É a partir desses "fatos" que poderão ser criadas as matrizes de leitura analítica dos registros de campo para então se alcançar as sínteses. (Souza e Sato, 2001, p. 45)

Contudo, a pesquisa a que nos reportamos caracterizou-se, especialmente, por um estudo de caso etnográfico, pois, além dos requisitos da abordagem do tipo etnográfica, associou um sistema bem delimitado de estudo – um agrupamento específico de crianças num contexto particular –, buscando estudar a complexidade desse sistema em seu dinamismo próprio, a partir da perspectiva da criança.

Sobre o estudo de caso na abordagem etnográfica, Souza e Sato (2001) consideram:

> [...] o estudo etnográfico aborda o fenômeno ou o processo particular, mas sem que se exclua este processo da totalidade maior que o determina e com o qual mantém certas formas de relacionamento. Metodologicamente, implica complementar a informação de campo com aquela relativa a outras ordens sociais e buscar interpretações e explicações a partir de elementos externos à situação particular. Assim sendo, não se realizam estudos de caso, mas estudos sobre casos. (p. 30)

Dessa forma, concordamos com André (2002, p. 57), que, citando Stake, reitera: "o conhecimento em profundidade de um caso pode ajudar-nos a entender outros casos". Para isso, utilizamos os procedimentos metodológicos associados à etnografia, como a observação participante, filmagens, entrevistas semiestruturadas e análises de documentos diversos.

No que diz respeito ao trabalho de campo, realizamos observações participantes ao longo de seis meses com crianças, de ambos os sexos, entre cinco e seis anos, durante suas brincadeiras em uma brinquedoteca de uma instituição de educação infantil. Definimos essa idade por considerar que, nesse momento, estão em um nível de desenvolvimento linguístico favorável às possibilidades de expressão – considerando as diversas linguagens das crianças – para atender aos objetivos que esta pesquisa propôs-se.

Foram realizados encontros semanais com 32 crianças, os quais duravam cerca de duas horas. Com intuito de ouvir cuidadosamente as falas infantis para registrá-las em diário de campo, além de propiciar que todas frequentassem esse espaço de brincadeiras, as crianças foram agrupadas, aleatoriamente, em turmas de oito.

Ao concluir essa etapa de observação direta, foram realizadas algumas filmagens[2] de episódios lúdicos a partir do desejo de explorar mais detidamente as mensagens implícitas, o não dito, o que escapa ou passa despercebido – por diversas razões –, com o objetivo de complementar as informações e buscar uma melhor compreensão dos fatos. Prado (1998) também em seus estudos utilizou-se desse procedimento:

> Com a necessidade de expor tantas mensagens expressas nas mais diversas linguagens do outro, que se diluíam entre a observação e o relato no diário de campo, e como forma de aliar ao modo de comunicação adulta – a escrita, um modo infantil que não se lê, pois não se escreve, se vê –, introduzi (ao término de oito meses de observação) a utilização da técnica de filmagem, lidando com a heterogeneidade da plateia, personagens, pesquisadora e câmera, cada qual associado a formas de interações diferentes. (p. 38)

Nesse sentido, é importante enfatizar que as observações participantes constituíram-se como principal instrumento metodológico de apreensão dos fatos, sendo as filmagens empregadas como um recurso – suporte – para sua complementação. Assim, foram utilizadas com intuito de contextualizar o fenômeno estudado, demonstrando o local da pesquisa, ou seja, a estrutura física da brinquedoteca, os tipos de brinquedos que a compõem, a forma como as crianças relacionavam-se com eles e, finalmente, a interação entre elas – meninos e meninas – durante o brincar.

Além disso, a técnica da filmagem possibilita analisar a própria postura do pesquisador, na medida em que expõe seu olhar sobre o objeto. Esse olhar, por sua vez, observa, seleciona, interpreta, atribuindo significações. Assim, permite também ao pesquisador prestar atenção em si mesmo, avaliando e refletindo sobre o seu lugar, suas atitudes, suas expectativas e seus preconceitos.

---

[2] Tanto as observações diretas quanto as filmagens foram realizadas mediante autorização prévia conforme Parecer do Comitê de Ética.

Para transcrever as filmagens e, posteriormente, considerá-las na fundamentação analítica, pautamo-nos na perspectiva de observação proposta por Bondioli (2004), na qual a autora assume *uma perspectiva de representação*. Essa perspectiva propõe-se:

[...] a considerar o que se apresenta aos olhos do observador – o dia escolar – como uma espécie de representação teatral com um início, um fim e um desenrolar temporal marcado em "tempos" e "atos"; estes últimos, por sua vez, caracterizados pela sucessão de diversos episódios. (p. 23)

Os componentes desses episódios são: o *cenário*, o local onde se dá o evento, as vivências e interações; o elenco de *atores*, as crianças que representam papéis nas brincadeiras; estas, por sua vez, integram a *cena*, ou seja, a forma como se relacionam umas com as outras (individualmente, em duplas ou em grupos), sob a coordenação de um *diretor*, que eventualmente participa ou não do episódio. Acrescenta-se a estes a *duração* dos episódios (longos, curtos ou intermediários) e a *posição* sequencial dos acontecimentos.

No primeiro dia de filmagem, explicamos para as crianças o que era aquele equipamento e por que o utilizaríamos em alguns momentos, durante as brincadeiras. As crianças reagiram muito bem, até mesmo ludicamente, diante da presença do objeto desconhecido.

No início, muitas alteravam seu comportamento diante da câmera, procurando todas as formas de chamar atenção; faziam pose, sorriam, gesticulavam, acenavam ou ficavam estáticas em frente da câmera, esperando que as *fotografássemos*. Com isso, demos a elas a oportunidade de filmarem também, sempre acompanhando-as, auxiliando-as no que fosse preciso, para que assim pudessem conhecer e se familiarizar com o equipamento, além de se colocar no lugar do pesquisador. Ao longo do tempo, as observações ocorreram com as crianças indiferentes à câmera.

Além disso, utilizamos o vídeo produzido com as crianças como instrumento mediador para a realização de uma entrevista bastante informal com as educadoras, com o intuito de apreender como elas interpretavam as brincadeiras e o desenvolvimento infantil. Apresentamos a elas o vídeo, editado em 20 minutos para que não ficasse muito longo, escolhendo alguns trechos das brincadeiras, porque para essa atividade a instituição concedeu um horário que correspondia ao tempo de descanso das educadoras, ou seja, cerca de uma hora.

Depois que assistimos ao filme, pedimos a elas que falassem sobre ele, ressaltando o que observaram, sentiram, o que mais marcou ou foi mais interessante;

assim elas expressaram suas opiniões, seus pontos de vista, angústias, dúvidas e questões. Em relação aos questionamentos suscitados pelas educadoras, mediante a apresentação do vídeo, sobre o processo da pesquisa, algumas atitudes infantis, o brincar e as relações de gênero, refletimos sobre o assunto, visando elucidar tais apontamentos.

A importância dessa entrevista revela-se na medida em que entendemos a construção social da criança como constituída nas múltiplas relações estabelecidas com as pessoas envolvidas nesse processo, além de fatores socioculturais mais amplos que afetam a dinâmica educacional.

A partir da apropriação dos procedimentos metodológicos da pesquisa do tipo etnográfica, enfatizamos um dos recursos para a viabilização de uma postura ética pautada no compromisso, no rigor e na fidedignidade da pesquisa qualitativa: *a triangulação das fontes*. Ou seja, o cruzamento de todas as informações obtidas durante o processo investigativo, inter-relacionando-as com as diferentes perspectivas de leitura analítica – psicológica, sociológica, histórica, antropológica etc. –, com a finalidade de assegurar as condições necessárias para a consolidação de um trabalho científico.

A abrangência desse método de pesquisa objetiva "fazer com que os dados falem da forma mais completa possível" (Prado, 1998, p. 38), pois a triangulação permite confrontá-los, complementá-los e problematizá-los, com a finalidade de, posteriormente, aprimorar a sua reflexão.

Após esse percurso investigativo, os *dados* coletados são analisados a partir de temas recorrentes que se apresentam como significativos para a compreensão do fenômeno estudado, através de uma leitura interpretativa das *falas* das crianças, obtidas nas diversas interações do contexto lúdico, por meio dos pressupostos teóricos do estudo.

Seguindo os passos de André (2002, p. 61), devemos "olhar para o material coletado para tentar apreender os conteúdos, os significados, as mensagens implícitas e explícitas, os valores e os sentimentos e as representações nele contidos", utilizando o sentido da reflexibilidade investigativa proposta por Sarmento (*apud* Quinteiro, 2000, p. 28), a qual "constitui princípio metodológico central para que o investigador adulto não projete seu olhar sobre as crianças, colhendo delas apenas aquilo que é o reflexo conjunto dos seus próprios preconceitos e representações".

Os momentos de brincadeira, compartilhados por meio da metodologia de pesquisa utilizada, demonstrou a capacidade ativa das crianças. Ouvir as crianças trouxe-nos elementos para compreender seu papel na construção social de marcadores sociais, como são as relações de gênero, de raça/etnia, de sexualidade, classe socioeconômica e aparência física.

Adentrar o universo infantil, por meio dos recursos metodológicos da abordagem etnográfica aliada a posturas teóricas críticas da construção da subjetividade, significa romper barreiras, deparar-se com o inusitado, encantar-se com os fatos e os acontecimentos decorrentes da relação entre adultos e crianças. Partilhar o cotidiano do trabalho de pesquisa com novas formas de ser e sentir o mundo de meninos e meninas enriquece o processo de produção do conhecimento, tornando-o, por sua vez, mais lúdico e prazeroso, além de vislumbrar uma maneira de o adulto encontrar-se na criança e ser encontrado por ela.

Referências bibliográficas

ABRAMOWICZ, A. O direito das crianças à educação infantil. *Pro-Posições*, Campinas, v. 14, n. 3 (42), p.13-24, set.-dez. 2003.

ANDRÉ, M. E. D. A de. *Etnografia da prática escolar*. 7. ed. Campinas: Papirus, 2002.

ARIÈS, P. *História social da infância e da família*. 2. ed. Rio de Janeiro: Zahar, 1981.

BONDIOLI, A. (org.). *O tempo no cotidiano escolar*: perspectivas de pesquisa e estudo de casos. São Paulo: Cortez, 2004.

BOTO, C. O desencantamento da criança: entre a Renascença e o século das Luzes. In: FREITAS, M. C. de; KUHLMANN JR., M. (orgs.). *Os intelectuais na história da infância*. São Paulo: Cortez, 2002.

BROUGÈRE, G. A criança e a cultura lúdica. In: KISHIMOTO, T. M. (org.). *O brincar e suas teorias*. São Paulo: Pioneira, 1998.

FARIA, A. L. G. de; DEMARTINI, Z. B. F.; PRADO, P. D. (orgs.). *Por uma cultura da infância*: metodologias de pesquisas com crianças. Campinas: Autores Associados, 2002.

FIGUEIREDO, L. C; SANTI, P. L. R. de. *Psicologia, uma (nova) introdução*: uma visão histórica da psicologia como ciência. 2. ed. São Paulo: Educ, 2000.

FREITAS, M. C. Da ideia de estudar a criança no pensamento social brasileiro: a contraface de um paradigma. In: FREITAS, M. C. de; KUHLMANN JR., M. (orgs.). *Os intelectuais na história da infância*. São Paulo: Cortez, 2002. p. 345-73.

FREITAS, M. C. de (org.). *História social da infância no Brasil*. São Paulo: Cortez, 1997.

GÉLIS, J. A individualização da criança. In: ARIÈS, P.; DUBY, G. *História da vida privada*: da Renascença ao século das Luzes. São Paulo: Companhia das Letras, 1994.

GOMES, R. F. F. *Infância e diversidade*: um estudo sobre significações de gênero no brincar. 2005. Dissertação (Mestrado em Psicologia). Faculdade de Ciências e Letras, Universidade Estadual Paulista Júlio de Mesquita, Assis.

KRAMER, S; LEITE, M. I. (orgs.). *Infância*: fios e desafios da pesquisa. Campinas: Papirus, 1996.

KUHLMANN JR., M. A circulação das ideias sobre a educação das crianças; Brasil, início do século XX. In: FREITAS, M. C. de; KUHLMANN JR., M. (orgs.). *Os intelectuais na história da infância*. São Paulo: Cortez, 2002. p. 459-503.

_____. *Infância e educação infantil*: uma abordagem histórica. Porto Alegre: Mediação, 1998.

MAGALDI, A. M. B. M. Cera a modelar ou riqueza a preservar: a infância nos debates educacionais brasileiros (anos 1920-30). In: GONDRA, J. (org.). *História, infância e escolarização*. Rio de Janeiro: 7Letras, 2002.

MONTANDON, C. Sociologia da infância: balanço dos trabalhos em língua inglesa. *Cadernos de Pesquisa*, São Paulo, Fundação Carlos Chagas, n. 112, p. 33-60, mar. 2001.

MOSS, P. Reconceitualizando a infância: crianças, instituições e profissionais. In: MACHADO, M. L. A. (org.). *Encontros e desencontros em educação infantil*. São Paulo: Cortez, 2002.

MUNIZ, L. Naturalmente criança: a educação infantil de uma perspectiva sociocultural. In: KRAMER, S.; LEITE, M. I. (orgs.). *Infância e produção cultural*. Campinas: Papirus, 1998.

OLIVEIRA, M. K. *Vygotsky*: aprendizado e desenvolvimento, um processo sócio-histórico. São Paulo: Scipione, 1993.

PRADO, P. D. *Educação e cultura infantil em creche*: um estudo sobre as brincadeiras de crianças pequenininhas em um CEMEI de Campinas/SP. 1998. Dissertação (Mestrado em Educação). Faculdade de Educação, Universidade Estadual de Campinas, Campinas.

QUINTEIRO, J. *Infância e escola*: uma relação marcada por preconceitos. 2000. Tese (Doutorado em Educação). Faculdade de Educação, Universidade Estadual de Campinas, Campinas.

SARMENTO, M. J.; PINTO, M. As crianças e a infância: definindo conceitos, delimitando o campo. In: _____. *As crianças:* contextos e identidades. Portugal: Centro de Estudos da Criança, Editora Bezerra, 1997.

_____. O estudo de caso etnográfico em educação. In: ZAGO, N.; CARVALHO, M. P.; VILELA, R. A. T. (orgs.). *Itinerários de pesquisa*: perspectivas qualitativas em sociologia da educação. Rio de Janeiro: DP&A, 2003. p. 137-179.

SIROTA, R. Emergência de uma sociologia da infância: evolução do objeto e do olhar. *Cadernos de Pesquisa*, São Paulo, Fundação Carlos Chagas, n. 112, p. 7-31, mar. 2001.

SMOLKA, A. L. B. Estatuto de sujeito, desenvolvimento humano e teorização sobre a criança. In: FREITAS, M. C. de; KUHLMANN JR., M. (orgs.). *Os intelectuais na história da infância*. São Paulo: Cortez, 2002.

SOUZA, M. P. R; SATO, L. Contribuindo para desvelar a complexidade do cotidiano através da pesquisa etnográfica em psicologia. *Psicologia USP*, São Paulo, v. 12, n. 2, p. 29-47, 2001.

VYGOTSKY, L. S. *A formação social da mente*. São Paulo: Martins Fontes, 1984.

WARDE, M. J. Para uma história disciplinar: psicologia, criança e pedagogia. In: FREITAS, M. C. de (org.). *História social da infância no Brasil*. São Paulo: Cortez, 1997.

SUBJETIVIDADE E RELAÇÕES ÉTNICO-RACIAIS:

a criança negra na escola

Letícia Passos de Melo Sarzedas e
Elisabeth Gelli Yazlle

> Que ideia faria de si essa criança
> que nunca ouvira uma palavra de carinho?
> Pestinha, diabo, coruja, barata descascada,
> bruxa, pata-choca, pinto gorado, mosca-morta,
> sujeira, bisca, trapo, cachorrinha, coisa-ruim
> lixo não tinha conta o número de apelidos com que a mimoseavam.
> (Extraído do conto "Negrinha", de Monteiro Lobato)

As políticas públicas instituídas no Brasil, a partir da última década do século XX, e que têm por núcleos as *Ações Afirmativas*[1], visam proporcionar condições para que grupos considerados social e historicamente excluídos tenham acesso a determinadas áreas e espaços da sociedade, que, por questões de discriminação, lhes são negados, visando ao reconhecimento, à reparação ou à compensação desse desfavorecimento.

---

[1] "[...] um conjunto de ações políticas dirigidas à correção de desigualdades raciais e sociais, orientadas para oferta de tratamento diferenciado com vistas a corrigir desvantagens e marginalização criadas e mantidas por estrutura social excludente e discriminatória" (SILVA *et al.*, 2004, p. 5).

As políticas de *Ações Afirmativas* voltadas para os negros brasileiros encontram sua maior expressão nas chamadas *cotas* para ingresso no ensino superior e empregos públicos, além da inserção da história e cultura africana e afro-brasileira no currículo dos níveis fundamental e médio.

Justifica-se adotar o favorecimento de determinada população – também chamada de *discriminação positiva* – pela necessidade de proporcionar ao negro condições de equidade, mediante justiça distributiva[2], de forma a criar mecanismos para que ele possa incluir-se social e economicamente, vindo a ocupar lugares sociais majoritariamente ocupados pelos brancos.

Entre as leis brasileiras que compõem as Ações Afirmativas, do ponto de vista educacional, encontra-se a Lei Federal n. 10.639, de 9 de janeiro de 2003, que, alterando a Lei de Diretrizes e Bases da Educação Brasileira (LDB) de 1996, passa a incluir no currículo oficial da Rede de Ensino a obrigatoriedade da temática "História e Cultura Afro-brasileira", e inclui no calendário escolar o dia 20 de novembro como o "Dia Nacional da Consciência Negra" (Brasil, 2003).

Essa lei representa, então, uma Ação Afirmativa que procura dar novo significado à identidade do negro brasileiro, por meio da correção das distorções estabelecidas pelo mito da democracia racial, pela naturalização das diferenças e pela negação das diferenças étnico-raciais brasileiras.

A expectativa é de que a criança brasileira tome contato com outra versão da história do Brasil, um entendimento ressignificado das culturas africana e afro-brasileira, procurando reverter anos de associações negativas a tudo que se refira ao negro. Assim, espera-se que por meio da valorização, *por força de lei*, a identidade negra seja construída sob a valorização de sua história, cultura e ancestralidade. Um ensino crítico e político da história, da cultura afro-brasileira e africana, não só poderá propiciar uma construção que não seja pautada na naturalização das diferenças, como também uma visão de que essas diferenças são construídas sócio-historicamente.

Todavia, pensar em construção de identidade é muito mais complexo do que apenas criar condições para que o discurso seja positivo.

A identidade é construída por meio da relação da pessoa com o mundo que a cerca, sendo essa relação estabelecida pela mediação simbólica, cujos significados,

---

[2] Segundo Montoro (2005, p. 222 – 229) "A justiça supõe necessariamente uma pluralidade de pessoas que se relacionem. Na distributiva essas pessoas são o 'todo' e a 'parte', a 'comunidade' e os 'particulares'. A 'sociedade' deve dar a cada um de seus 'membros' aquilo que lhe é devido. A sociedade como termo *a quo* ou devedora (sujeito passivo) e os particulares como termo *ad quem* ou credores (sujeito ativo) [...] É, pode-se dizer, assegurar a cada um seu lote de segurança e ordem, um estatuto jurídico e social, condições econômicas, intelectuais e morais favoráveis ao seu desenvolvimento".

construídos social e historicamente, permearão a constituição da subjetividade, refletindo em suas relações sociais e na imagem desse indivíduo sobre si mesmo e sobre o outro. No caso da criança, devem ser considerados os diversos níveis de socialização, priorizando a família e a escola como principais agentes e espaços onde se estabelecem diálogos e relações que mostrarão para a criança quem ela é e qual o seu lugar na sociedade. Nesse reiterado significante de um *ser* e um *vir a ser*, a criança constitui sua subjetividade na imbricação do social, do cultural, do histórico e do individual.

Assim, a análise da construção da subjetividade deve levar em consideração a visão que têm aqueles que convivem com a criança negra; o que falam, o que demonstram e de que forma a criança negra estabelece uma relação entre o olhar do outro sobre ela e quem ela é.

Para compreender a condição histórica e social da criança negra no Brasil, é necessário que conceituar o racismo sob a perspectiva da psicologia sócio-histórica, para a qual os fenômenos sociais são construídos historicamente, tomando a modernidade como um marco na emergência do sujeito. A reconfiguração da subjetividade como dialeticamente construída revela, para a psicologia, a necessidade da busca da historicidade do fenômeno psicológico e a sua interdependência com os aspectos sociais.

Para se discutir a questão da criança negra no Brasil, bem como a complexidade de fenômenos como *preconceito* e *discriminação* no decorrer da história, é preciso, antes de tudo, entrar em contato com as discussões sociológicas, históricas e pedagógicas sobre os conceitos que permeiam a negritude no Brasil.

Um dos conceitos mais polêmicos, gerando controvérsias no âmbito das ciências sociais, educacionais e políticas, refere-se à ideia de raça e seus derivados, como racismo, preconceito racial e relações raciais.

Antônio Sérgio Alfredo Guimarães (1999) discute em sua obra *Racismo e anti-racismo no Brasil* tanto as diversas formas de compreender o racismo, como sua maneira de se manifestar no cotidiano brasileiro e os mecanismos utilizados, para que o racismo seja mantido e propagado. Também Nilma Lino Gomes (2003, 2005a e 2005b) e Marta Diniz P. de Assis e Ana Canen (2004) discutem a condição do negro brasileiro de uma perspectiva da construção histórica e sociocultural. Para Assis e Canen (2004, p. 713), "ser negro, embora possa ter componentes biológicos, não se esgota nos mesmos – é parte de uma construção identitária, em que a identificação racial e social é culturalmente construída".

Em uma publicação do Ministério da Educação (MEC), Gomes (2005a) aponta que, ao aludir à raça, o *Movimento Negro* no Brasil e os intelectuais estão dimensionando o racismo e as construções social e histórica referentes à condição do negro no Brasil.

> [...] quando usam o termo raça [...] usam-no com uma nova interpretação, que se baseia na dimensão social e política do referido termo. E, ainda, usam-no porque a discriminação racial e o racismo existentes na sociedade brasileira se dão não apenas devido aos aspectos culturais dos representantes de diversos grupos étnico-raciais, mas também devido à relação que se faz na nossa sociedade entre esses e os aspectos físicos observáveis na estética corporal dos pertencentes às mesmas. (Gomes, 2005a, p. 45)

Ainda:

> Quando o movimento negro e pesquisadores da questão racial discutem sobre a raça negra, hoje, estão usando esse conceito do ponto de vista político e social, com toda uma ressignificação que o mesmo recebeu dos próprios negros ao longo da história. [...] Ao não politizarmos a "raça" e a cultura negra caímos fatalmente nas malhas do racismo e do mito da democracia racial. (Gomes, 2003, p. 78)

A condição de poder-subordinação de uma raça em relação à outra transformou o mundo numa sociedade racializada. As relações estabelecidas entre as raças – num primeiro momento designadas de origem e posteriormente identificadas pela descendência e por traços fenotípicos – precisam sustentar-se em uma ideologia da superioridade de umas em detrimento de outras.

Durante o século XIX, essa ideologia encontrou respaldo em um discurso científico que justificava a situação de inferioridade da raça negra, inclusive nos aspectos sociais e educacionais. Com o enfraquecimento do discurso científico, quanto às explicações que determinavam o domínio, surgem discussões quanto à cultura.

> A transformação da desigualdade temporária – cultural, social e política – numa desigualdade permanente, biológica, é um produto da ideologia cientificista do século XIX. No entanto, depois da justificativa racial ter perdido legitimidade científica, a suposta inferioridade cultural – em termos materiais e espirituais – de grupos humanos em situação de subordinação passou a ser a justificativa padrão do tratamento desigual. (Guimarães, 1999, p. 214)

Dessa forma, a sociedade caminhou pela justificativa científica da relação *raça superior/raça inferior*, para uma justificativa pautada nas superioridades cultural, espiritual e material.

Podemos considerar, ainda, as relações pautadas na superioridade intelectual e na superioridade de caráter. Guimarães (1999) considera que, além da discriminação – tratamento diferenciado entre raças –, existe na configuração atual do racismo a hierarquização de gostos, valores estéticos e culturais. Segundo esse mesmo autor, podem ser identificadas, na atualidade, quatro formas de racismo.

Primeiramente, "qualquer forma de explicação e justificativa para diferenças, preferências, privilégios e desigualdades entre seres humanos, baseada na ideia de raça" (Guimarães, 1999, p. 215). Essa forma de manifestação do racismo está diretamente relacionada à justificativa científica preconizada no século XIX. Considerar as diferenças, as preferências, os privilégios e as desigualdades entre as pessoas como uma consequência de sua raça acaba por justificar a hierarquização da sociedade, onde algumas raças seriam mais aptas a ocupar determinadas camadas e posições da sociedade. O negro encontrar-se-ia, então, em uma situação desprivilegiada e marginalizada por ser negro, e não por uma construção histórica e pela utilização de mecanismos de discriminação que restringiram suas possibilidades de ascensão e mobilidade social.

A segunda forma de racismo é determinada pelo escalonamento cultural, de maneira que determinada raça está associada a uma cultura que recebe uma conotação valorativa. As diferenças culturais são consideradas de acordo com um crivo de superioridade, que justifica o tratamento desigual entre as diversas raças.

> [...] a noção de superioridade ou inferioridade cultural de povos, etnias ou grupos, que substituiu a noção de raça, nos discursos oficiosos, pode também justificar desigualdades e diferenças que se engendram na desigualdade de oportunidades e de tratamento, na desigualdade política e na interiorização do sentimento de inferioridade por essas populações. (Guimarães, 1999, p. 215)

No Brasil, a consequência do sentimento de inferioridade, interiorizado pela população negra, faz com que a cultura branca seja considerada um ideal a ser atingido, e a cultura negra algo a ser apreciado, porém marginalizado.

A terceira forma de racismo inverte o foco de entendimento centralizando-o nas consequências. A manutenção de situações de desigualdades, por meio de mecanismos sociais de exclusão e discriminação, "não são explicitamente

OuvINDO CRiaNÇas Na esCoLa   abordagens qualitativas e desafios metodológicos para a psicologia

racialistas[3] (usam, por exemplo, ideia de cor ou de cultura), mas motivadas ou justificadas por critérios a-históricos e a-sociais, como a ideia de raça, de modo que possam ser retraçados ou reduzidos a essa ideia" (Guimarães, 1999, p. 216).

Deixando de ser uma doutrina, o autor aponta a necessidade desse refinamento para a análise e o entendimento do racismo, já que sua manifestação pode não ser visível por intermédio do discurso, mas por mecanismos mais sutis de discriminação, que só podem ser percebidos por meio de suas consequências.

A quarta forma de racismo é definida não por uma ideologia, mas sim por um sistema social, em que certo grupo racializado, definido pela cor, ocupa, na sociedade, determinados lugares, os quais passam a ser designados a um grupo específico, sejam esses lugares vantajosos ou não. "Nesse sentido, racismo não é mais uma ideologia que justifica desigualdades, mas um sistema que as reproduz" (Guimarães, 1999, p. 217).

Guimarães aponta, ainda, que são necessários "mecanismos de discriminação", os quais, por sua vez, constituem-se de:

- Mecanismos psicológicos, que teriam por finalidade criar e manter determinado grupo com baixa autoestima mediante uma "[...] sistemática inferiorização dessas características somáticas ou culturais, e pela socialização desses valores em pessoas pertencentes a tais grupos. Isso ocorre tanto por meio da escolarização formal, quanto por meio de redes informais de informação" (Guimarães, 1999, p. 217).
- A discriminação direta de pessoas com determinada característica racial.
- Em contraponto à discriminação direta, tem-se a discriminação que atua por meio de sistemas burocratizados, como o mercado de trabalho, que acaba por excluir pessoas com determinados traços fenotípicos.

A relação entre os mecanismos de discriminação e a condição de vida dos negros no Brasil é definida pela sustentação de um sistema social que determina um lugar na sociedade, de pobreza e exclusão, ao qual o negro vê-se condicionado por uma justificativa racial.

Tais situações podem ser constituídas e gerenciadas por estas quatro formas gerais – os direitos, a autoestima, a discriminação e os mecanismos formais e

---

[3] Guimarães (1999, p. 29-30) define o racialismo como um conceito sociológico, no qual as diferenças seriam traçadas e baseadas numa "essência" atribuída às raças. Dessa forma, os traços fenotípicos estariam associados à determinada essência, indelével e hereditária, que justificaria a discriminação.

burocráticos –, que são os meios pelos quais são geradas e se reproduzem a situação de não cidadania, a posição social de inferioridade e a situação econômica de subordinação (Guimarães, 1999, p. 218).

O sistema social que possibilita a existência do racismo, mesmo quando este é proibido por lei[4], depende de instituições e mecanismos que permitam a discriminação. Assim sendo, somam-se aos mecanismos de discriminação, antes descritos, os demais mecanismos específicos da realidade brasileira:

- O discurso da superioridade das raças é substituído pelo da superioridade cultural. A cultura branco-europeia passa a ser considerada superior à cultura negro-africana, que é vista como exótica, inculta, não civilizada (Guimarães, 1999; Santos, 2002).
- A substituição da noção de raça pela noção de cor permite, no Brasil, o surgimento de múltiplas possibilidades de classificação (parda, mulata, mestiça etc). Porém, nas práticas sociais, tanto a estereotipia negra como a mestiça são consideradas fora do padrão estabelecido pela "boa aparência".
- A desigualdade perante a lei é apontada por Guimarães (1999) como a terceira característica do racismo brasileiro. A condição de ser negro, associada à situação de pobreza, contextualiza o que o autor denomina "suspeição policial".
- Em quarto lugar, o mito da democracia racial, ou seja, o não reconhecimento do racismo, associado ao não reconhecimento da ideia de raça, faz com que ações antirracistas sejam consideradas racistas. O reconhecimento da segregação e da condição histórica do negro brasileiro é desconsiderado, reforçando o mito de democracia racial. Falar de racismo e refletir sobre a ideia de raça são considerados fomentação do racismo, como se ele só existisse sob a circunstância de seu reconhecimento.
- Em quinto lugar, a situação de pobreza exclui a maioria da população das condições sociais mínimas quanto ao acesso à saúde, à educação, ao mercado de trabalho e à política. Entretanto, ao incluir os não negros em igual situação, exclui-se da discussão da desigualdade social a questão racial.

---

[4] A partir da Lei n. 7.716 de 1989, também chamada de Lei Caó, o Brasil passou a considerar o racismo um crime inafiançável, podendo chegar a uma pena de três anos em regime fechado e multa. A lei inibe o chamado racismo direto; entretanto não atinge o racismo que se manifesta de forma diferenciada.

[...] a subordinação e a sujeição política e econômica dos negros foram, inicialmente, justificadas pela conquista e pela força dos senhores e, apenas mais tarde, pela inferioridade biológica e/ou cultural dos sujeitados, antes de passarem a ser racionalizados pela pobreza e pelas características individuais e grupais dos sujeitados. (Guimarães, 1999, p. 218)

Historicamente, o ideal de *branqueamento* surge para "apagar" a presença negra na sociedade brasileira. A abolição da escravatura e o convívio com o negro na condição de liberto despertaram, na sociedade brasileira da época, a necessidade de miscigenar a sua população. A vinda dos imigrantes europeus atende a essa necessidade, consolidando, assim, o ideal de cor, cabelos e olhos, associado a uma condição de superioridade.

Esse medo do negro que compunha o contingente populacional majoritário no país gerou uma política de imigração europeia por parte do Estado brasileiro, cuja consequência foi trazer para o Brasil 3,99 milhões de imigrantes europeus, em trinta anos, um número equivalente de africanos (4 milhões) que haviam sido trazidos ao longo de três séculos. (Bento, 2002, p. 32)

Paralelamente a esse fato, Domingues (2002) alerta para outro tipo de branqueamento, no qual há identificação das características europeias como ideal social e estético:

O branqueamento ora é visto como a interiorização dos modelos culturais brancos pelo segmento negro, implicando a perda do seu *ethos* de matriz africana, ora é definido pelos autores como o processo de "clareamento" da população brasileira, registrado pelos censos oficiais e previsões estatísticas do final do século XIX e início do século XX. (Domingues, 2002, p. 565)

Nas últimas décadas do século XX e início do século XXI, o debate em torno das políticas públicas compensatórias tem buscado resgatar o mito da *democracia racial* como justificativa para ações que compensem a comunidade negra de anos de discriminação, preconceito e exclusão social.

Considerada uma ideologia, a democracia racial – conceito cunhado por escritores brancos como Gilberto Freyre, Joaquim Nabuco e Arthur Ramos (Guimarães, 2004) – mascarar a existência de um racismo embutido nas práticas e nos dizeres sociais, mas não reconhecidos como tal.

> O mito da democracia racial pode ser compreendido [...] como uma corrente ideológica que pretende negar a desigualdade racial entre brancos e negros no Brasil como fruto do racismo, afirmando que existe entre estes dois grupos raciais uma igualdade de oportunidades e de tratamento. Esse mito pretende, de um lado, negar a discriminação racial contra os negros no Brasil, e, de outro lado, perpetuar estereótipos, preconceitos e discriminações construídos sobre esse grupo racial. (Gomes, 2005b, p. 57)

Entender o racismo dentro de uma contextualização histórica nos faz perceber a dimensão da condição em que o negro encontra-se na sociedade brasileira. O racismo brasileiro define-se numa relação excludente, cujas características de discriminação atravessam todas as esferas da realidade social. Desse modo, o racismo no Brasil molda-se de diversas formas conforme as ações de combate ao racismo delineiam-se.

Porém, reverter anos de discriminação e de prevalência de uma ideologia – *democracia racial* – é algo que depende de ações que atinjam todos os segmentos sociais. Trata-se de desconstruir uma relação baseada em conceitos sócio-historicamente construídos; de reconstruir relações que estabeleçam a formação de subjetividades desprovidas de tais ideologias e permitam aproximar os indivíduos de análises críticas sobre em quais condições históricas e sociais o racismo constituiu-se.

No ambiente escolar, dois tipos de linguagem permeiam o cotidiano de alunos, funcionários e professores que, segundo Sousa (2005), são importantes para analisar o racismo na escola: as linguagens escolares subjacentes e o que a autora define "como interação, preconceito e ambiguidade na sala de aula" (p. 109).

As linguagens escolares subjacentes são "aquelas formas de comunicação aparentemente ingênuas e isentas de ideologia, mas que estão, de fato, impregnadas de preconceito" (Sousa, 2005, p. 109). Cartazes, painéis, músicas, festividades, brincadeiras e brinquedos são exemplos desse tipo de linguagem, já que podem representar o negro em posições desfavorecidas. Essa comunicação aparece de duas formas: sem visibilidade ao negro, ou com visibilidade negativa. Assim, ou o negro não é representado ou é colocado em posição inferior (Sousa, 2005). Complementando as ideias de Sousa (2005), Silva (2005) comenta:

> Não ser visível nas ilustrações do livro didático e, por outro lado, aparecer desempenhando papéis subalternos, pode contribuir para a criança que pertence ao grupo étnico/racial invisibilizado e estigmatizado desenvolver um processo de autorrejeição e de rejeição ao seu grupo étnico/racial. (p. 25)

No livro didático, as minorias discriminadas são representadas, na maioria das vezes, por sua condição caricatural: o negro, a mulher, o índio. São desprovidas de nome e concorrem injustamente com o personagem principal, homem e branco.

Cavalleiro (2000, p. 44) aponta que, em sua pesquisa junto à Educação Infantil, "foi possível constatar, no espaço de circulação das crianças, a ausência de cartazes ou livros infantis que expressassem a existência de crianças não brancas na sociedade brasileira".

> As linguagens, definidas como "interação, preconceito e ambiguidade na sala de aula", são construídas e transmitidas nas relações estabelecidas entre professores e criança, e entre crianças (negras e não negras). Neste espaço de interações, são frequentes os xingamentos, os apelidos e comentários pejorativos em relação à criança negra, contando com o silêncio das professoras. (Sousa, 2005, p. 111)

Nesse sentido, a sala de aula e a escola como um todo têm caracterizado-se como um espaço de conflito no qual as crianças e adolescentes, negras e negros, sentem dificuldade de consolidar, positivamente, sua identidade e sua autoestima. Isso se dá, principalmente, pela costumeira vinculação do negro com situações ou coisas pejorativas, por meio de apelidos e comparações grosseiras e desagradáveis (Sousa, 2005, p. 112).

Partindo do princípio de que, apesar de todas as políticas públicas de combate ao racismo, a maneira como o negro é visto na sociedade ainda está impregnada de conteúdos discriminatórios e naturalizantes das diferenças, e que é nas relações familiares e escolares que a criança começa a ter contato com essa visão e constrói sua subjetividade pautada nessa condição, procuramos adentrar o cotidiano escolar a fim de identificar, por meio das relações estabelecidas entre as crianças, os adultos da escola e seus familiares, os discursos, construções e pensamentos sobre o negro na sociedade brasileira.

POR DENTRO DO ESPAÇO ESCOLAR

Os aspectos sociológicos e históricos são considerados a base para a discussão da condição da criança negra no espaço escolar, e isso ocorre na medida em que a perspectiva da psicologia a ser utilizada é sócio-histórica. Rompendo com os paradigmas positivistas, a psicologia sócio-histórica resgata o princípio dialético da construção do sujeito, que só pode ser entendido em sua relação com a sociedade. Com a intenção de superar a dicotomia entre subjetividade e objetividade, imposta pelo pensamento moderno, a subjetividade surge como objeto de estudo da psicologia, e nesse sentido requer um método em condições de compreendê-la em seus aspectos particulares, sendo considerada não somente algo que se constrói no social, mas o social como "expressão objetiva de uma realidade subjetivada" (Ferreira; Calvoso; Gonzales, 2002, p. 7). O entendimento da subjetividade como algo histórico, dinâmico, individual e social exige uma metodologia qualitativa que possa acessá-la dentro dessas condições.

Considerando a escola um espaço de configuração da vida cotidiana, sob uma perspectiva sócio-histórica, podemos analisar as experiências da criança negra sob a óptica das interações sociais, em que o outro – como um mediador da sociedade e da cultura – irá apresentar à criança os conceitos historicamente construídos. Esses conceitos podem, ou não, ser dados a partir de uma análise crítica, social e histórica.

Esses aspectos da vida cotidiana nos revelam o eixo pelo qual se estruturam nossos sentimentos, nossos pensamentos e nossas ações. Esses aspectos são assimilados nos espaços onde a vida cotidiana objetiva-se – por meio da mediação –, e a escola é um desses lugares. Heller (2000) coloca a escola como um dos espaços onde a cotidianidade é assimilada. Mediante essa assimilação, desenvolvida pela mediação, os indivíduos apreendem o necessário para viver em sua sociedade até atingir uma autonomia nessas interações.

Nesses espaços são produzidos contextos nos quais o que é esperado do indivíduo na sociedade – formas de agir, de utilizar instrumentos, de pensar, de se comportar – é assimilado. Entretanto, o que é absorvido está em conformidade com os costumes historicamente construídos de uma sociedade, o que pode produzir, assim, atitudes, ações, pensamentos e sentimentos impregnados de preconceitos, juízos, ideologias, constituindo uma assimilação a-crítica e a-histórica.

A pesquisa sob enfoque sócio-histórico tem por objetivo compreender seu objeto de estudo em seu processo de constituição, com uma dinâmica que é própria dos fenômenos dentro de um pensamento dialético. Partindo dessa condição, a linguagem, falada ou escrita dos sujeitos, revela a construção da subjetividade, sendo um dos meios de apreender a consciência.

Os instrumentos utilizados pelo pesquisador devem favorecer a expressão da construção do pensamento, considerando que essa construção é histórica e dialética. Para Aguiar (2001, p. 135), "o instrumento não constitui uma via direta para a produção de resultados, e sim um meio para a reprodução de indicadores".

A subjetividade deve ser entendida e estudada como um processo dinâmico, em constante construção e numa relação dialética com o social. O objetivo das pesquisas em psicologia sócio-histórica torna-se, então, a compreensão da gênese, da produção da subjetividade.

A construção da linguagem está impregnada de uma construção social e histórica por meio de seus significados. Compreender os significados da linguagem é apreender o social por intermédio da construção do pensamento. Dessa forma, "o significado é, sem dúvida, parte integrante da palavra, mas é simultaneamente ato do pensamento, é um e outro ao mesmo tempo, porque é a unidade do pensamento e da linguagem" (Aguiar, 2001, p. 130).

A fala constitui-se o meio para apreender o objeto – a subjetividade. Entretanto, essa fala deve ser analisada levando-se em consideração que o aspecto histórico-social é determinante para a construção dos significados. "A fala (palavra com significado) do sujeito é fundamental como ponto de partida para nossa análise, mas não contém a totalidade. Precisamos ir à busca do processo, das determinações, da gênese" (Aguiar, 2001, p. 131). Por meio da busca do sentido, procura-se a "articulação dos eventos psicológicos que a palavra desperta em nossa consciência" (Idem).

O instrumento utilizado deve atender à exigência de acessar a construção do sujeito, permitindo a interpretação dentro de uma contextualização sócio-histórica. "[...] as determinações a serem consideradas não são encontradas apenas nas falas dos sujeitos, mas no contexto onde eles se inserem, que caracteriza uma multideterminação social e histórica" (Ozella, 2003, p. 126).

Considerando, também, o pensamento de Vygotsky sobre a construção social da mente e a relação entre o pensamento e a linguagem – em que a fala carrega em si os significados atribuídos por uma contextualização sócio-histórica –, para se desenvolver uma pesquisa com tais bases teóricas, tanto os dados coletados junto aos sujeitos (sejam espontâneos ou provocados[5]), como também outros tipos de fontes, devem ser analisados à luz dessa historicidade social.

DIÁLOGOS, PERCEPÇÕES E VIVÊNCIAS DAS CRIANÇAS NEGRAS NA ESCOLA

Imiscuir-se em um contexto ainda desconhecido é sempre uma condição que nos remete às nossas expectativas enquanto pesquisadores e àquilo que queremos

---

[5] Triviños (1987) aponta que os dados coletados junto ao sujeito podem ser espontâneos – produzidos sem a presença e interferência do pesquisador –, ou provocados – produzidos por meio da presença e da interferência do pesquisador.

e esperamos encontrar. O olhar que se coloca sobre o que presenciamos é um olhar impregnado de nossas vivências, nossos preconceitos, conceitos e experiências que nos vinculam a uma situação de envolvimento desprovido de neutralidade e imparcialidade.

Ver-se inserido num ambiente escolar – ou em qualquer espaço onde nos colocamos como pesquisadores – determina um olhar por uma busca: o conhecimento. Construir o conhecimento sobre algo da experiência humana é, antes de tudo, nos depararmos com nossa própria existência e nossa própria história.

Realizamos um estudo numa escola municipal do interior do estado do Paraná. A escola localiza-se em um bairro de periferia, cuja renda familiar média é de dois salários mínimos e o nível de escolaridade médio das famílias é o ensino fundamental incompleto.

A escola conta com 25 professores, uma diretora, uma coordenadora pedagógica, duas faxineiras e um porteiro, e também possui pessoal terceirizado responsável pela alimentação das crianças. Além dos funcionários, faziam parte da equipe, na época da pesquisa, seis estagiárias de pedagogia, duas estagiárias de psicologia e quatro voluntários pelo programa "Amigos da Escola".

Por ocasião do estudo, havia uma turma de cada ano do ensino fundamental, e a turma na qual foram centralizadas as observações era composta por 35 alunos, 13 meninos e 22 meninas, na faixa entre 6 e 7 anos de idade. Essa turma era assistida por uma professora regente e uma estagiária de pedagogia. Além da professora regente, as crianças tinham uma professora de educação física.

As crianças dessa turma foram classificadas, racialmente, segundo a fala das professoras. De acordo com essa classificação, havia dez crianças negras (três meninos e sete meninas), cinco crianças mulatas (duas meninas e três meninos) e vinte crianças brancas. Ou seja, seis meninos negros e nove meninas negras, somando um total de quinze crianças negras.

O estudo incluiu, além das crianças, os demais atores desse contexto escolar. Dentre os adultos, apenas uma funcionária da cozinha era negra; com a qual não mantivemos contato e que não mantinha contato direto com as crianças.

Nas observações na escola podíamos definir o que se esperava daquele espaço: encontrar um ambiente de relacionamento entre crianças, entre crianças e seus educadores e entre crianças e suas histórias. Histórias essas construídas numa sociedade dinâmica e construtiva de seus pensamentos e ideias.

Perguntávamos, muitas vezes, o que iríamos encontrar. Entre a sensação de não encontrar nada e a angústia pela incapacidade de observar, atentamos para o fato de que deveríamos estar abertas para ouvir e ver o que se apresentava. Mudando o olhar do que queríamos enxergar para o que era oferecido como

OuViNDO CRiaNÇas Na esCoLa abordagens qualitativas e desafios metodológicos para a psicologia

informações para conhecer a criança negra na escola, pudemos, aos poucos, vislumbrar o que procurávamos: crianças negras convivendo em um ambiente que ressaltava os aspectos relacionados à questão racial na sociedade brasileira (mito da democracia racial, ideal de branqueamento, a cor associada ao errado, ao estranho e ao exótico), demonstrados nas situações observadas e nos discursos das crianças e professoras.

> Ou seja, é preciso que continuamente estejamos nos perguntando: o que estamos fazendo? Essa constante postura interrogativa possibilita-nos questionar o que nos parece familiar, e, portanto, ao que nos faz sentido, pois aos eventos que assim concebemos conseguimos atribuir significados. Ao lado disso, também devemos angariar esforços no sentido de prestar atenção àqueles acontecimentos que nos parecem pouco importantes. (Sato e Souza, 2001)

González Rey (2004, p. 8), em seu trabalho "O sujeito, a subjetividade e o outro na dialética complexa do desenvolvimento humano", considera que esse outro:

> [...] não existe como acidente comportamental, o outro existe numa sequência histórica de uma relação que vai se transformando em um sistema de sentido, a partir do qual esse outro passa a ter uma significação no desenvolvimento psíquico da criança, tanto pela produção simbólica delimitada nesse espaço de relação, como pela produção de sentido que a acompanha. Por sua vez, estes complexos sistemas de relações entre as pessoas sempre são parte dos espaços institucionais nos quais os relacionamentos têm lugar.

Visando compreender as vivências da criança negra na escola e partindo das dimensões sugeridas por André (2000), utilizamos para este estudo os seguintes procedimentos:

a) Observação livre e participante: envolvendo interações professores, alunos,conhecimento e atividades pedagógicas (incluindo cartazes, festividades e comemorações realizadas na escola) que eram registrados em um *diário de campo*.

b) Conversas informais entre pesquisadora e professoras, pesquisadora e diretora, entre professoras e entre diretora e professoras.

c) Leitura e análise de fontes documentais: Lei n. 10.639/03, Parâmetros Curriculares Nacionais (PCN), Programa Nacional do Livro Didático, Projeto Político Pedagógico da escola, assim como decretos, resoluções e pareceres.

Considerando a escola um espaço onde a vida cotidiana acontece revelando os aspectos culturais envolvidos na linguagem, nas práticas e nas concepções de professores, alunos, familiares e demais funcionários quanto à existência do racismo na sociedade brasileira, as situações observadas e as informações obtidas durante a permanência na escola foram analisadas – no sentido de identificar as concepções, as falas, os conceitos e as representações sobre o negro no cotidiano escolar – e interpretadas à luz das teorias sobre o racismo dentro da sociologia e sob a óptica cultural e política.

As fontes documentais foram apresentadas de forma a entender como se contextualizam os aspectos legais e regulamentadores pertinentes às Ações Afirmativas na escola, e como se configura a dimensão pedagógica referente ao antirracismo no Brasil.

O processo de pesquisa induzia a um constante movimento entre informações e teoria, em busca de mais informações, numa dinâmica que levou à sociologia, à história, à pedagogia e à filosofia com o intuito de compreender a construção sócio-histórica e cultural concernente aos aspectos encontrados no contexto estudado; situações específicas nos conduziam à consulta de leis e ações do Estado referentes ao antirracismo.

No total, foram realizadas quinze sessões de observações na escola – incluindo contatos e conversas com crianças e adultos – em sala de aula (com uma mesma turma de 1º ano do ensino fundamental), em aulas de educação física, no refeitório, nos momentos de recreio, nas entradas e saídas da escola.

A partir dessas interações, estabelecemos duas categorias de análise que permitiram articular aspectos teóricos com as informações que obtínhamos na escola: 1) o mito da democracia racial; e 2) o ideal de branqueamento. Essas categorias são permeadas por uma análise da exclusão, do antirracismo e da multiculturalidade.

O MITO DA DEMOCRACIA RACIAL

Aqui na escola não tem racismo, não! Porque negro aqui é normal, têm muitos. (Anita, professora)

Essa fala manifestou-se na primeira reunião que fizemos na escola, durante a apresentação do projeto de pesquisa.

A ideia de que é normal ter negros naquela escola deixa transparecer que, tratando-se de uma escola localizada em um bairro de periferia habitado por pessoas de baixa renda, é comum que a incidência de crianças negras seja maior. Porém, pode-se pensar que, fora desse ambiente de pobreza e periferia, "ter negros" não é comum. E pode-se cogitar também que essa percepção revele uma relação entre o grupo negro e a pobreza.

A população negra no Brasil concentra-se nas classes socialmente desfavorecidas quanto ao acesso à saúde, à educação, à renda mínima e à moradia adequada. Essa é uma realidade que dá margem a discussões e conclusões distorcidas. Num do total de 26.860 pessoas negras e pardas do município estudado, 70% têm renda entre meio e três salários mínimos e apenas 11% entre cinco e mais de trinta salários mínimos. Já na população branca, 50% possuem renda entre meio e três salários mínimos e 29% entre cinco e mais de trinta salários mínimos.

A análise desses dados, quando desprovida de uma dimensão política/social/cultural pode nos levar a considerar o negro como intrinsecamente pobre. Restringir-se aos dados quantitativos não nos permite compreender os determinantes históricos que forjaram uma sociedade que colocou e manteve o negro numa situação desfavorecida não somente econômica, mas também culturalmente, a partir de mecanismos de exclusão e séculos de discriminação.

> *A Lei Áurea já foi assinada. O negro já é livre e, portanto, somos todos iguais, com oportunidades iguais. Se o negro ainda se encontra pobre é por outros motivos que não a escravidão e o racismo.* (Paula, professora)

Essa compreensão leva à culpabilização individual do negro pela situação de exclusão. Nessa lógica: se ele é pobre é porque não teve "força de vontade" para mudar sua situação. Desvincula-se a situação da responsabilidade do social e do coletivo pela situação de pobreza. Assim, o negro é excluído duas vezes: por ser pobre e por ser negro.

> *Tudo agora é racismo. Muitos negros estão desse jeito por causa de seu próprio preconceito. É fácil dizer que a culpa é dos brancos. Eles [os negros] não veem que estão na pobreza porque assim quiseram. Porque se quisessem ser ricos, formados, eles conseguiriam. Eu, por exemplo, escolhi ser professora e sabia que nunca iria ficar rica com isso. Assim como os brancos, tem muito preto que é vagabundo, folgado e não quer estudar nem trabalhar. E daí não se dá bem. Não é por culpa do racismo, não. Eles que não querem mudar.* (Anita, professora)

> *Eu concordo. O negro no Brasil sempre foi bem tratado. Até na época da escravidão! Ele não passava fome, pois era caro. Depois ficou melhor ainda. Aqui todo mundo*

tem as mesmas oportunidades. Se existe preconceito e diferença de oportunidades é entre quem é rico e quem é pobre. Independentemente de ser preto ou branco. Não tem disso não. Por que não falam da história dos índios, dos italianos, dos alemães e dos japoneses? Isso sim é racismo: falar de uma só raça e não falar das outras. Aqui preto casa com branco, tem filho mulato... Isso é discriminação? (Paula, professora)

As falas dessas professoras refletem o discurso ideológico da democracia racial; refletem, ainda, o desconhecimento das histórias das diversas raças que constituem a nação brasileira. A história do negro é equiparada a de outros povos, no caso os imigrantes. Tal desconhecimento distorce a análise da situação atual do negro brasileiro e, ao desvirtuar essa análise, alguns discursos acabam por culpabilizar os negros por sua condição presente, restringindo-se à meritocracia. Ou seja, a pobreza fica associada a uma condição de caráter, sem qualquer olhar histórico e social. As influências da desigualdade de oportunidades ficam condicionadas a um valor individual.

Encontramos apoio em Cavalleiro (2000, p. 67), quando afirma:

Por mais que se tente ocultar, o problema étnico aparece no espaço escolar de modo bastante consistente. As profissionais da escola não se sentem responsáveis pela manutenção, indução ou propagação do preconceito. Mas, tendo em vista a realidade do problema, cria-se, então, a necessidade de responsabilizar alguém pela sua existência. Nessa hora, as vítimas passam a ser culpadas pela situação.

Em outro momento, no corredor, enquanto olhávamos os livros didáticos recém-chegados à escola, uma professora falou sobre a obrigatoriedade do ensino da História e Cultura Africana e Afro-brasileira:

Essa ideia de racismo no Brasil é coisa atual. Antes ninguém falava que aqui tinha racismo. Agora é só sobre isso que se fala. Mas aqui na escola é diferente. Você sabe, né!? Criança não tem dessas coisas não. Eu acho que só inventaram isso para explicar as cotas. E daí, coisa que se fala acaba aparecendo. Eu acho que alguns negros até se aproveitam disso. Aí tudo que você faz vira racismo. Antes você podia chamar alguém de preto, agora já virou racismo. Eu acho tudo uma besteira. (Maria, professora)

Você viu, agora nós somos obrigadas a ensinar a História da África? Como se a gente já não tivesse muita coisa pra ensinar. Se eu termino o ano com eles conseguindo escrever um pouquinho, já estou satisfeita. Não sei por que isso agora. Acho que é porque o Lula quer se mostrar. Ele que venha dar aula aqui, então. Aí sim eu acho que eles [alunos] vão começar a ser racistas, pois a gente vai ficar falando assim: "Olha, não pode ser racista, todo mundo é igual, a cor não faz diferença". (Paula, professora)

A negação do racismo na sociedade brasileira e na escola faz com que tal tema não seja considerado algo importante a ser discutido e trabalhado. "Dizer ou calar não é vazio de sentido" (Sousa, 2005, p. 110). Ao não discutir o racismo e não atentar para as práticas discriminatórias, as professoras as autorizam entre as crianças. E o fato de naturalizarem o racismo os leva a não perceber as práticas discriminatórias existentes na escola.

Em uma das reuniões pedagógicas – talvez sentindo necessidade de colocar o assunto em pauta, provavelmente pela presença da pesquisadora –, a diretora sugere que as professoras definam de que forma trabalhariam com o racismo na escola. Nesse momento presenciamos o seguinte diálogo entre as professoras:

Não sei se é necessário trabalhar o racismo, não. Na minha aula não tem nada que eu possa fazer. Como as crianças só ficam brincando e jogando, as crianças "pretas" até se saem melhor. Porque já viu, eles [negros] são sempre melhores nos esportes. Tem o Pelé, o Ronaldinho Gaúcho. Aí quem sai em desvantagem são os branquinhos, que têm menos força física. Lá na minha aula não tem discriminação não. (Ana Luísa, professora)

Eu também acho. Na minha sala não tem preconceito não. Todas as crianças se dão bem. Aqui no bairro está cheio de "preto", eles já estão acostumados e não discriminam não. Até a gente se acostumou. (Maria, professora)

A gente pode aproveitar as comemorações, usar o folclore, o Zumbi. Assim acho que eles teriam uma boa imagem da África e dos negros. (Rebeca, professora)

É acho que isso está bom. (Maria, professora)

Eu concordo. (Ana Luísa e Maria, professoras)

E com o assunto definido dessa forma, as professoras decidiram trabalhar um dia sobre o folclore e incluir, nesse momento, figuras de negros e sua histórias. No dia marcado para a comemoração, presenciamos o material produzido pelas crianças em aula, juntamente com o que as professoras pesquisaram e trouxeram de casa, e sentimos como se as professoras quisessem mostrar que contribuíam para o antirracismo na escola.

Percebemos, sim, a intenção de contribuir favoravelmente com o antirracismo. Entretanto, as ilustrações utilizadas só mostravam negros da época da escravidão: negros na senzala, negros no tronco. E as crianças encenaram o conto "Negrinho do Pastoreio", conto folclórico do Sul do Brasil, em que a criança não tem nome, não tem família e trabalha a serviço do outro até mesmo depois de morrer. Nenhum aspecto da cultura e das religiões africanas é apresentado, já que o *Negrinho* é devoto de Nossa Senhora e a ela recorre em seus momentos de sofrimento.

Durante a apresentação, a Voluntária 1 colocou:

> Escolhi esse conto porque mostra um negrinho do bem, que ajuda os outros e o quanto ele sofreu nas mãos do senhor branco.

Essa fala, que explicitou o motivo de ter escolhido esse conto, revela a necessidade de mostrar *negros do bem*, como se isso fugisse à norma e ao que é esperado de uma criança negra.

Além da escolha de um conto no qual o negro é assim representado, precisamos apontar para o equívoco de atribuir à cultura negra e ao negro um espaço restrito ao folclore, àquilo que é diferente, ou ao que é passado. As ilustrações utilizadas nos cartazes restringiam a existência do negro à época da escravidão, como se, além desse momento, deixasse de existir; e ainda só se o via representado em situações de exploração e humilhação.

Durante a apresentação nos indagamos como estaria sentindo-se aquele menino (Gabriel), representando o Negrinho, vestindo trapos e, na dramatização, sendo açoitado e humilhado por crianças brancas.

Alguns aspectos podem ser depreendidos da análise desses dois episódios (reunião e festividade), mas um predominantemente que é a dificuldade das professoras em perceber situações de discriminação sofridas pelas crianças negras no cotidiano escolar. Esse é um dos aspectos decorrentes do mito da democracia racial: ao não reconhecer o racismo presente na sociedade brasileira, as professoras não conseguem perceber situações nas quais ele se efetiva no ambiente escolar.

O IDEAL DO BRANQUEAMENTO

Estavam todos na sala de aula. Era a "hora do conto" – projeto desenvolvido por estagiários de pedagogia junto às crianças das escolas municipais. A história era: "Branca de Neve e os sete anões". O livro, todo ilustrado em tamanho real, despertava a atenção das crianças.

Ao final, quando a Branca de Neve é despertada pelo príncipe, com um beijo, desenvolve-se a seguinte discussão:

Débora: – Tia, por que a princesa e o príncipe sempre são loiros, de olhos azuis?

Estagiária 1: – Porque a história é assim...

Paulo: – Por que a história é assim?

Júlia: – Deixa a menina terminar a história!

Rafael responde baixinho à Débora:

– Eles são mais bonitos assim...

(diário de campo)

Por que a hitória é assim? O ideal de branqueamento surge para combater a influência dos negros na sociedade brasileira e a necessidade de miscigenar a população.

Luz e sombra: opostos. Se o branco representa a razão, o belo, o bom, o justo, a humanidade, ou seja, simboliza os valores desejáveis, o negro, por sua vez, pode representar a desrazão, a loucura (a bílis negra que obscurece), o feio, o injusto, a animalidade. Ou, de uma forma mais radical, o negro pode simbolizar o estranho. (Santos, 2002, p. 280)

A representação dos personagens "heroicos" das histórias infantis tende a um ideal estético associado à pureza de caráter, ao bem, à civilidade. As crianças que ouvem as histórias infantis acabam por interiorizar esse ideal. Ser negro passa a ser errado, feio e maligno. Na prática, desenvolve-se um ideal estético a ser alcançado por aqueles que não o possuem de nascença: o cabelo liso, os olhos e a pele clara etc.

Por volta das 13h15, estávamos com as crianças e suas famílias [a maioria representada pelas mães], *aguardando a abertura do portão da escola. Débora encontrava-se com sua mãe* [branca] *e seu irmão mais velho* [12 anos, branco]. *Desenvolve-se a seguinte cena.*

Enquanto a mãe de Débora arruma seus cabelos, prendendo-os, a menina reclama de dor:

– Ai! Mãe. Você tá puxando.... [sic]

– Isso é porque você tem cabelo ruim. Quem manda ser filha de homem preto! Agora tem que puxar, puxar até ficar bonitinho.

O irmão comenta:

– Ainda bem que meu pai não é preto.

(diário de campo)

Os traços fenotípicos dos afrodescendentes são associados à sujeira, ao feio, ao mal. As crianças negras, ao internalizarem essa associação, buscam aproximar-se do ideal estético branco, justamente por associá-lo a traços físicos e de caráter considerados superiores.

Durante uma atividade em sala de aula, com a professora Paula, as crianças deveriam colorir algumas figuras. O desenho compreendia um menino jogando bola (para os meninos) e uma menina brincando de bonecas (para as meninas).

As crianças estão divididas em grupos. Em um dos grupos estão Débora, Marina, João e Patrícia. As crianças estão colorindo suas figuras enquanto conversam:

– Que cor eu pinto a menina, tia? – pergunta Patrícia.

– De cor de pele, ué!? – responde Paula.

Então, João conclui:

– Então eu vou pintar meu menino de marrom.

– Credo... parece sujeira! – comenta Débora.

João pergunta:

– E você é de que cor, menina?

– Suja – responde Débora.

Todas as crianças do grupo riem do comentário.

As crianças continuam pintando, enquanto Débora relata:

– Eu ganhei uma boneca preta da minha tia.

João comenta:

– Credo... que feio!

Débora completa:

– Eu queria jogar no lixo, mas minha mãe falou que vai tentar lavar com QBoa pra ver se ela fica branca. Eu vou pintar minha boneca bem linda... loira.

A professora acompanha a conversa sem nenhum comentário.

(diário de campo)

A *superação da feiura* muitas vezes aparece na fala das professoras, como sendo possível por meio do estudo. A ideia de disciplinar o negro e educá-lo para uma inserção na sociedade transforma-se no ideal educativo.

> *Por mais que seja correto falar que todo mundo é igual, eu acho que não é bem assim, não. Eu vejo que meus alunos negros são mais agitados, mais sem educação. Acho que isso é de família. Não sei por que isso acontece. Acho que vem de casa, sabe? E daí eu tento fazer com que eles fiquem mais educadinhos, mais comportados. Eu preciso ver que eles são diferentes, senão vou ficar fingindo. Não que eu ache que seja pela cor, não. Mas que eles são diferentes, eles são. Não consigo entender o porquê.*
> (Ana Luísa, professora)

Os objetivos de educar e disciplinar a criança negra podem aparecer na correção disciplinar a que são submetidas as crianças na escola:

> *Enquanto as crianças vão ao banheiro, Vinícius e outras crianças brincam com uma borboleta. Quando a professora, Ana Luísa, percebe, grita com Vinícius, no corredor, na presença de outras crianças:*
> *– Eu falei pra não ficar mexendo com a borboleta, agora acabou o tempo e você não vai mais tomar água e ir ao banheiro.*
> *Vinícius encosta na parede e olha para o outro lado. As outras crianças que estavam brincando com a borboleta não são penalizadas.*
> (diário de campo)

> Débora faz o trabalho da Lúcia. Paula não vê. Quando a professora verifica o trabalho de Lúcia, diz para turma:
> – Olhem! A Lúcia fez direitinho, foi devagar, quietinha, mas fez direitinho, viram?
> Débora apenas observa. Quando uma criança diz:
> – Mas quem fez foi a Débora!
> Ana Luísa nada responde e volta para sua mesa.
> (diário de campo)

PARA NÃO ENCERRAR....

Em 2007, alguns movimentos governamentais e não governamentais[6] – por acreditarem que "somente é possível haver educação de qualidade se esta for efetivamente para todos e todas, ou seja, a equidade é uma dimensão inerente à qualidade educacional" e que "equidade significa não apenas garantir acesso universal à escola, mas, principalmente, que a permanência e o sucesso na trajetória escolar ocorram em um ambiente propício, com base num projeto político pedagógico e num currículo que respeite e celebre a diferença e a diversidade" – decidiram realizar uma consulta sobre as possibilidades e os desafios para a implementação da Lei n. 10.639/2003[7] nas cidades de São Paulo, Salvador e Belo Horizonte.

Ao concluir a consulta, os pesquisadores responsáveis perguntaram aos trabalhadores da educação (professores, diretores, coordenadores pedagógicos) as recomendações que fariam às instâncias governamentais (desde o MEC até as escolas municipais, incluindo seus projetos político-pedagógicos), bem como aos Conselhos de Educação, às famílias e às organizações não governamentais visando a políticas públicas facilitadoras para a plena implantação da legislação conquistada.

> Ressalta-se que, apesar de a consulta constatar a existência de materiais variados nas escolas, assim como a ocorrência de cursos de formação [...] esses fatores não apenas desaparecem entre os que favorecem o trabalho em torno da promoção étnico-racial nas escolas como aparecem em primeiro e segundo lugares que desfavorecem o trabalho. (Souza e Croso, 2007, p. 60)

A imensa maioria das propostas concentrou-se em torno de ações que envolvem o processo de desconstrução de paradigmas, crenças, valores e preconceitos que permeiam as relações sociais que envolvem o negro.

A psicologia – que procura desvencilhar-se de seu passado cativo à ciência moderna, a uma sociedade ordenada e higiênica, normatizada, que muitas vezes pensa dialeticamente e atua em passiva conformidade com as demandas do

---

[6] Iniciativa: Ação Educativa, Ceert (Centro de Estudos das Relações de Trabalho e Desigualdades), Ceafro (Educação e profissionalização para a igualdade racial e de gênero). Parceiros: Mieib (Movimento Interfóruns de Educação Infantil do Brasil) e Núcleo de Relações Étnico-raciais e de Gênero da Secretaria Municipal de Educação de Belo Horizonte. Apoio: Instituto C&A, Save the Children.

[7] Já mencionada e que altera a LDB ao estabelecer a obrigatoriedade do ensino de História e Cultura Afrobrasileira e Africana na Educação Básica – pública e privada – em todo território nacional.

mercado, sob o *fetiche* do pragmatismo – encontra na pesquisa que desvela relações sociais naturalizadas, e delas resgata o histórico e o cultural, possibilidades para ações críticas, integradas, dentro de seus diversos campos, na busca da emancipação do humano.

Como em tudo o mais, os caminhos revelam as escolhas...

> Quando eu tiver bastante pão para meus filhos, para minha amada,
> pros meus amigos e pros meus vizinhos, quando eu tiver livros para ler,
> então eu comprarei uma gravata colorida, larga, bonita
> e darei um laço perfeito e ficarei mostrando
> a minha gravata colorida a todos os que gostam
> de gente engravatada...
> (Solano Trindade[8])

---

[8] Solano Trindade, poeta, pintor, teatrólogo, ator e folclorista, nasceu em Recife em 1908 e faleceu no Rio de Janeiro em 1974. Criou, na cidade de Embu (SP), um polo de cultura e tradições afro e fundou o Teatro Popular Brasileiro, onde desenvolveu uma intensa atividade cultural voltada para o folclore e para a denúncia do racismo. Impulsionou a criação de grupos artísticos, dentre eles o Teatro Experimental do Negro, e é considerado o poeta da resistência negra.

Referências bibliográficas

AGUIAR, W. M. J. A pesquisa em Psicologia Sócio-Histórica: contribuições para o debate metodológico. In: BOCK, A. M. B.; FURTADO, O.; GONÇALVES, M. da G. (orgs.). *Psicologia sócio-histórica*: uma perspectiva crítica em psicologia. São Paulo: Cortez, 2001. p. 129-140.

ANDRÉ, M. E. D. A. de. *Etnografia na prática escolar*. 4. ed. Campinas: Papirus, 2000.

ASSIS, M. D. P. de; CANEN, A. Identidade negra e espaço educacional: vozes, histórias e contribuições do multiculturalismo. *Cadernos de Pesquisa*, v. 34, n. 123, p. 709-24, set.-dez. 2004.

BENTO, M. A. da S. Branqueamento e branquitude no Brasil. In: BENTO, M. A. da S.; CARONE, I. (orgs.). *Psicologia social do racismo:* estudos sobre branquitude e branqueamento no Brasil. 2. ed. Petrópolis: Vozes, 2002.

BRASIL. *Lei n. 10.639, de 9 de janeiro de 2003*. Altera a Lei n. 9.394, de 20 de dezembro de 1996, que estabelece as diretrizes e bases da educação nacional, para incluir no currículo oficial da Rede de Ensino a obrigatoriedade da temática "História e Cultura Afro-brasileira", e dá outras providências. Brasília, 2003. Disponível em: http://www.planalto.gov.br/ccivil/ LEIS/2003/L10.639. htm. Acesso em: 17 nov. 2007.

CAVALLEIRO, E. *Do silêncio do lar ao silêncio escolar:* racismo, preconceito e discriminação na educação infantil. São Paulo: Contexto, 2000.

DOMINGUES, P. J. Negros de almas brancas? A ideologia do branqueamento no interior da comunidade negra em São Paulo, 1915-1930. *Estudos afro-asiáticos*, Rio de Janeiro, v. 24, n. 3, p. 563-99, 2002. Disponível em: http://www.scielo.br/scielo.php?script=sci_arttext&pid=S0101-546-X2002000300006&lng=pt&nrm=isso. Acesso em: 25 abr. 2007.

FERREIRA, R. F.; CALVOSO, G. G.; GONZALES, C. B. L. Caminhos da pesquisa e a contemporaneidade. *Psicologia – reflexão e crítica*, Porto Alegre, v. 15, n. 2, p. 243-250, 2002.

GOMES, N. L. Cultura negra e educação. *Revista Brasileira de Educação*, São Paulo, n. 23, p. 75-85, mai-ago. 2003.

_____. Alguns termos e conceitos presentes no debate sobre relações raciais no Brasil: uma breve discussão. In: HENRIQUES, R. (org.). *Educação antirracista:* caminhos abertos pela Lei Federal n. 10.639/03. Brasília: SECAD/MEC 2005a. p. 39-62.

OUViNDO CRiaNçAs Na esCoLa abordagens qualitativas e desafios metodológicos para a psicologia

_____. Educação e relações raciais: Refletindo sobre algumas estratégias de atuação. In: MUNANGA, K. (org.). *Superando o racismo na escola*. 2. ed. Brasília: MEC, 2005b. p. 143-154.

GONZÁLEZ REY, F. L. O sujeito, a subjetividade e o outro na dialética complexa do desenvolvimento humano. In: MARTÍNEZ, A. M.; SIMÃO, L. M. (orgs.). *O outro no desenvolvimento humano:* diálogos para a pesquisa e a prática profissional em psicologia. São Paulo: Pioneira Thomson Learning, 2004. p. 1-28.

GUIMARÃES, A. S. A. Intelectuais negros e formas de integração nacional. *Estudos Avançados*, v. 18, n. 50, p. 271-284, 2004.

_____. *Racismo e antirracismo no Brasil*. 2. ed. São Paulo: Fundação de Apoio à Universidade de São Paulo-FUSP, 1999.

HELLER, A. *O cotidiano e a história*. 6. ed. Rio de Janeiro: Paz e Terra, 2000.

MONTORO, A. F. *Introdução à ciência do Direito*. 26. ed. rev. e atual. São Paulo: Revista dos Tribunais, 2005.

OZELLA, S. Pesquisar ou construir conhecimento: o ensino da pesquisa na abordagem sócio-histórica. In: BOCK, A. M. B. (org.). *A perspectiva sócio-histórica na formação em psicologia*. Petrópolis: Vozes, 2003. p. 113-131.

SANTOS, G. A. dos. Selvagens, exóticos, demoníacos: ideias e imagens sobre uma gente de cor preta. *Estudos afro-asiáticos*, Rio de Janeiro, v. 24, n. 2, p. 275-289, 2002.

SATO, L.; SOUZA, M. P. R. de. Contribuindo para desvelar a complexidade do cotidiano através da pesquisa etnográfica em psicologia. *Psicologia USP*, São Paulo, v. 12, n. 2, 2001. Disponível em: http://www.scielo.br/scielo.php?script=sci_arttext&pid=S0103-65642001000200003&lng=pt&nrm=iso. Acesso em: 17 jul. 2008.

SILVA, A. C. A desconstrução da discriminação no livro didático. In: MUNANGA, K. (org.). *Superando o racismo na escola*. 2. ed. Brasília: MEC, 2005. p. 21-37.

SILVA, P. B. G. (Relatora); CURY, C. A. J.; ÂNGELO, F. N. P. de. ANCONA-LOPEZ, M. *Parecer n. CNE/CP 003/2004*. Aprovado em 10 mar. 2004. Disponível em: http://www.portal.mec.gov.br/cne/arquivos/pdf/res012004.pdf. Acesso em: 10 nov. 2007.

SOUSA, F. M. do N. Linguagens escolares e reprodução do preconceito. In: BRASIL. Secretaria de Educação Continuada, Alfabetização e Diversidade. *Educação antirracista:* caminhos abertos pela Lei Federal 10.639/03. Brasília: MEC, 2005, p. 105-120.

SOUZA, A. L. S.; CROSO, C. (coords.). *Igualdade de relações étnico-raciais na escola:* possibilidades e desafios para a implantação da Lei n. 10.639/2003. São Paulo: Peirópolis, 2007.

TRIVIÑOS, A. N. S. *Introdução à pesquisa em ciências sociais:* a pesquisa qualitativa em educação. São Paulo: Atlas, 1987.

VYGOTSKY, L. S. *A formação social da mente.* São Paulo: Martins Martins Fontes, 1984.

_____. *O desenvolvimento psicológico na infância.* São Paulo: Martins Martins Fontes, 1998.

REJEIÇÃO INFANTIL:

o papel dos colegas de escola e professores

Edwiges Ferreira de Mattos Silvares e
Márcia Helena da Silva Melo

A relevância das relações interpessoais desde a infância está bem estabelecida e documentada na literatura sobre o desenvolvimento do comportamento social humano (Bagwell e Coie, 2004; Coie e Koeppl, 1990; Del Prette e Del Prette, 2003a e 2003b; Matos, 2005a, 2005b e 2005c; McFadyen-Ketchum e Dodge, 1998; Price e Dodge, 1989).

Sabidamente, já no início do século anterior, os pesquisadores e profissionais de psicologia voltavam suas investigações sobre o melhor conhecimento das relações entre pares de crianças e sobre a forma como são organizados os grupos sociais infantis, com ênfase especial no ambiente escolar. Tal interesse é compreensível pela justificável preocupação com as crianças denominadas antissociais, visto que, em geral, elas não se adaptam às demandas sociais e escolares, o que aumenta a probabilidade de rejeição pelos colegas de turma e seu encaminhamento por seus professores ao tratamento psicológico.

Hoje é amplamente reconhecido que a forma como as relações sociais são estabelecidas e desenvolvidas na escola, seja com adultos significativos para a criança, seja com os seus professores, ou com seus pares, tem um impacto marcante no desenvolvimento futuro da criança. O bom relacionamento entre colegas e entre alunos e professor propiciam a aquisição de habilidades específicas, e sua ausência pode acarretar danos em diversas áreas da vida (Mash, 1998; Patterson; Reid; Dishion, 1992).

Os estudos empreendidos sobre o relacionamento entre pares na infância e suas dificuldades nessa etapa do desenvolvimento têm enfatizado a rejeição infantil no contexto escolar como preditora das dificuldades de ajustamento na juventude, incluindo delinquência, abuso de drogas e evasão escolar (Bierman, 2004; Criss *et al.*, 2002). Além disso, há evidências de que problemas de ajustamento e mau desempenho escolar são influenciados pela qualidade da interação entre professor e aluno (Donohue; Perry; Weinstein, 2003; Meehan; Hughes; Cavell, 2003; Hughese Zhang e Hill, 2006). Alunos que têm um relacionamento conflituoso com seus professores têm maiores riscos de serem reprovados, bem como de serem rejeitados por seus pares (Silver *et al.*, 2005).

A expressão de comportamentos externalizantes de forma excessiva (por exemplo: comportamento antissocial, agressivo), por seu turno, aumenta as chances de afastamento dos colegas, sendo um dos principais indicadores de rejeição entre crianças (Coie e Koeppl, 1990; Gomes da Silva, 2000; Melo e Silvares, 2007a; Price e Dodge, 1989, Walker, 2004).

Este último dado empírico é de importância fundamental, especialmente se for considerado que os comportamentos agressivos são, depois do fracasso escolar, o maior motivo de encaminhamento de crianças para atendimento psicológico (Ancona Lopez, 1983; Silvares, 1991).

Pode-se então dizer que os comportamentos coercivos infantis, além de perturbarem a interação com colegas, também afetam o desempenho acadêmico da criança com déficits em seu repertório social. E, nessa medida, contribuem para aumentar a distância entre ela e os colegas sem tais dificuldades, o que parece justificar ao professor o encaminhamento daquele aluno ao psicólogo.

Uma das consequências mais prováveis dessa situação será o aumento da probabilidade da inclusão da criança inábil socialmente em grupos de colegas que tenham comportamentos semelhantes aos seus, constituindo-se assim o início de sua inserção nos grupos de pares desviantes. Tais grupos, aliás, são de fácil identificação em virtude de seus participantes apresentarem atitudes negativas na escola e na relação com as figuras de autoridade.

Analisando o papel do contexto escolar no relacionamento entre iguais na infância e das crianças com seus professores, Donohue, Perry e Weinstein (2003) investigaram as práticas de ensino dos professores. O estudo tomou como base o pressuposto de que a atenção que os professores dão às diferenças individuais, a ênfase que colocam no desenvolvimento de relações sociais positivas e a orientação que impõem em direção aos objetivos acadêmicos reduziriam a probabilidade de as crianças sob sua responsabilidade serem rejeitadas por seus pares. Os referidos autores reconhecem que essas práticas podem aumentar as chances de a criança desenvolver e demonstrar suas competências acadêmicas, reduzir comportamentos externalizantes em sala de aula e aumentar a aceitação entre seus colegas. Os resultados desse estudo foram sugestivos e colocaram grande ênfase na função que o clima na sala de aula desempenha no ajustamento social da criança no ambiente escolar, fornecendo elementos que auxiliam na compreensão da rejeição infantil. Esse estudo sugere ainda que o ensino centrado no aluno, levando em conta suas particularidades, quando comparado com um ensino baseado em instruções, pode tornar menos provável a rejeição entre os pares.

Esses resultados também se destacam no estudo de Moreno, Just e Snyder (2008) – com crianças economicamente desfavorecidas e com risco para o desenvolvimento de problemas de comportamento –, quando, após o treino de professores para aquisição de habilidades específicas de manejo de comportamento infantil, observaram a diminuição dos comportamentos disruptivos e agressivos em sala de aula, inclusive por parte de crianças que eles haviam indicado para o tratamento de intensos problemas de comportamento. O mais significativo desse estudo, além de seus resultados, foi a redução dos índices de rejeição das crianças indicadas. Tal fato vai na mesma direção dos dados nacionais obtidos por Melo e Silvares (2007b).

AVALIAÇÃO DA REJEIÇÃO INFANTIL

O primeiro ponto a ser levantado nesta seção é o de que somente formas eficientes de avaliação promovem a investigação adequada das relações entre o *status* social de uma criança no seu grupo de pares e o comportamento social dela. O mesmo princípio vale para o estabelecimento dos efeitos da intervenção psicoeducativa operada com a intenção de mudar tais relações. Em decorrência, o cuidado na seleção do informante e do instrumento utilizado para obter dados sobre os temas levantados é um ponto importante a considerar quando se avalia um problema da gravidade do da rejeição infantil pelos pares.

Com base nesse pressuposto, o julgamento do desempenho social infantil tem sido realizado em função do impacto exercido pelo comportamento das crianças sobre os agentes sociais, em especial os seus professores. De forma geral, busca-se no ambiente escolar as pessoas mais significativas, que emitem seus julgamentos através de indicação/encaminhamento e/ou através de respostas a instrumentos padronizados (Achenbach, 1991a e b; Bierman, 2004; Castro; Melo; Silvares, 2003; Melo, 2006).

Seja pelo fato de os professores estarem em contínuo contato com as crianças, visto participarem de seu ambiente natural, seja por serem menos submetidos a vieses emocionais do que seus pais, esses agentes sociais são vistos como os prediletos na avaliação das dificuldades apresentadas pelas crianças no contexto escolar. Tendo em vista os diversos estudos que apontam que eles são bons juízes da adequação do comportamento social infantil – além de disporem de recursos que auxiliam na mudança da dinâmica das relações no ambiente de sala de aula –, é muito comum utilizá-los em estudos sobre problemas de relacionamento social infantil. Nesse sentido, é mister ainda ressaltar que a literatura da área aponta pares e professores como as melhores fontes de informação sobre o comportamento infantil (Del Prette e Del Prette, 2003b; Kuhne e Wierne, 2000; Massola e Silvares, 2005; Silvares, 2000), sobretudo na avaliação dos comportamentos externalizantes, pelo fato de seus julgamentos, quando comparados com de outros informantes, atingirem bons níveis de concordância na identificação de comportamentos-problema (Bierman, 2004).

Apesar dessas evidências, pesquisadores encontram grandes dificuldades em estabelecer critérios consensuais para identificar a criança com dificuldades em suas relações sociais, como enfatizam Hops (1983), McFadyen-Ketchum e Dodge (1998) e Mash (1998). Enquanto alguns pesquisadores concordam que medidas do *status* social no grupo ou a participação das crianças em grupinhos deveriam vir de seus pares, alguns pesquisadores continuam a usar medidas de autorrelato para alguns desses construtos. A fim de superar tais obstáculos, defende-se a avaliação da rejeição na infância por meio de múltiplos informantes, como pais, professores, observadores e colegas (Mash e Terdal, 1997; Del Prette e Del Prette, 2003b) e de procedimentos de observação, entrevistas e questionários.

Para autores como Bierman (2004), uma avaliação mais sólida da criança deve contemplar a combinação de informação de múltiplas fontes, especialmente nomeações e descrições (abertas e fechadas) dos pares, observações em ambiente natural, avaliação de professores e pais e entrevistas com as crianças alvo da avaliação. Essas múltiplas fontes de informações são necessárias para o delineamento de intervenções mais precisas, o que não se conseguiria com uma única fonte.

A investigação das relações entre crianças, sob o ponto de vista de seus pares, tem-se utilizado de medidas sociométricas. Segundo Hops e Lewin (1984), os três procedimentos sociométricos mais usados referem-se a nomeação, escalas e o procedimento de comparação. O método sociométrico tem sido usado em muitos estudos (Cillessen e Bukowski, 2000), principalmente com escolares.

A **avaliação sociométrica por nomeação** é a mais comum dentre as três citadas logo acima. Crianças de determinado grupo são solicitadas a nomear certo número de colegas com quem mais gostam e menos gostam de brincar ou trabalhar. Com base nas respostas obtidas, têm-se indícios de níveis de aceitação e rejeição pelo grupo.

Nessa perspectiva, são vários os estudos que descrevem os diferentes tipos de crianças segundo a preferência de seus colegas (*e.g.* Coie; Dodge; Coppotelli, 1982; Hops e Lewin, 1984; McFadyen-Ketchum e Dodge, 1998). Utilizando medidas do impacto e da preferência social, pode-se chegar a algumas categorias avaliativas como as encontradas por Perry (1979). Este autor identificou quatro categorias de classificação: 1) popular, referindo-se ao alto impacto social e preferência social positiva; 2) rejeitada, relacionada ao alto impacto social e à preferência social negativa; 3) isolada, quando se obtém baixo impacto social e preferência social negativa; e a categoria 4) amigável, que envolve baixo impacto social e preferência social positiva.

O estudo de Coie *et al.* (1982), por sua vez, permitiu identificar cinco tipos de classificação sociométrica, a saber: 1) popular, referindo-se à criança que recebe muitas nomeações positivas e praticamente nenhuma negativa; 2) rejeitado, relacionado à criança que recebe muitas nomeações negativas e quase nenhuma positiva; 3) negligenciado, envolvendo crianças que não recebem nomeações, quer positivas, quer negativas; 4) controverso, descrevendo crianças que recebem muitas nomeações positivas e muitas negativas; e 5) mediano, referindo-se a crianças que se enquadram em índices próximos da média do grupo.

Considerando os efeitos sociais das categorias sociométricas relatadas, Coie e colaboradores (1982) alertam para o risco que correm as crianças rejeitadas, controversas e negligenciadas de desenvolverem problemas de ajustamento social. Ainda ressaltam que os estudos longitudinais apontam a rejeição como a categoria mais difícil de ser alterada, incrementando as possibilidades de aquisição ou manutenção de comportamentos socialmente desadaptados. McFadyen-Ketchum e Dodge (1998) concordam que essas crianças pertencem ao grupo de risco para a delinquência juvenil e evasão escolar, relação que não se encontra definida nos grupos de controversos e negligenciados.

Um segundo procedimento sociométrico refere-se ao uso de escala tipo Escala Likert, a qual fornece aos informantes uma lista de afirmações que serão avaliadas em níveis de 1 a 5, por exemplo, para cada colega de classe. A maior vantagem desse tipo de procedimento é que todas as crianças da sala são avaliadas pelo grupo, excluindo qualquer possibilidade de alguma criança não ser lembrada pelos demais.

O terceiro e último **procedimento** com relativa expressividade data de 1933, segundo Hops e Lewin (1984). Refere-se a uma medida de comparação em pares, em que cada criança é solicitada a escolher entre dois colegas de sua classe para cada situação apresentada. Uma variação desse procedimento é usar fotos para diminuir a probabilidade de alguma criança não ser selecionada porque os colegas esqueceram de seus nomes. Um ponto a favor na administração desse tipo de avaliação é sua estabilidade temporal tanto para crianças bem pequenas quanto para as mais velhas. Entretanto, a demora na implementação do procedimento é um fator de desestímulo para seu uso.

Um aspecto levantado por Hops e Lewin (1984) é a possibilidade de se combinar os dois primeiros procedimentos – nomeação e escala. Parece que a escala fornece uma medida de aceitabilidade da criança, enquanto as nomeações positivas identificam a popularidade como amizade. De qualquer forma, os autores recomendam cautela nesse tipo de interpretação, uma vez que existem diferenças metodológicas entre os procedimentos.

Cautela é o que recomenda Bierman (2004) ao salientar que, na atualidade, parece que alguns pesquisadores, ao desejarem respostas num tempo mais curto e com menos custo, mostram maior interesse somente por medidas que forneçam escores e abandonam a verdadeira compreensão do fenômeno da rejeição. A autora chama atenção para estudos que utilizam medidas simplistas e não se inibem em tirar grandes conclusões com essas medidas. Bierman ainda faz uma descrição da sequência de uma avaliação "ideal" para uma visão mais compreensiva da problemática da criança rejeitada: 1) avaliação global por pares e professores; 2) observações; e 3) avaliação da autoestima da criança. A diversidade de métodos utilizados para avaliar a rejeição aponta a falta de consenso entre os pesquisadores sobre a melhor medida a ser usada.

Controvérsias a parte, seja qual for o procedimento de avaliação utilizado, todos eles refletem a força do contexto social, particularmente o escolar, na manutenção do *status* de rejeição. Por ser esta uma condição muito resistente a mudanças, como já relatado, ela requer métodos diversificados de avaliação e intervenções ambientais mais complexas e abrangentes. A dificuldade em romper a percepção cristalizada sobre a criança rejeitada acontece não só porque as dificuldades dessas crianças são muito intensas, mas também porque a alteração implica uma intervenção com mudança do contexto.

O baixo desempenho escolar da criança rejeitada e as expectativas negativas dos professores sobre elas podem contribuir para manter as dificuldades. O número de fatores contextuais que contribuem para os problemas da criança que convive com a rejeição exige que as intervenções focalizem todos os aspectos do ambiente – além do próprio comportamento da criança, o de seus pares e professores.

Dada a expressividade da rejeição no desenvolvimento infantil e a maior eficácia atribuída às intervenções com multicomponentes, as autoras deste capítulo empreenderam um programa preventivo multifocal com escolares, utilizando múltiplas medidas de avaliação e os informantes de maior expressão no ambiente da criança – os professores (Melo e Silvares, 2003). Parte desse trabalho empírico será aqui apresentado com a proposta de verificar a coerência entre a avaliação feita pelos professores que encaminham crianças de risco para o atendimento psicológico e a realizada pelos pares quanto à posição social de crianças na avaliação sociométrica.

MÉTODO

Participantes

Foram avaliadas 255 crianças, com idade entre 7 e 8 anos, que cursavam a 2ª série do ensino fundamental, atual 3º ano, em uma escola pública estadual, situada em uma comunidade de periferia. Participaram ainda do trabalho as sete professoras das referidas crianças.

As crianças do estudo faziam parte de um grupo de risco para rejeição, pois apresentavam um excesso de comportamentos externalizantes (por exemplo conduta agressiva) bem como desempenho acadêmico insuficiente.

MEDIDAS DE AVALIAÇÃO

Com as professoras

Primeiramente as professoras preencheram uma ficha onde indicavam quais de seus alunos julgavam necessitar de intervenção psicológica e quais não precisavam desse tipo de atendimento, fornecendo os motivos para a indicação e para a não indicação de cada um. A professora poderia indicar quantos alunos julgasse merecedores de atenção psicológica.

As professoras indicaram 52 alunos (16 meninas e 36 meninos) para tratamento psicológico, o que perfaz um índice de 7,4 crianças indicadas por

OUVINDO CRIANÇAS NA ESCOLA   abordagens qualitativas e desafios metodológicos para a psicologia

professora de classe (com média de 36,4 crianças por classe), ou seja, cada professora indicou aproximadamente 20% de seus alunos para atendimento).

Paralelamente, as professoras também responderam o Teacher Report Form (TRF) para as crianças que haviam referido ou não para atendimento psicológico. Embora os resultados desse instrumento não sejam discutidos neste capítulo, vale dizer que é um questionário de avaliação de comportamentos infantis (Achenbach, 1991a) desenvolvido a partir do Child Behavior Cheklist – para pais –, também de Achenbach (1991b), sendo este último validado no Brasil por Bordin, Mari e Caeiro (1995). O TRF, como é mundialmente conhecido, foi desenvolvido com o objetivo de obter relatos dos professores sobre seus alunos entre 5 e 18 anos (versão 1991), visto que a percepção desses profissionais, bem como a dos pais, é um valioso elemento para uma avaliação mais compreensiva de crianças e jovens. O instrumento avalia aspectos relativos à adaptação às demandas escolares – especificamente o desempenho acadêmico –, somados aos problemas de comportamento, tanto externalizantes (por exemplo agressividade) como internalizantes (por exemplo timidez), que crianças e jovens expressam no ambiente escolar. Nesse sentido, os escores produzidos pelas respostas ao questionário são agrupados em escalas que demonstram o funcionamento adaptativo infantil, incluindo o desempenho acadêmico da criança, e em escalas que indicam os seus problemas de comportamento, a saber: Escala Internalizante, Escala Externalizante e Escala Total de Problemas.

Com as crianças

Foi realizada a entrevista sociométrica, por nomeação, de Coie e colaboradores (1982) a fim de avaliar a aceitação e rejeição dos colegas de classe em relação às crianças anteriormente indicadas por suas professoras (mais detalhes, ver Castro; Melo; Silvares, 2003; Melo e Silvares, 2007b).

PROCEDIMENTO

Inicialmente, solicitou-se às professoras que preenchessem as fichas de indicação e os questionários de avaliação do comportamento. Posteriormente, teve lugar a avaliação sociométrica com as crianças, que foi realizada através de entrevistas individuais com as crianças presentes na escola no dia da avaliação, já as que faltaram à escola não participaram da avaliação sociométrica como informantes (ver mais detalhes do procedimento em Melo e Silvares, 2007a.) Uma vez concluída a avaliação sociométrica, elas foram divididas em dois grupos: indicadas (N=52) e não indicadas (N=203).

RESULTADOS E DISCUSSÃO

Do total de 255 crianças avaliadas no estudo, 38 delas (correspondentes a 15% da amostra) foram classificadas como rejeitadas na avaliação sociométrica. Esse dado aponta na mesma direção do trabalho de disseminação de Melo (2006) e do estudo de Melo e Silvares (2007a), que encontraram 15% e 11,16% de crianças rejeitadas por seus companheiros de classe, respectivamente.

Diante da inquestionável relevância da qualidade dos relacionamentos estabelecidos nos grupos sociais para o desenvolvimento saudável da criança, as autoras do presente estudo – que há tempos investigam aspectos da infância – propuseram avaliar aqui a convergência das opiniões de professores e pares de crianças em situação de risco para a rejeição, trilhando o caminho de estudos que durante décadas vêm produzindo crescente conhecimento sobre esse *status* social em suas diferentes facetas.

Ao comparar os grupos de crianças indicadas e não indicadas para atendimento psicológico com o *status* social que as crianças ocupam no grupo de colegas, observa-se uma expressiva concordância entre crianças e professoras, como bem indicam os pesquisadores da área, como Bierman (2004), Kuhne e Wierne (2000) e Massola e Silvares (2005). Como se vê na Tabela 1, 30,8% das crianças indicadas pelas professoras para atendimento psicológico eram rejeitadas pelos colegas. A mesma convergência de opinião pode ser observada na categoria popular, em que 20,7% pertenciam ao grupo das crianças não indicadas para tratamento. Isso denota que os professores são agentes sociais sensíveis para identificar dificuldades que colocam seus alunos em risco de rejeição por seus companheiros de classe, além de serem informantes confiáveis no encaminhamento de crianças para serviços de psicologia, como salienta a literatura (Del Prette e Del Prette, 2003b; Kuhne e Wierne, 2000; Silvares, 2000).

OuVINDO CRiaNças Na esCoLa abordagens qualitativas e desafios metodológicos para a psicologia

Tabela 1 – Dados da avaliação sociométrica comparando os grupos de crianças indicadas e não indicadas para tratamento psicológico*

	Grupo			
	Não indicadas		Indicadas	
Categorias	%	Frequência	%	Frequência
Rejeitada	10,8	22	30,8	16
Popular	20,7	42	3,8	2
Negligenciada	8,9	18	1,9	1
Mediana	20,2	41	21,2	11
Controversa	39,4	80	42,3	22
Total	100,0	203	100,0	52
Coeficiente de Cramer	,284			

* $p=.001$.

No que tange os motivos para indicação de seus alunos para atendimento psicológico, as professoras apontaram, na ficha de indicação, predominantemente os déficits acadêmicos – envolvendo referências à falta de requisitos, como ler e escrever – assim como comportamentos de dispersão, seguido de problemas comportamentais externalizantes, evidenciando dificuldade de adaptação desses alunos às demandas escolares e sociais. Esse fato está estreitamente relacionado com a rejeição infantil, como tem sido frequentemente salientado pelos estudos empreendidos (*e.g.* Bagwell e Coie, 2004; Criss *et al.*, 2002; Price e Dodge, 1989; Walker, 2004), além de corroborar os achados de Ancona Lopez (1983) e Silvares (1991), que indicam os problemas escolares e o comportamento agressivo, respectivamente, como o primeiro e segundo motivos de encaminhamento de crianças para os serviços-escola de psicologia. Ressalte-se ainda que a queixa escolar inicialmente relatada pelas professoras como o motivo de indicação da criança foi consistente com a análise do *Teacher Report Form* (TRF). Essa análise demonstrou que 10% das crianças indicadas pelas professoras para atendimento psicológico apresentavam queixas externalizantes, e 84% apresentavam desempenho acadêmico inferior ao do grupo de não indicadas.

Os motivos de indicação das professoras convergem em parte com os indicadores de rejeição apontados pelas crianças do trabalho de Melo e Silvares (2007a). No referido estudo, 62,81% das crianças entrevistadas relataram que o comportamento agressivo dos colegas era o principal motivo para que não fosse aceitos como participantes das brincadeiras, enquanto que as dificuldades acadêmicas foram referidas apenas por 1,19% das crianças.

Os dados sobre o comportamento social da criança, aqui demonstrados, ratificam a importância de avaliar a rejeição infantil – com os devidos cuidados metodológicos lembrados por Bierman (2004) e Hops e Lewin (1984) – pela frequência e intensidade com que ocorre nas escolas e pelas consequências sofridas pela criança nos variados ambientes dos quais participa.

Ressalte-se ainda que, embora o corpo de conhecimento sobre a rejeição infantil, assim como seus métodos de avaliação e estratégias de intervenção, tenha evoluído desde as primeiras pesquisas, essa evolução é fruto predominantemente de pesquisas internacionais. Apesar de os estudos brasileiros que investigam diretamente a rejeição ainda terem uma história muito recente e restrita a poucos grupos de pesquisa (*e.g.* Gomes da Silva, 2000; Melo e Silvares, 2003, 2007a, 2007b), eles mostram claramente que o problema da rejeição também se faz presente nas escolas brasileiras. E mais: reconhecem, como aqui foi explicitado, que a utilização de múltiplos métodos (por exemplo questionários, nomeação) e fontes de informações (por exemplo professores e pares) é necessária para o conhecimento mais profundo sobre essa problemática infantil e que as intervenções com multicomponentes são mais eficientes para reduzir a rejeição na infância bem como para alterar práticas educacionais adotadas pelos professores.

Nesse sentido, é expressiva a quantidade de estudos que propõem intervenções que visam aprimorar a qualidade das relações sociais na infância. Dentre eles podemos citar o trabalho de Bierman (2004), que especifica estratégias utilizadas em programas de intervenção para desenvolver a competência social em crianças com problemas externalizantes (por exemplo transtorno de conduta e de oposição), envolvendo crianças, pais e escola. Destaque-se ainda o programa *Incredible Years* de Webster-Stratton e Reid (2008), delineado para treinar pais e professores a promover competência emocional, social e acadêmica em crianças, além de prevenir, reduzir e tratar a agressividade e problemas emocionais em crianças de 2 a 8 anos de idade.

E, finalmente, em nosso meio, vale lembrar o estudo de Elias (2003), que interveio junto a mães e a crianças encaminhadas com queixa de baixo rendimento escolar e dificuldades socioemocionais, enquanto Melo e Silvares (2003, 2007b) desenvolveram um programa interventivo multifocal, no qual ensinaram comportamentos socialmente hábeis para crianças estigmatizadas, ao mesmo tempo que orientaram professores a desenvolver comportamentos pró-sociais em seus alunos – mediante atividades do Programa de Educação Social e Afetiva (adaptado de Trianes e Munhoz, 1994) – e treinaram pais/responsáveis em procedimentos com instruções específicas, com o intuito de melhorar as práticas educativas adotadas por eles.

Pode-se dizer que tais intervenções empreendidas enfatizam que o risco de desajustamento pode ser reduzido quando são promovidas competências gerais e específicas voltadas para a ampliação do repertório de comportamentos pró-sociais em crianças, auxiliando-os a identificar situações e problemas, implementar soluções, avaliar resultados e manter ou modificar estratégias.

Em linhas gerais, os estudos sobre as relações sociais na escola têm demonstrado que uma avaliação bem planejada é o primeiro passo para que sejam identificados precocemente os riscos de desajustamento em crianças, em curto e médio prazos, e que os efeitos negativos da rejeição podem ser interrompidos e/ou minimizados através de intervenções preventivas multifacetadas como as já apresentadas.

Referências bibliográficas

ACHENBACH, T. M. *Manual for the Teacher's Report Form and 1991 Profile*. Burlington, VT: University of Vermont, Department of Psychiatry, 1991a.

_____. *Manual for the Child Behavior Checklist/ 4-18 and 1991 Profile*. Burlington, VT: University of Vermont, Department of Psychiatry, 1991b.

ANCONA-LOPEZ, M. Características da clientela de serviços-escola de psicologia em São Paulo. *Arquivos Brasileiros de Psicologia*, v. 35, p. 78-92, 1983.

BAGWELL, C. L.; COIE, J. D. The best friendships of aggressive boys: relationship quality, conflict management, and rule-breaking behavior. *Journal of Experimental Child Psychology*, v. 88, p. 5-24, 2004.

BIERMAN, K. L. *Peer rejection: Developmental processes and intervention strategies*. Nova York: Guilford, 2004.

BORDIN, I. A. S.; MARI, J. J.; CAEIRO, M. F. Validação da versão brasileira do "Child Behavior Checklist" (CBCL) (Inventário de Comportamentos da Infância e Adolescência): dados preliminares. *ABP-APAL*, v. 17, n. 2, p. 55-56, 1995.

CASTRO, R. E. F.; MELO, M. H. S; SILVARES, E. F. M. O julgamento de pares de crianças com dificuldades interativas após um modelo ampliado de intervenção. *Psicologia – reflexão e crítica*, v. 16, n. 2, p. 309-318, 2003.

CILLESSEN, A. H. N.; BUKOWSKI, W. M. Introduction: Conceptualizing and measuring peer acceptance and rejection. In: CILLESSEN, A. H. N.; BUKOWSKI, W. M. (eds.). *Recent advances in the measurement of acceptance and rejection in the peer system*. New directions for child and adolescent development. São Francisco: Jossey-Bass, 2000. p. 3-10.

COIE, J. D.; KOEPPL, G. K. Adapting intervention to the problems of aggressive and disruptive children. In: ASHER, S. R.; COIE, J. D. (eds.). *Peer rejection in childhood*. Nova York: Cambridge University Press, 1990. p. 309-337.

COIE, J. D.; DODGE, K.; COPPOTELLI, H. Dimensions and types of social status: a cross-age perspective. *Developmental Psychology*, v. 18, n. 4, p. 557-570, 1982.

CRISS, M. M.; PETTIT, G. S.; BATES, J. E.; DODGE, K. A.; LAPP, A. L. Family adversity, positive peer relationships, and children's externalizing behavior: a longitudinal perspective on risk and resilience. *Child Development*, v. 73, n. 4, p. 1220-1237, 2002.

DEL PRETTE, A.; DEL PRETTE, Z. A. P. Assertividade, sistema de crenças e identidade social. *Psicologia em Revista*, v. 9, n. 13, p. 125-136, 2003a.

_____. Desenvolvimento socioemocional na escola e prevenção da violência: questões conceituais e metodologia de intervenção. In: DEL PRETTE, A.; DEL PRETTE, Z. A. P. (orgs.). *Habilidades sociais, desenvolvimento e aprendizagem:* questões conceituais, avaliação e intervenção. Campinas: Alínea, 2003b. p. 83-127.

DONOHUE, K. M.; PERRY, K. E.; WEINSTEIN, R. S. Teachers' classroom practices and children's rejection by their peers. *Applied Developmental Psychology*, v. 24, 2003, p. 91-118.

ELIAS, L. C. S. *Crianças que apresentam baixo rendimento escolar e problemas de comportamento associados:* caracterização e intervenção. 2003. Tese (Doutorado em Psicologia). Faculdade de Filosofia, Ciências e Letras de Ribeirão Preto, Universidade de São Paulo, Ribeirão Preto.

GOMES DA SILVA, V. R. M. *Indicadores de rejeição em grupo de crianças.* 2000. Dissertação (Mestrado em Psicologia Clínica). Universidade Federal do Paraná, Curitiba.

HOPS, H.; LEWIN, L. Peer sociometric forms. In: OLLENDICK, T. H.; HERSEN, M. (eds.). *Child behavioral assessment:* principles and procedures. Nova York: Pergamon, 1984. p. 124-147.

HUGHES, J. N.; ZHANG, D.; HILL, C. R. Peer Assessments of normative and individual teacher-student support predict social acceptance and engagement among low-achieving children. *Journal of School Psychology*, v. 43, p. 447-463, 2006.

HOPS, H. Children's social competence and skill: current research practices and future directions. *Behavior Therapy*, v. 14, p. 3-18, 1983.

KUHNE, M.; WIENER, J. Stability of social status of children with and without learning disabilities. *Learning Disability Quarterly*, v. 23, n. 1, p. 64-76, 2000.

MASH, E. J.; TERDAL, L. G. Assessment of child and family disturbance: a behavioral-systems approach. In: MASH, E. J.; TERDAL, L. G. (eds.) *Assessment of childhood disorders.* Nova York: Guilford Press, 1997. p. 3-68.

MASH, E. J. Treatment of child and family disturbance: a behavioral – systems perspective. In: MASH, E. J.; BARKLEY, R. A. (eds.). *Treatment of childhood disorders.* Nova York: Guilford Press, 1998. p. 3-36.

MASSOLA, G. M.; SILVARES, E. F. M. A percepção do distúrbio de comportamento infantil por agentes sociais *versus* encaminhamento para atendimento psicoterapêutico. *Interamerican Journal of Psychology/Revista Interamericana de Psicología*, v. 39, n. 1, p. 139-149, 2005.

MATOS, M. G. Adolescência, psicologia da saúde e saúde pública. In: MATOS, M. G. (org.). *Comunicação, gestão de conflitos e saúde na escola.* Cruz Quebrada: FMH Edições, 2005a. p. 15-26.

_____. Comunicação e gestão de conflitos na escola. In: MATOS, M. G. (org.). *Comunicação, gestão de conflitos e saúde na escola.* Cruz Quebrada: FMH Edições, 2005b, p. 289-363.

MATOS, M. G.; SPENCE, S. Prevenção e saúde positiva em crianças e adolescentes. In: MATOS, M. G. (org.) *Comunicação, gestão de conflitos e saúde na escola.* Cruz Quebrada: FMH Edições, 2005. p. 41-49.

MCFADYEN-KETCHUM, S.; DODGE, K. A. Problems in social relationships. In: MASH, E. J.; BARKLEY, B. A. (eds.). *Treatment of childhood disorders.* Nova York: Guilford Press, 1998. p. 338-365.

MELO, M. H. S. *Programa de treinamento para promover competência social em crianças e seus professores no ambiente escolar.* 2006. Relatório de pesquisa (Pós-doutorado). Departamento de Psicologia Clínica, Universidade de São Paulo, São Paulo.

MELO, M.; SILVARES, E. F. M. Grupo cognitivo-comportamental com famílias de crianças sem habilidades sociais e com déficits acadêmicos. *Temas em Psicologia da SBP*, v. 11, p. 122-133, 2003.

_____. Avaliação comportamental do desempenho social em uma sucursal da clínica-escola do IPUSP: indicadores de rejeição e aceitação entre crianças. In: STARLING, R. R. (org.). *Sobre comportamento e cognição:* temas aplicados. Santo André: ESETec Editores Associados, 2007a. p. 68-76.

_____. Sociometric effects on rejection of children in grade 2 given a multifocal intervention involving teachers, parents, and children in one Brazilian school. *Psychological Reports*, v. 101, p. 1162-1172, 2007b.

MEEHAN, B. T.; HUGHES, J. N.; CAVELL, T. A. Teacher-student relationships as compensatory resources for aggressive children. *Child Development*, v. 74, p. 1145-1157, 2003.

MORENO, D. A.; JUST, C. L.; SNYDER, J. Teacher training for Head Start classrooms. *Proceedings of the 4th Annual GRASP Symposium*. Wichita State University.

Disponível em: http://soar.wichita.edu/dspace/bitstream/10057/1393/1/grasp-2008-61.pdf. Acesso em: 14 jul. 2008.

PATTERSON, G. R.; REID, J. B.; DISHION, T. J. *Antisocial boys*. USA: Castalia, 1992.

PERRY, J. C. Popular, amiable, isolated, rejected: a reconceptualization of sociometric status in preschool children. *Child Developmental*, v. 50, p. 1231-1234, 1979.

PRICE, J. M.; DODGE, K. A. Reactive and proactive aggression in childhood – relations to peer status and social-context dimensions. *Journal of Abnormal Child Psychology*, v. 17, n. 4, p. 455-471, 1989.

SILVARES, E. F. M. Caracterização comportamental e sócio-econômica da clientela infantil de uma clínica-escola de psicologia de São Paulo. In: I CONGRESSO INTERNO DO INSTITUTO DE PSICOLOGIA DA UNIVERSIDADE DE SÃO PAULO, 1991, São Paulo. *Anais do I Congresso Interno do Instituto de Psicologia da Universidade de São Paulo*. São Paulo, 1991.

_____. Invertendo o caminho tradicional do atendimento psicológico numa clínica-escola. *Estudos de psicologia*, v. 5, n. 1, p. 149-180, 2000.

SILVER, R. B.; MEASELLE, J. R.; ARMSTRONG, J. M.; ESSEX, M. J. Trajectories of classroom externalizing behavior: contributions of child characteristics, family characteristics, and the teacher-child relationship during the school transition. *Journal of School Psychology*, v. 43, p. 39-60, 2005.

TRIANES, M. V.; MUÑOZ, A. *Programa de educación social y afectiva*. Málaga: Delegación de Educación Junta de Andalucía, 1994.

WALKER, S. Teacher reports of social behaviour and peer acceptance in early childhood: Sex and social status differences. *Child Study Journal*, v. 34, n. 1, p. 13-28, 2004.

WEBSTER-STRATTON, C.; REID, M. J. A school-family partnership: addressing multiple risk factors to improve school readiness and prevent conduct problems in young children: summary research on the effectiveness of these three programs for reducing risk factors and strengthening protective factors associated with children's social emotional development and school success. Washington: University of Washington, 2008. Disponível em: http://www.incredibleyears.com/library/paper.asp?nMode=1&nLibraryID=562. Acesso em: 2 fev. 2009.

A ENTRADA DO BEBÊ NA ESCOLA E SEU PROCESSO DE ADAPTAÇÃO

Ana Tereza Gôngora de Lucca,
Gisele Favoretto de Oliveira e
João Batista Martins

Neste trabalho temos como perspectiva apresentar de forma sistematizada nossa maneira de abordar crianças pequenas – bebês – quando elas se inscrevem no ambiente escolar. Entendemos que essa situação é extremamente delicada para a vida de todos os envolvidos no processo – bebês, pais, familiares, profissionais da escola etc. –, mobilizando um conjunto de sentimentos decorrentes de dúvidas e de incertezas intrínsecas a esse processo educativo.

Um dos momentos mais importantes desse processo de inserção é o que denominamos de "período de adaptação" – aquele em que a família do bebê procura a escola com a perspectiva de ali inserir o bebê. Muitas vezes, essa decisão é vivenciada com muita angústia e ansiedade, e temos observado que o processo será bem-sucedido na medida em que os familiares são acolhidos e compreendidos e podem compartilhar suas experiências com os profissionais envolvidos no processo e, quando possível, com os familiares que vivenciam ou vivenciaram a mesma situação.

Apesar de discutirmos aqui uma perspectiva de intervenção – trata-se de uma ação no âmbito de uma determinada realidade –, entendemos que a postura a ser assumida ao longo do processo de adaptação traz em si mesma uma perspectiva investigativa, pois o momento é de conhecer o bebê e as redes sociais em que ele se inscreve, bem como de saber como as pessoas que vivem com ele veem sua inserção na escola. Essa postura aproxima-se da metodologia da observação participante, uma vez que, ao mesmo tempo que estamos conhecendo o bebê, também atuamos sobre ele, que, por sua vez, também nos afeta[1].

Ao longo do texto, localizaremos a discussão em torno do atendimento educacional das crianças pequenas – bebês –, em seguida, apresentaremos as bases teóricas que nos auxiliam na consecução de nosso trabalho. Posto isso, faremos uma discussão sobre o processo de adaptação da criança em nossa escola, bem como sobre as inquietações que ele nos remete.

APARECIMENTO DAS CRECHES: ASPECTOS LEGAIS E SOCIAIS

Ao longo da história do atendimento às crianças pequenas, especialmente no Brasil, podemos identificar uma mudança significativa nos sentidos atribuídos às instituições que cuidam dessa população – as creches. O atendimento assistencialista que marca essa prática educacional desde o início do século XX é superada com a promulgação da Constituição Federal, em 1988. A partir desse momento, a creche passou a ser um direito da criança, uma opção da família e um dever do Estado (art. 208 da Constituição Federal), vinculando-se à área da educação.

Tal vinculação exigiu, de certa forma, que propostas pedagógicas fossem elaboradas com a perspectiva de uma estruturação desse espaço educacional. Assim, a função da creche passou a ser definida como "educativa, voltada para os aspectos cognitivos, emocionais e sociais da criança, enquanto contexto de desenvolvimento para a criança pequena" (Oliveira *et al.*, 1992, p. 49).

Na verdade, foi a primeira vez que no Brasil a criança passou, pelo menos no texto da lei, a ser gente. A Constituição Federal, consequentemente as Constituições Estaduais e as Leis Orgânicas dos Municípios, assegura direitos para as crianças, que passam a ser consideradas cidadãs (Leite Filho, 2005, p. 1).

Essa visão da criança está presente nas concepções que animam o Estatuto da Criança e do Adolescente (ECA), promulgado em 1990. Tal legislação inscreve as crianças no mundo dos direitos, ao reconhecê-las como pessoas em condições peculiares de desenvolvimento. Segundo Leite Filho (2005),

---

[1] Para mais detalhes sobre essa perspectiva, ver Martins (2002 e 2004).

[e]ssa lei contribuiu com a construção de uma nova forma de olhar a criança – a visão de criança como cidadã. Pelo ECA a criança é considerada como sujeito de direitos. Direito ao afeto, direito de brincar, direito de querer, direito de não querer, direito de conhecer, direito de sonhar e de opinar. (p. 3)

A LDB atual, Lei n. 9.394/96, também apresenta uma nova perspectiva para a educação infantil. Ainda segundo Leite Filho (2005), essa lei, embora só apresente três artigos que tratam da educação infantil de forma sucinta e genérica, avança significativamente, na medida em que afirma, em seu artigo 29, que a educação para as crianças com menos de 6 anos é a primeira etapa da Educação Básica.

Art. 29. A educação infantil, primeira etapa da educação básica, tem como finalidade o desenvolvimento integral da criança até os seis anos de idade, em seus aspectos físico, psicológico, intelectual e social, complementando a ação da família e da sociedade. (Lei n.º 9.394/96)

Sob a perspectiva da legislação, e especialmente à luz do artigo acima, o lar ou o ambiente familiar deixa de ser o único contexto a promover o desenvolvimento da criança: essa tarefa também "deve" ser assumida pelo educador, que tem a responsabilidade de acompanhar e promover esse processo. Tal perspectiva explicita-se na perspectiva de Rizzo (1984, p. 22), quando ela afirma que: "A creche existe para exercer pela mãe, embora não assumindo seu lugar, as atividades tipicamente maternais junto ao seu filho, prestando-lhe assistência integral, cuidando da sua segurança física e emocional".

Outro avanço que a Lei n. 9.394/96 traz expressa-se em seu artigo 31, quando se refere à avaliação na educação infantil.

Art. 31. Na educação infantil a avaliação far-se-á mediante acompanhamento e registro do seu desenvolvimento, sem o objetivo de promoção, mesmo para o acesso ao ensino fundamental.

Com esse artigo, a lei determina que a avaliação nesse nível de ensino não tem a finalidade de promoção. Tal diretriz impede que educadores reprovem as crianças na pré-escola, permitido-lhes ingressarem no ensino fundamental, obrigatório, e iniciarem sua escolaridade por volta dos 6, 6 anos de idade, independentemente do que são capazes de provar a seus professores na pré-escola.

Outra dimensão apontada pela legislação, e que não podemos deixar de levar em consideração, diz respeito à complementaridade das ações que se desenvolvem no contexto da educação infantil, isto é, a ação da creche é complementar a ação da família e da comunidade. Nesse sentido, amplia-se o caráter de corresponsabilidade das instituições sociais no processo educacional das crianças pequenas, uma vez que este não está sob a responsabilidade exclusiva da família, mas da comunidade e das instituições sociais.

Mariotto (2003), por sua vez, aponta-nos outra dimensão no processo de aparecimento das creches que está relacionada às mudanças sociais e econômicas que marcaram nossa sociedade nos últimos anos. Nesse contexto, em função das necessidades familiares, a mulher foi chamada ao mercado de trabalho devido à urgência em aumentar a renda familiar, o que impôs uma nova necessidade, qual seja a de ter onde deixar seus filhos. Tal consideração leva Mariotto a afirmar que o aparecimento das creches, em princípio, não tem a perspectiva de atender às necessidades básicas da criança, mas vem em resposta à necessidade da mulher de colaborar mais efetivamente na economia industrial capitalista.

Concordamos com as perspectivas apontadas por Amorim, Vitoria e Rossetti-Ferreira (2000), quando afirmam que a creche tem assumido outras funções sociais, tanto pelo fato de começar a atender crianças provenientes das camadas médias da população, como pela influência que tem sofrido das novas teorias das áreas da educação e psicologia, como ainda pela elaboração de novas diretrizes e legislações. Segundo as autoras:

> A creche começa, assim, a ser considerada como uma alternativa viável de cuidados, com maior aceitação, especialmente, para as crianças acima de dois ou três anos de idade. Mesmo mulheres que não trabalham fora de casa a têm procurado como espaço de socialização para suas crianças, pois acreditam que, nesses novos ambientes, seus filhos terão mais oportunidades de fazer amigos, já que, de modo geral, contam com poucos recursos no espaço doméstico (Oliveira e Rossetti-Ferreira, 1986). Com base nessas novas concepções, as famílias têm chegado à instituição esperando que a creche desempenhe funções de caráter mais socializante e pedagógico. (Amorim; Vitoria; Rossetti-Ferreira, 2000, p. 118-119)

A ENTRADA DO BEBÊ NA ESCOLA

Amorin, Vitória e Rosseti-Ferreira (2000) indicam-nos uma série de fatores que levam os pais a se sentirem desconfortáveis quanto ao atendimento oferecido pelas creches. O primeiro diz respeito às formas de educação praticadas pelas classes médias. Para elas, no modelo familiar tradicional as crianças são formadas pelos adultos que são vistos tanto como promotores do desenvolvimento e do aprendizado, como os agentes que interagem com a criança. Considerando-se a estrutura da creche, essa forma de educação não é encontrada, uma vez que a proporção adulto/criança é mais baixa do que se encontra no ambiente doméstico e os parceiros mais disponíveis para a interação são outras crianças. "Desse modo, os pais têm, por vezes, a impressão de falta de cuidados individuais apropriados a seus filhos, nesses ambientes" (Amorim; Vitoria; Rossetti-Ferreira, 2000, p. 119).

Outro fator apontado pelas autoras – que é motivo de conflito entre as expectativas familiares e a estrutura básica de funcionamento da creche – relaciona-se com o conjunto de valores que hoje a sociedade professa e que são definidos pela busca de identidade, individualidade e intimidade.

> Tais valores podem ser percebidos como inatingíveis em uma situação de creche, onde o espaço físico e os brinquedos são coletivos, sem a possibilidade de garantia de posse ou privacidade; onde as atividades e rotinas são compartilhadas pelas diferentes crianças e os momentos culturalmente considerados íntimos, como o banho e a amamentação, passam a ser realizados em público, devendo o decoro e a sexualidade serem reavaliados. (Amorim; Vitoria; Rossetti-Ferreira, 2000, p. 119)

As autoras também apontam que a indefinição quanto ao papel social e educacional da creche é extremamente problemático, uma vez que resulta em influências sobre as pessoas que nela trabalham e que dela se beneficiam. Tal situação fica evidente quando as creches propõem-se a ocupar o lugar da mãe, atuando como sua "substituta". Tal lugar, "além de ser impossível, acentua nos pais o temor de que a criança passe a gostar mais das educadoras e do novo ambiente" (Amorim, Vitoria e Rossetti-Ferreira, 2000, p. 119).

Segundo Amorim, Vitoria e Rossetti-Ferreira (2000), os familiares, diante de tais fatores, associados a questões institucionais e a má-formação dos educadores das creches, sentem-se em uma situação de profunda ambivalência, com a emergência de fortes sentimentos de culpa e angústia, favorecendo questionamentos sobre a capacidade de a creche cuidar e educar crianças pequenas.

Para Borges (2007), a entrada do bebê na escola marca uma experiência nova, repleta de expectativas, que impõem aos familiares disponibilidade, planejamento e reorganização. Para a autora, quando uma criança chega a uma instituição de educação infantil, não é somente ela quem está chegando. Com ela chegam seus familiares – os presentes e os ausentes que às vezes interferem nesse processo e se fazem muito mais presentes do que aqueles que estão de fato – e toda uma série de mudanças que são desencadeadas dentro da própria instituição para receber aquela nova criança e aquela nova família que se insere num sistema já em funcionamento. É natural que anseios e tensões existam. Resultado: todos os envolvidos diretamente ou indiretamente nessa chegada passam a viver um processo de adaptação, de ajustamento a uma nova situação (Borges, 2007).

O DESENVOLVIMENTO INFANTIL NO ÂMBITO DA TEORIA DE VYGOTSKY

A teoria de desenvolvimento que nos oferece subsídios para o desenvolvimento de nossa prática na escola foi proposta por Vygotsky e seus colaboradores. Esse autor propõe que cada período da infância pode ser caracterizado por uma estrutura psicológica, um conjunto de relações entre as funções psicológicas – por exemplo, percepção, memória, fala, pensamento etc. –, a partir das quais abordaríamos a criança enquanto uma totalidade. Isto é, essa estrutura refletiria a criança total, como uma pessoa engajada nas relações sociais estruturadas com outros, tendo em vista o caráter mediador que marca as relações das crianças no início do processo de desenvolvimento.

O foco sobre a totalidade nos possibilita compreender as funções específicas em sua relação com a totalidade. Dessa forma, a teoria de Vygotsky nos permite compreender o "desenvolvimento como um processo que se distingue pela unidade do material e do psíquico, do social e do pessoal, à medida que a criança se desenvolve (Vygotsky, 1996a, p. 254).

A partir desse ponto de vista, Vygotsky toma como ponto de referência para distinguir os períodos concretos do desenvolvimento infantil as novas formações psicológicas que se desenvolvem ao longo do processo – o que caracteriza sua dimensão histórica.

> Entendemos por formações novas o novo tipo de estrutura da personalidade e de sua atividade, as mudanças psíquicas e sociais que se produzem pela primeira vez em cada idade e determinam [...] a consciência da criança, sua relação com o meio, sua vida interna e externa, todo o curso de seu desenvolvimento no período dado. (Vygotsky, 1996a, p. 254-255)

Entretanto, Vygotsky considera que tal dimensão – histórica – não é suficiente para subsidiar o processo de periodização do desenvolvimento infantil. Segundo ele, é necessário levar em consideração a dinâmica do processo, as maneiras pelas

A entrada do bebê na escola e seu processo de adaptação

quais se efetiva a passagem de uma etapa a outra. Nesse sentido, o autor compreende o desenvolvimento da criança – da infância até adolescência – como uma série de períodos estáveis, entrecortados por períodos de crise.

Nos períodos estáveis, o desenvolvimento e as mudanças na personalidade da criança ocorrem de forma lenta e microscópica. Tais mudanças acumulam-se até certo limite e se manifestam mais tarde como uma formação qualitativamente nova da idade. As mudanças que ocorrem nesses períodos são enormes, mas às vezes não visíveis, o desenvolvimento realiza-se "por dentro, diria-se por via subterrânea" (Vygotsky, 1996a, p. 255).

> Os períodos mencionados [de crise] [...] se distinguem por traços opostos aos das idades estáveis. Neles, e ao longo de um tempo relativamente curto (vários meses, um ano, dois), se produzem bruscos e fundamentais mudanças e deslocamentos, modificações e rupturas na personalidade da criança. Em um muito breve espaço de tempo a criança muda por inteiro, se modificam os traços básicos de sua personalidade. (Vygotsky, 1996a, p. 256)

A dinâmica desse processo é compreendida pelo autor a partir das relações que se estabelece entre a personalidade da criança e seu meio social em cada etapa do desenvolvimento. Para Vygotsky, no início de cada período da idade, a relação que se estabelece entre a criança e seu meio social é bastante peculiar, específica, única e irrepetível para a idade, o que ele denomina de situação social do desenvolvimento.

> A situação social do desenvolvimento é o ponto de partida para todas as mudanças dinâmicas que se produzem no desenvolvimento de cada idade. Determina plenamente e por inteiro as formas e a trajetória que permitem à criança adquirir novas propriedades da personalidade, já que a realidade social é a verdadeira fonte do desenvolvimento, a possibilidade que o social se transforme em individual. Portanto, a primeira questão que devemos esclarecer, ao estudar a dinâmica de alguma idade, é a situação social do desenvolvimento. (Vygotsky, 1996a, p. 264)

Cada período de idade tem uma nova formação central, denominada por Vygotsky de *linha central de desenvolvimento*, uma espécie de guia para todo o processo de desenvolvimento que caracteriza cada período.

> Em torno da nova formação central ou básica da idade dada, se situam e se agrupam as outras novas formações parciais relacionadas com aspectos isolados da personalidade

da criança[2], assim como os processos de desenvolvimento relacionados com as novas formações de idades anteriores. (Vygotsky, 1996a, p. 262)

Para Chaiklin (2003), essa nova formação é organizada na situação social do desenvolvimento por uma contradição básica entre as capacidades correntes da criança (manifestadas nas funções psicológicas já desenvolvidas), as necessidades e os desejos da criança e as demandas e possibilidades do ambiente social. Tal perspectiva reforça a ideia de que a nova formação psicológica de uma dada idade é consequência das interações da criança na situação social de desenvolvimento.

Nesse contexto, o desenvolvimento das novas formações que se desenvolvem ao final de uma idade promove mudanças em toda a estrutura da consciência infantil, modificando todo o sistema de relação com a realidade e consigo mesmo. Ou seja, tendo em vista que a situação social de desenvolvimento expressa as formas pelas quais a criança relaciona-se com seu meio social em determinada idade, ela se modifica completamente, uma vez que as novas formações psicológicas vão produzir mudanças radicais na vida da criança, mudanças que se vão refletir nas relações que as crianças estabelecem com esse meio. Para Vygotsky, "a reestruturação da situação social de desenvolvimento constitui o conteúdo principal das idades críticas" (Vygotsky, 1996a, p. 265).

A partir dessas considerações, Vygotsky esclarece a lei da dinâmica das idades, qual seja:

> [...] as forças que movem o desenvolvimento da criança em uma ou outra idade, acabam por negar e destruir a própria base do desenvolvimento de toda idade, determinando, com a necessidade interna, o fim da situação social do desenvolvimento, o fim da etapa dada do desenvolvimento e o passo seguinte, o do período superior de idade. (Vygotsky, 1996a, p. 265)

---

[2] Vygotsky denomina essas mudanças parciais que se produzem em uma dada idade de *linhas acessórias de desenvolvimento* (Vygotski, 1996a, p. 262). Ao longo do processo de desenvolvimento, segundo o autor, é possível que, numa dada idade, os processos que se organizam em torno de uma *linha acessória de desenvolvimento* se transformem, vindo a caracterizar uma *linha central de desenvolvimento*. Tais mudanças são possíveis, tendo em vista a própria evolução da criança.

O BEBÊ E SUA RELAÇÃO COM O ENTORNO: UMA PERSPECTIVA VYGOTSKYANA

Vygotsky descreve a situação de desenvolvimento do bebê como uma situação bastante específica, marcada por dois momentos fundamentais: o primeiro consiste no fato de que ele não consegue satisfazer suas necessidades biológicas por si mesmo. Tais necessidades somente são satisfeitas com a ajuda de um adulto, o que cria uma condição bastante específica para o processo de desenvolvimento infantil, uma vez que as relações que estabelece com o mundo são mediadas por um outro. Nesse sentido, ele afirma: "O caminho através de outros, através dos adultos, é a via principal da atividade da criança nessa idade. Praticamente tudo na conduta do bebê está entrelaçado e entretecido no social. Tal é a situação objetiva de seu desenvolvimento" (Vygotsky, 1996b, p. 285).

Vygotsky enfatiza com essa afirmação o caráter colaborativo da relação que se estabelece entre o adulto e o bebê, uma relação mediada.

> Portanto, a relação da criança com a realidade circundante é social desde o princípio. Deste ponto de vista, podemos definir o bebê como um ser maximalmente social. Toda relação da criança com o mundo exterior [...] é uma relação refratada através da relação com outra pessoa. A vida do bebê está organizada de tal forma que em todas as situações se acha, de maneira visível ou invisível, outra pessoa. (Vygotsky, 1996b, p. 285)

Outra peculiaridade que caracteriza a situação social do desenvolvimento no primeiro ano de vida, segundo Vygotsky, está relacionada com o fato de que o bebê ainda não adquiriu os meios fundamentais de comunicação social, ou seja, ele não desenvolveu ainda a linguagem humana. Tais características – o caráter mediado da relação que se estabelece entre a criança e o meio e a falta da linguagem – circunscrevem uma situação social bastante específica, marcada pela necessidade de se manter uma comunicação otimizada com os adultos. Entretanto, tal comunicação é uma comunicação sem palavras, silenciosa. Na visão de Vygotsky, "o desenvolvimento do bebê no primeiro ano de vida se baseia na contradição entre sua máxima sociabilidade (devido à situação em que se encontra) e suas mínimas possibilidades de comunicação" (Vygotsky, 1996b, p. 286).

Tendo em vista que as relações que se estabelecem entre a criança e o mundo são mediadas pelos adultos, estes se tornam, em todas as situações, o centro do desenvolvimento psicológico da criança, pois são os adultos que oferecem para as crianças as "ferramentas psicológicas" que irão mediar, futuramente, sua relação com o mundo.

Nessa mesma direção, Amorim, Vitoria e Rossetti-Ferreira (2000), apoiando-se na teoria de Vygotsky, afirmam que a criança constituir-se-á enquanto sujeito a partir das interações que são estabelecidas com seus diferentes parceiros, resultando em uma contínua construção de significados, conhecimentos, sentimentos e em sua própria constituição como sujeito. Ao se inserir em seu universo social, inscreve-se numa malha de relações, implicando vários sujeitos, relações e contextos, carregados de significações pessoais e coletivas.

Essa rede de significações, por sua vez, vai circunscrever determinadas configurações subjetivas, a partir das quais o bebê irá estabelecer relações com o meio que o circunda e consigo mesmo.

O PROCESSO DE ADAPTAÇÃO DO BEBÊ NA ESCOLA

Tendo em vista as considerações anteriores, e levando-se em conta a complexidade do momento em que o bebê é trazido para a escola, o processo de adaptação da criança no ambiente escolar é marcado por uma série de impasses e indecisões. De um lado, as crianças passarão por um processo de mudança bastante radical, uma vez que estarão em contato mais constante com outras crianças de mesma idade, trocando, além de vírus e bactérias, sorrisos, experiências, aprendizados, e experimentando o prazer de viver em grupo.

Por outro lado, segundo Amorim, Vitória e Rossetti-Ferreira (2000), a inserção na creche implica que bebês e familiares passem a encontrar-se imersos em um novo meio físico, social, ideológico e simbólico. Contexto este que irá propiciar novos contatos e experiências, além de capturar, confrontar e criar continuamente novos significados, promovendo novos recursos pessoais.

Diante dessa situação, nossa atuação junto aos bebês que chegam à escola pode ser descrita através do termo "aproximação", uma vez que a relação que estabelecemos com o bebê é, num primeiro momento, mediada pelos pais. Ou seja, nosso primeiro olhar sobre a criança será mediado pelas maneiras com que os pais apresentam-se no contexto da escola.

Assim, antes de iniciarmos o processo de adaptação do bebê na escola, nossas preocupações dirigem-se para os pais, oferecendo-lhes espaço para uma entrevista e uma oportunidade de conhecerem tanto a proposta pedagógica da escola como suas instalações.

Essa "aproximação" irá, de certa forma, nos possibilitar conhecer não só o bebê e sua família, mas toda a rede de significados que circunscreve o estar da criança no mundo, pois a decisão de colocar o bebê na escola implica pessoas que não necessariamente convivem diariamente com ele e/ou com seus familiares, e muitas vezes vem acompanhada por divergências e polêmicas. De modo geral, os pediatras, as avós, as funcionárias domésticas, os tios e os amigos revelam seus conselhos e depositam seus medos e anseios diante da decisão de colocar a criança numa escola.

Quando os pais tomam a decisão de efetivamente dividir os cuidados de seus bebês com outras pessoas, sem o vínculo familiar, já percorreram um longo período permeado de pouca certeza e dezenas de dúvidas. Podemos imaginar que o processo de adaptação – que se caracteriza pelos primeiros momentos do bebê no contexto da escola – é, para os pais, apenas o fechamento de um "evento" que já começara muito antes.

Ao sermos procurados pelos pais, iniciamos uma "conversa" permeada por sentimentos contraditórios. Em nossas entrevistas iniciais com os familiares, temos observado o quanto a decisão de colocar o filho na escola pode ser difícil, quando percebemos que o desejo e a necessidade confundem-se e talvez, por isso mesmo, surjam os primeiros conflitos dentro da família em virtude dessa decisão. Nesse contexto, muitas são as indagações que emergem: "É a hora certa? Será que um de nós não deveria parar de trabalhar?"; "Será que minha mãe não poderia ficar com o bebê? Afinal, a escola é tão cara e ele é apenas um bebezinho. Qualquer um pode cuidar dele". Nosso lugar, nesse momento, é o de acolhimento.

Nessa visita, os pais têm a oportunidade de conhecer as instalações onde as atividades são desenvolvidas com as crianças. Durante o "passeio", eles têm a possibilidade, pela primeira vez, de visualizar concretamente a presença de seu filho naquele espaço. Normalmente, eles chegam curiosos, um pouco tímidos e procurando algo que lhes seja familiar. Ao se aproximarem da Sala de Estimulação, por exemplo, e flagrar um grupo de bebês com a idade aproximada da de seu filho, sentados em roda e cantarolando canções que também são conhecidas, um sorriso aparece em no rosto, e as perguntas que antes eram gerais direcionam-se para sua criança e para o fato de ela também poder integrar-se àquele grupo caso estivesse na escola.

Na conversa final depois do "passeio", os pais, já mais à vontade, compartilham conosco seus sentimentos e relatam seus receios: será que eles estão abandonando seu filho? Existe a possibilidade de seu filho ficar mais apegado às educadoras do que a eles? São tantas as questões...

Na despedida combinamos de manter contato, aconselhamos que analisem a ideia de vir para a escola e que não se esqueçam dos ganhos que a inserção na escola pode trazer para todos, não só para as crianças.

Na maioria das vezes, existindo esse desejo e sendo a nossa escola o lugar que lhes deu segurança e acolhimento, o retorno é breve e eles chegam animados por terem decidido. Nesse momento agendamos um horário para coletarmos informações mais detalhadas sobre a criança, conversar sobre alguns combinados da escola, falar sobre o período de adaptação e sentir como estão os pais em relação a todas as mudanças que estão por acontecer.

Apesar dos contatos iniciais com a escola, os sentimentos ambivalentes sempre reaparecem quando o bebê entra na escola. Mesmo amparados por significativas justificativas por essa escolha, consciente ou inconscientemente, elas são acompanhadas por expectativas acerca da partilha e dos cuidados de seu filho com outras pessoas, por entregar o bebê nas mãos de outras pessoas, especialmente quando se trata do primeiro filho.

Tal situação influencia sobremaneira as reações da criança durante o período de adaptação, principalmente as que são manifestadas pela mãe. É possível, então, supor que as diferenças de comportamento que podemos observar entre as crianças, as facilidades e as dificuldades que circunscrevem o momento da adaptação do bebê na escola estão de alguma forma ligadas ao clima afetivo em que a criança desenvolve-se.

Como assinalamos anteriormente, o meio social em que a criança vive vai, paulatinamente, deixando suas marcas na sua vida, e o fato de a educação de um bebê ser compartilhada com uma instituição escolar significa – para ele e seus familiares – a descoberta de novas potencialidades.

Os desdobramentos desse processo, por sua vez, estão diretamente relacionados com as emoções que percorrem as relações sociais que o bebê estabelece, dos afetos que são construídos nas novas redes de significados que serão estabelecidas.

Temos muita clareza de que as experiências vividas nesse momento são intensas e fascinantes – tanto para os bebês como para seus pais –, pois isso se dá fazendo, não há "receitas". Nesse sentido, o clima afetivo torna-se extremamente importante, uma vez que proporciona a superação dos sentimentos de angústia e ansiedade. Assim, entendemos esse momento como um processo ativo de construção de novos conhecimentos e vínculos, sem perder de vista os aspectos afetivos relacionados com as crianças, sua família e também com os educadores envolvidos.

O período de adaptação, portanto, não diz respeito somente à entrada do bebê na escola, é um momento em que a criança estabelece vínculos com um novo espaço que produz impactos tanto em sua vida como na de seus pais. Assim, esse período também implica a construção de novos sentidos para o processo, e, para dar conta dessa situação, nós preparamos os espaços da escola para receber e acolher a criança e sua família até que se sintam confortáveis e seguros.

A adaptação da criança à escola é gradativa, é planejada de tal forma que o tempo de permanência aumente paulatinamente. No primeiro dia a criança passa duas horas na escola, depois três, até atingir o horário regular.

Nesse período, disponibilizamos para os pais algumas leituras e portfólios da escola para que eles possam conhecer o cotidiano em que seus filhos vão inserir-se, bem como um pouco das atividades em que eles estarão envolvidos. Disponibilizamos também para os pais um folheto com algumas informações acerca do cotidiano da escola, como "dicas" quanto ao período de adaptação, rotinas, "combinados", o que pode contribuir para que esse momento possa ser vivido com o máximo de leveza.

Os "combinados" são estabelecidos ao longo do processo. Eles são estabelecidos tanto com as crianças quanto com seus pais. Pedimos, por exemplo, que, quando deixarem as crianças na escola, não saiam escondidos, comuniquem de forma clara e breve que logo voltarão e que ela vai ficar bem naquele espaço, com as educadoras e os amigos.

Através de conversas, dividimos informações a respeito do bebê e as maneiras como ele se envolveu nas atividades pedagógicas que desenvolvemos junto ao seu grupo, assim os pais podem adquirir mais segurança e tranquilidade em deixar seus filhos. De certa forma, eles vão compreendendo que o processo que se inicia – no momento de adaptação – culminará na autonomia e na conquista de independência de seu bebê.

Explicamos para as famílias que o choro dos primeiros dias pode estar relacionado com as mudanças e tensões que presentes no período de adaptação, e que tal situação pode acorrer tanto na entrada – quando o bebê deixa a família – quanto na saída – quando deixa a escola e vê os pais. A superação por parte dos bebês das tensões que estão presentes nesses momentos consolida-se na medida em que eles adquirem confiança e ressignificam os vínculos afetivos estabelecidos. Isso significa dizer que seus pais não os abandonaram; e que eles serão acolhidos nas suas necessidades biológicas e afetivas. É um momento muito rico, em que um universo novo de experiências abre-se para o bebê.

Organizar os espaços, disponibilizar pessoas, oferecer condições para que as tensões do momento sejam, no mínimo, reduzidas, significam propor ao bebê e aos seus familiares um momento de adaptação acolhedor e prazeroso, significam lançar um olhar para os sentimentos, desejos e expectativas de todos. Famílias, crianças e educadores...

Essa acolhida, do ponto de vista dos educadores, passa a ser responsabilidade de todos. Ela é pensada e planejada coletivamente,e passa, necessariamente, por um sensibilizar-se e pela compreensão do processo vivido por cada família. Isso significa nos envolvermos, todos os educadores e todos os funcionários presentes no cotidiano da escola, num mesmo objetivo. Sabemos também que o pensar coletivo pressupõe diversidade de opiniões e se faz necessário afinar pensamentos, sentimentos e, principalmente, a concepção que temos da educação e da infância.

O processo de adaptação, do ponto de vista das atividades que são realizadas junto ao bebê, organiza-se em torno do estabelecimento de rotinas, da proposição de atividades que promovam novas aprendizagens e, concomitantemente, o desenvolvimento. E, na medida do possível, envolver os pais nas propostas explicitando os desdobramentos das atividades desenvolvidas com seus filhos.

Nossa experiência deste momento tem nos mostrado que o processo de adaptação caracteriza-se muito mais como um processo de acolhimento do que adaptação, uma vez que acolher significa troca, implicação, reconhecimento dos aspectos afetivos das relações que ali se estabelecem. Para consolidar esse princípio, devemos, enfim, organizar estratégias, criar situações coletivas, de tal forma que o bebê localize-se no tempo e no espaço, sem perder de vista as necessidades de cada criança com relação às rotinas de sono, alimentação, higiene e estímulos.

A entrada no berçário é uma mudança com a qual tanto o bebê quanto sua família precisam conviver, e a nossa primeira preocupação é a de que os pais estejam tranquilos e seguros para que possam auxiliar o bebê a vivenciar esse momento da forma mais tranquila possível. E é conversando, ouvindo e entendendo os sentimentos que surgem, esclarecendo dúvidas e questões, que vamos nos fazer conhecer e estabelecer uma relação de troca com os pais, tentando ajudá-los a elaborar essa separação.

No que tange o atendimento específico da criança, consideramos importante, em nosso plano de trabalho, propiciar um ambiente que favoreça sua inserção no grupo de bebês. Para tanto, a partir das informações coletadas junto aos pais, criamos situações de fácil assimilação, situações familiares ao bebê. À medida que ele vai inscrevendo-se, são proporcionadas, para ele e o grupo, novas experiências sensoriais, motoras, afetivas etc.

No momento que o bebê entra na escola, um processo contínuo de avaliação passa a ser elaborado. Ele recebe uma agenda que será o suporte no qual são anotadas as informações sobre as atividades em que o bebê envolveu-se, bem como notações sobre alimentação, higiene, sono etc.. Esse instrumento passa a ser, ao longo do tempo, o principal meio de comunicação entre as famílias e a escola.

Com a perspectiva de que o bebê possa ter várias experiências sociais, organizamos a rotina de trabalho das educadoras de maneira que todas tenham contato com as crianças. Assim, elas se dividem nas rotinas de troca, higiene, sono, alimentação e propostas de estimulação. Dessa forma, durante o processo de adaptação a criança será observada por várias pessoas e, ao longo do dia, essas observações são registradas no instrumento que denominamos de "Pauta de Adaptação", a partir do qual obtemos informações sobre o bebê, sua inserção nas atividades, as maneiras como ele respondeu às atividades propostas e as formas como as educadoras estão percebendo os bebês.

Após o período de adaptação, outras pautas são preenchidas ao longo de cada semestre e outros aspectos do desenvolvimento infantil são levantados e observados – essas informações serão convertidas em material para a construção dos portfólios, os quais são apresentados aos familiares. Além disso, utilizamos também como forma de registro de atividades os "semanários", onde estão descritas as atividades propostas para as crianças e as formas pelas quais elas se inserem nas atividades – do ponto de vista individual e grupal. Tais informações contribuem para uma leitura mais ampla do processo de aprendizagem e desenvolvimento dos bebês, e nos auxiliam na elaboração de novas estratégias de intervenção junto àquele grupo.

As informações sobre o bebê em processo de adaptação são apresentadas aos pais e, conforme são levantadas dúvidas ou questionamentos, esclarecemos os objetivos das atividades, seus propósitos pedagógicos e os desdobramentos para o desenvolvimento do bebê. Tal postura nos lança para um intenso processo de troca entre a escola e a família, que se consolida ao longo do tempo, na medida em que o bebê fica na escola.

Por testemunhar cenas, relações, crescimento, a escola é responsável por informar o que é desenvolvido aos interessados (pais, familiares, comunidade) que não assistem diariamente ao processo. Nesse sentido, convidamos os pais a participarem de reuniões específicas, quando expomos os acontecimentos típicos da jornada escolar e da inserção de seu filho nas atividades propostas. Além desses momentos, também convidamos os pais a frequentarem oficinas, festividades, projetos, que trazem as famílias para dentro da escola, situações em que se experimenta um momento rico de troca e aproximação. E e, mais que isso, buscando "desburocratizar" as reuniões com os pais da criança e com a escola, essas situações tornam o dia a dia da escola um espaço de diálogo aberto, sempre que uma das partes considere necessário.

Entendemos que o envolvimento de todos – familiares, pais, educadores e outros profissionais – no processo de inserção do bebê pode ser um fator positivo na sua adaptação na escola, que pode vir a ser um ganho muito grande para a vida de todos.

CONSIDERAÇÕES FINAIS

Apresentamos, nas seções anteriores, uma perspectiva do acolhimento de bebês no contexto de uma escola de educação infantil. Como educadores, sabemos que esse processo é muito complexo e que não temos "mapas e roteiros" a serem seguidos. Os caminhos e as decisões quanto às maneiras de lidar com os sentimentos ambivalentes vivenciados tanto pelos pais como pelos bebês são elaborados a cada momento que avançamos no processo.

Considerando que entre pais e bebês estabelece-se uma interação que se organiza fundamentalmente a partir dos aspectos afetivos implícitos na relação que estabelecem entre si, pautamos nossa metodologia de aproximação ao bebê levando em consideração as expectativas e angústias vivenciadas, tanto pelo bebê como por seus pais.

Temos clareza de que o sucesso do processo de adaptação da criança na escola – bem como sua inserção nesse novo ambiente – não se resume a ausência de choro. Segundo Borges (2007), esse processo vem acompanhado de vários sintomas, como doenças, regressões, alterações comportamentais etc. A superação dessas dificuldades pelo bebê significa, por sua vez, avanços no seu processo de desenvolvimento, uma maior autonomia e confiança – em si e naqueles que dela cuidam. Significa uma possibilidade para ele acolher um mundo novo, experimentar novas formas de ver e sentir – representado aqui na figura dos educadores e colegas –, sem que para isso o já conhecido perca espaço em seus afetos – representado aqui por seus familiares e pais. Nesse contexto, a criança poderá expandir sua rede de significações, uma vez que novas relações são estabelecidas e, consequentemente, novas perspectivas de mundo vão ser desenhadas a sua frente.

Borges (2007) salienta que a experiência mostra que todos podem estar inteiros nesse processo de adaptação ao contexto escolar, uma vez que

[...] assumindo as dificuldades e contradições, expondo seus medos e aflições, bem como alegrias e surpresas, é o que contribui favoravelmente para que esse processo de adaptação torne-se mais rápido, fácil e realmente verdadeiro. Portanto, adaptação com ambivalência, com choro ou sem choro, com lamento ou sem lamento, com dengo, com riso, com resistência a se deixar crescer... Que seja como for, mas que seja vivida, elaborada e assumida! (s/p)

O processo de adaptação do bebê que descrevemos acima também nos permite refletir sobre o desenvolvimento de uma metodologia para o estudo de crianças pequenas – bebês. Entendemos que o conhecimento que podemos construir quando em contato com eles só pode ser efetivado a partir do encontro que estabelecemos com os bebês e seus familiares – a partir da rede de significações em que eles estão inseridos. Assim sendo, não construímos um conhecimento a partir e exclusivamente do contato com as crianças, mas a partir dos sentidos que percorrem as relações que marcam o processo de inserção na escola, que circunscrevem sua adaptação nesse novo contexto – sentidos que se constroem e se reconstroem na medida em que tal processo realiza-se. Sentidos que implicam todos – crianças, pais, familiares, profissionais da escola etc. – e que só podem ser compreendidos a partir das relações que se efetivam no percurso histórico das pessoas.

De certa forma, localizamo-nos nessas relações em um lugar muito especial – o de quem intervém e o de quem produz conhecimentos. Assim sendo, podemos dizer que esse contato aproxima-se – do ponto de vista metodológico – da observação participante, em que, ao mesmo tempo, agimos e pesquisamos, em que, em função das nossas implicações no processo, somos, ao mesmo tempo, sujeitos e objeto de pesquisa, visto que também somos afetados por aqueles que estudamos.

O que nos movimenta nesse processo de compreensão, enfim, é o fato de que os fenômenos psicológicos e educativos circunscrevem-se a partir de um processo histórico e que ele se realiza nas entrelinhas das relações humanas. Relações marcadas por várias dimensões: cognitiva, emocional, social, biológica etc., que devem ser contempladas nessa aproximação em que nos lançamos em direção ao bebê e a seus familiares.

Referências bibliográficas

AMORIM, K. de S.; VITORIA, T.; ROSSETTI-FERREIRA, M. C. Rede de significações: perspectiva para análise da inserção de bebês na creche. *Caderno de Pesquisa*, São Paulo, n. 109, p. 115-144, 2000.

BORGES, M. F. T. Adaptação para todos – quando crianças de 0 a 6 anos ingressam em escolas infantis, 2007. Disponível em: http://diariodacreche.org/noticias/default.asp?a=record&i=95&area=7. Acesso em: 21 jul. 2008.

CHAIKLIN, S. The zone of proximal development in Vygotsky's analysis of learning and instruction. In: KOZULIN, A.; GINDIS, B.; AGEYEV, V. S.; MILLER, S. M. (eds). *Vygotsky's educational theory in cultural theory*. Cambridge: Cambridge University Press, 2003. p. 39-64.

LEITE FILHO, A. Rumos da educação infantil no Brasil. *Teias*, Rio de Janeiro, v. 6, n. 11-12, p. 1-10, jan.-dez. 2005. Disponível em: http://www.revistateias.proped.pro.br/index.php/revistateias/article/viewFile/148/146.

MARIOTTO, R. M. M. Atender cuidar e prevenir: a creche, a educação e a psicanálise. *Estilos da Clínica*, v. 8, n. 15, p. 34-47, jun. 2003. Disponível em: http://pepsic.bvs-psi.org.br/scielo.php?script=sci_arttext&pid=S1415-71282003000200003&lng=pt&nrm=iso.

MARTINS, J. B. Observação participante: uma abordagem metodológica para psicologia escolar. In: MARTINS, J. B. (org.). *Psicologia e educação*: tecendo caminhos. São Carlos: RiMa, 2002. p. 19-34.

_____. Contribuições epistemológicas da abordagem multirreferencial para a compreensão dos fenômenos educacionais. *Revista Brasileira de Educação*, São Paulo, v. 26, p. 85-94, 2004.

OLIVEIRA, Z. M. *et al. Creche*: crianças, faz-de-conta e cia. Petrópolis: Vozes, 1992.

RIZZO, G. *Creche:* organização, montagem e funcionamento. Rio de Janeiro: Francisco Alves, 1984.

VYGOTSKI, L. S. El problema de la edad. In. _____. *Obras escogidas IV* – Psicologia infantil. Madrid: Visor Distribuidores, 1996a. p. 251-273.

_____. El primer año. In. _____. *Obras escogidas IV* – Psicologia infantil. Madrid: Visor Distribuidores, 1996b. p. 275-318.

CONHECENDO A PERSPECTIVA DE ALUNOS ACERCA DA PROGRESSÃO CONTINUADA: APONTAMENTOS METODOLÓGICOS[1]

Lygia de Sousa Viégas

O presente artigo tem por objetivo apresentar alguns elementos constitutivos da pesquisa de doutorado intitulada "Progressão Continuada em uma perspectiva crítica em psicologia escolar: história, discurso oficial e vida diária escolar" (Viégas, 2007)[2], em especial aqueles relativos ao método utilizado para conhecer a perspectiva de alunos, bem como aos principais temas apreendidos a partir de tal escuta.

Ouvir alunos ainda tem sido, de maneira geral, um procedimento pouco realizado em estudos no campo da educação, nos quais se incluem pesquisas voltadas para conhecer os impactos de políticas públicas educacionais. Ao contrário, elas geralmente falam *sobre* os alunos, raramente convidando-os a participar ativamente de sua construção (Patto, 1990; Amorim, 2002). No entanto, a exclusão da voz dos alunos ultrapassa o âmbito acadêmico, comparecendo, substancialmente, no cerne da construção dessas políticas. Trata-se de uma situação, no entanto,

---

[1] Este capítulo é parte da discussão presente na tese de doutorado intitulada "Progressão Continuada em uma perspectiva crítica em Psicologia Escolar: história, discurso oficial e vida diária escolar" e defendida junto ao Programa de Pós-Graduação em Psicologia Escolar e do Desenvolvimento Humano, orientada pela dra. Marilene Proença Rebello de Souza.

[2] Tese defendida junto ao Programa de Pós-Graduação em Psicologia Escolar e do Desenvolvimento Humano, orientada pela Dra. Marilene Proença Rebello de Souza. Tal pesquisa foi realizada com financiamento da Fapesp.

que contradiz a finalidade última das pesquisas acadêmicas e da implantação de políticas públicas, qual seja, atender aos interesses da formação de alunos.

Essa realidade agrava-se quando reconhecemos que vivemos, no Brasil, uma intensa onda de implantações de "novas" políticas educacionais, tornando barroco o cenário da escola, tamanho é o número de informações que todos os que constroem o seu dia a dia devem registrar. O fato é que a maioria dos gestores educacionais deseja imprimir sua marca, fazendo isso geralmente por meio da implantação de projetos na escola. Se considerarmos que é comum que um mesmo governo mude de Secretário da Educação, constataremos que não passamos mais do que quatro anos sob a mesma organização escolar, pois com o novo gestor vem uma mudança na forma de pensar e gerir a educação. No entanto, essa sucessão de políticas é implantada, na maioria das vezes, sem contar com a participação, tanto no momento de sua idealização quanto da efetivação, de quem vai colocá-las em prática: professores, alunos e familiares.

Esse é o caso da Progressão Continuada, política de governo implantada em 1998 em todas as escolas da rede pública estadual paulista[3], por meio da qual o ensino fundamental foi reorganizado em dois ciclos de quatro anos cada (Ciclo I: de 1ª a 4ª séries; Ciclo II: de 5ª a 8ª séries), no interior dos quais não há reprovação dos alunos, à exceção dos faltosos. Como promessa oficial, houve superação dos altos índices de reprovação, defasagem série/idade e evasão, marcantes na educação daquele Estado[4].

Pesquisas constatam que professores não foram convidados a participar da elaboração e implantação da Progressão Continuada (por exemplo, Freitas, 2000; Viégas, 2002). Com isso, o discurso de professores sobre essa política é permeado de confusões, dúvidas, desconfiança e resistência em sua construção. Além disso, destacam que geralmente os professores definem os alunos da rede pública de ensino como desinteressados, apontando a Progressão Continuada como um simples catalisador de tal conduta, pois os alunos "sabem que, independentemente do que fizerem ao longo do ano, vão passar" (Viégas, 2007).

Se o silêncio em torno da Progressão Continuada atingiu professores, que não puderam participar de sua construção, não é de estranhar que os alunos não tenham sido convidados a opinar. Na contramão desse olhar, realizei uma pesquisa visando conhecer o que eles têm a dizer sobre essa política. Interesse especial

---

[3] Embora o presente artigo focalize o Regime de Progressão Continuada implantado na escola pública paulista, tal forma de organizar o ensino fundamental se faz presente em vários estados brasileiros, tendo mesmo sido incentivada pela LDBEN (Silva, 1997).

[4] Para um maior esclarecimento acerca dos preceitos oficiais dessa política educacional, ver Conselho (1997) e Viégas (2002). O estudo histórico dessa proposta encontra-se aprofundado em Viégas (2007).

envolveu a compreensão de como ocorre o enfrentamento da *exclusão discente* em uma escola em regime de Progressão Continuada, motivo pelo qual oficialmente se implantou essa política (Viégas, 2007).

Nesse sentido, a pesquisa possibilitou não apenas conhecer a visão dos alunos sobre a Progressão Continuada, mas também a forma como eles vivem o dia a dia do processo de escolarização. Além disso, propiciou utilizar procedimentos que criassem a efetiva aproximação da perspectiva estudantil. É interesse deste artigo, portanto, apresentar alguns elementos referentes ao método da pesquisa, em especial os procedimentos voltados para a escuta dos alunos, bem como alguns aspectos construídos por meio do trabalho de campo no que diz respeito à perspectiva dos alunos em relação à Progressão Continuada.

Espera-se contribuir para uma compreensão crítica acerca da implantação de políticas educacionais em nosso sistema público de ensino, bem como para que os alunos, seus maiores interessados e beneficiados, possam de fato construir e se apropriar das políticas educacionais, tendo em vista a importância destas para sua formação como estudantes e cidadãos.

REFLEXÕES TEÓRICO-METODOLÓGICAS

A pesquisa partiu de que para se conhecer os impactos de um programa educacional do porte da Progressão Continuada, é fundamental pousar no "chão da escola", conviver longamente com aqueles que constroem o seu dia a dia. Daí a opção pelo *estudo de caso* de *inspiração etnográfica*.

A etnografia[5] é apontada como um método interessante de pesquisa qualitativa no campo educacional, pois valoriza o contato face a face com a complexidade da realidade escolar, tornando possível alçar uma compreensão densa de sua dinâmica e seus processos (Ezpeleta e Rockwell, 1986; Bogdan e Biklen, 1994; André, 1995).

É assim que, diferente da realidade achatada típica do olhar generalizante, podemos conhecer múltiplas dimensões da escola, em seus continuísmos e contradições. Ora, a escola é uma instituição social, e como tal estabelece uma relação complexa com a sociedade na qual se insere. Nas palavras de André (1995), a escola é um "terreno cultural caracterizado por vários graus de acomodação, contestação e resistência, uma pluralidade de linguagens e objetivos

---

[5] Oriunda da antropologia social, a etnografia tem como significado etimológico "descrição cultural".

conflitantes". A descrição da vida escolar permite colocar uma "lente de aumento" nessa dinâmica, recuperando sua "força viva" (p. 41).

Etnografia não é mera a compilação de fatos. Ao contrário, trata-se de se engajar no processo definido por Geertz (1989) como "descrição densa". Diz Gonçalves Filho (1998):

> Uma **densa descrição** impõe-se como detalhada narrativa de fenômenos intersubjetivos, fenômenos sempre significativos e cuja significação desprende-se do modo como neles se formou a relação do homem com os outros homens e com a natureza – [...] uma operação que se abre, não para a vinculação extrínseca dos fatos mas para a sua **interpretação**, ou seja, para a apresentação dos fatos não como apresentação de coisas justapostas mas como internamente vinculados, reunidos segundo as intenções mais ou menos conscientes de seus atores. (p. 1)

No âmbito educacional, a longa convivência com o *como* da vida, proporcionada pela etnografia, permite "documentar o que não está documentado" (Rockwell, 1987), o que demanda do pesquisador um sincero interesse por vivenciar tempos e espaços suscitados em campo. Não se trata de apenas disponibilizar horas de relógio e ficar em seu solo geográfico. Envolve, outrossim, disposição para capturar e ser capturado por fragmentos de lugares e situações significativas, o que não é imediato; ao contrário, é algo conquistado na experiência, quando a relação pesquisador-participantes pode perder a aparência técnica e ganhar outros contornos: ao se figurar maior confiança, passam a ter visibilidade aspectos invisíveis ao olhar *distante* (não apenas de quem olha de longe, mas também de quem procura, mesmo perto, "garantir a distância") ou *apressado* (não apenas de quem quase não fica no campo, mas também de quem, mesmo permanecendo por horas, anseia por entender tudo "logo").

Movida por esses valores, pousei em uma unidade escolar específica, onde vivenciei intensa pesquisa de campo. Ora de formal, ora informalmente, durante um ano letivo convivi com todos aqueles que pareciam interessantes e interessados na pesquisa; observei diversos acontecimentos da escola, muitas vezes como participante ativa; encontrei-me com personagens da escola, individualmente e em grupo, para conversar detidamente sobre o tema da pesquisa; e registrei o máximo possível toda essa experiência por escrito.

Nesse contato com a escola, não fui nem pretendi ser neutra. Ao contrário, estava clara a intenção de elaborar uma leitura crítica da vida escolar. Nessa configuração, foram valiosas as contribuições de Ezpeleta e Rockwell (1986), especialmente no que se refere ao olhar depositado sobre a complexa relação entre a *vida diária escolar*, *história* e *vontade estatal*. De fato, a escola concreta é construída pelo movimento de forças e interesses contraditórios. Nesse sentido, a pesquisa permitiu conhecer mecanismos particulares de apropriação da Progressão Continuada na escola acompanhada, os quais revelam aspectos genéricos do processo histórico da educação pública paulista, em suas continuidades e descontinuidades.

A relação entre os âmbitos macro e micro da política educacional é complexa, impedindo sua separação estanque. Se nas decisões macropolíticas (sempre informadas por uma visão de mundo) comparecem aspectos da miúda realidade da escola, também no dia a dia da escola (calcado em valores) tomam forma concepções construídas em âmbito global. No entanto, não se pode imaginar que a relação entre as decisões macropolíticas e a vida escolar seja de puro reflexo de uma na outra. Ao contrário, há contradições entre o pequeno caso estudado e a realidade maior na qual ele se insere, aspectos do dia a dia escolar que negam internamente a política pública em sua versão oficial, e vice-versa.

> A construção de cada escola, mesmo imersa num movimento histórico de amplo alcance, é sempre uma versão local e particular nesse movimento. [...] A partir dessa expressão local, tomam forma internamente as correlações de forças, as formas de relação predominantes, as prioridades administrativas, as condições trabalhistas, as tradições docentes, que constituem a trama real em que se realiza a educação. É uma trama em permanente construção que articula histórias locais – pessoais e coletivas –, diante das quais a vontade estatal abstrata pode ser assumida ou ignorada, mascarada ou recriada, em particular abrindo espaços variáveis a uma maior ou menor possibilidade hegemônica. Uma trama, finalmente, que é preciso conhecer, porque constitui, simultaneamente, o ponto de partida e o conteúdo real de novas alternativas tanto pedagógicas quanto políticas. (Ezpeleta e Rockwell, 1986, p. 11-12)

De fato, a vivência prolongada em escolas permite identificar a presença de continuidades, bem como momentos nos quais há rachaduras nessa estrutura, abrindo-se possibilidades de transformação, ainda que pequenas, na dinâmica institucional. No entanto, chama a atenção que esses momentos têm sido diminutos. Tal aspecto revela uma triste realidade, especialmente se considerarmos que a escola deveria ser espaço de construção de cidadania. Por outro lado, criticar a vida diária escolar é apostar na potencialidade da escola em operar com base na *práxis* transformadora.

Os participantes da pesquisa

A pesquisa foi realizada no ano letivo de 2004, em uma escola de Ciclo I do ensino fundamental, tendo como foco duas classes de 4ª série, escolha justificada, pois tal série fecha o primeiro ciclo de escolarização, quando os alunos podem, pela primeira vez, ser retidos.

Para a realização da pesquisa, considerei fundamental a escola aceitasse participar, senão relações de confiança seriam dificultadas (Geertz, 1989). Tal *consentimento* envolvia não só direção e coordenação pedagógica, mas, principalmente, as duas professoras e seus 70 alunos. Daí ser possível falar em escolha mútua.

Dando a volta na escola: os caminhos do trabalho de campo

Seguindo a recomendação de Rockwell (1987), meus caminhos na escola foram *escolhidos no próprio andar* da pesquisa, compreendendo o trabalho de campo nas duas turmas: observações em sala de aula; registro dos prontuários escolares dos alunos; encontros em grupos com alunos; entrevistas com as professoras e encontros de pais[6].

Observação em sala de aula

Visando entender como o regime de Progressão Continuada era apropriado na escola, observei duas turmas de 4ª série, procedimento de relevada importância na pesquisa qualitativa no campo educacional.

Partindo do valor/entendimento de que a convivência com os participantes da pesquisa torna possível o contato estreito com o fenômeno pesquisado, observei e participei de diversas cenas da vida escolar, atentando para as relações das pessoas entre si e comigo, bem como para os conteúdos e desdobramentos das conversas e dos eventos presenciados. Assim, construí uma relação com professoras, alunos e famílias, na qual busquei "compartilhar, não somente com as atividades externas do grupo, mas com os processos subjetivos – interesses e afetos – que se desenrolam na vida diária dos indivíduos e grupos" (Haguette, 1987, p. 63).

---

[6] Considerando o objetivo do artigo, abordarei apenas os procedimentos relativos ao contato com alunos. Para conhecer como foram feitas as entrevistas com professoras, análise de prontuários e encontros de pais, ler Viégas (2007).

Foram feitas, uma vez por semana, 15 observações em cada uma das classes de 4ª série, com duração média de duas horas, englobando várias situações: aulas regulares, antes e depois do recreio; aulas de professoras substitutas, de educação artística e educação física; aulas de reforço, reuniões de pais, passeios, festas e solenidades.

Pela própria configuração da pesquisa, pautada na disposição para troca, com o tempo nossa relação foi transformando-se. Laços de confiança fortaleceram-se, quando meu real interesse em partilhar experiências e interpretações fez-se notar. A formalidade inicial foi substituída por encontros afetivos, sobretudo com alunos, que, de forma carinhosa, dividiram comigo segredos pessoais e angústias estudantis.

Para o registro das observações, utilizei duas formas de anotação: diário de campo e relatos ampliados (Mercado, 1987). No diário de campo, anotava *todos* os aspectos *quanto possível* no momento da observação, e tanto professores quanto alunos tinham livre acesso a esse conteúdo (mas, de maneira geral, apenas os alunos tiveram a iniciativa de ler e comentá-lo comigo). Vale dizer que houve situações em que abri mão das anotações para me dedicar integralmente à convivência com os participantes da pesquisa. Encerradas as observações, o diário era transformado em relatos ampliados, nos quais também incluía minhas memórias da experiência. Tais relatos tomavam ao menos o triplo do tempo de observação para serem feitos, e englobavam, em riqueza de detalhes, aspectos *descritivos*, *reflexivos* e *comentários pessoais* (Bogdan e Biklen, 1994).

Encontro em grupos com alunos

O procedimento central da pesquisa envolveu a escuta de alunos sobre a Progressão Continuada. Isso porque, conforme discutido anteriormente, a perspectiva estudantil em geral tem sido negligenciada em pesquisas educacionais brasileiras. Não raro reduzidos a índices e desqualificados pelo *discurso competente*, os alunos são considerados por Amorim (2002) como os *grandes ausentes* na pesquisa, tendo em vista que há mais discursos *sobre* eles do que *deles próprios* (Patto, 1990). Nesse sentido, priorizar a fala de alunos reflete uma postura ético-política que pretende romper com a concepção que legitima o preconceito sobre o que os alunos *supostamente* pensam/dizem sobre a escola.

O formato do procedimento de pesquisa para ouvi-los foi delimitado na experiência em campo. Se, por um lado, o número de alunos acompanhados era muito grande para uma abordagem qualitativa, por outro, todos demonstraram interesse em minha presença na escola, conversando comigo, de forma carinhosa, sempre que possível. Assim, uma reflexão foi inevitável: uma pesquisa que pretende entender a exclusão dos alunos no interior da escola em regime de Progressão Continuada não pode operar com a exclusão, especialmente se eles desejam participar.

Paralelamente, no decorrer das observações, destacou-se "o óbvio": os alunos organizavam-se como grupo. De fato, a relação estabelecida entre eles era pautada no grupo-classe, com o qual conviviam diariamente, ao menos no horário de aula, durante o ano letivo. E também a relação comigo organizava-se em grupo, sendo restritos os contatos individuais – mesmo as conversas informais eram coletivas.

Reforçando essa constatação, a de que o trabalho com crianças em grupos tem sido uma estratégia importante no campo da psicologia escolar, como apontam, por exemplo, Machado (1994; 1996) e Freller (1997). A potencialidade dos *pequenos grupos que se indagam* de transformar as "relações cotidianas alienadas e alienantes" é abordada por Patto (1990), em interessante apropriação do pensamento de Heller (1982; 2000). Analisando o campo educacional brasileiro, Patto (1990) aposta que "basta oferecer-lhes espaço e tempo para que reflitam coletivamente sobre sua experiência" (p. 352)[7].

Além disso, pesquisas qualitativas destacam os encontros grupais como espaço *em potencial* de fortalecimento das vozes de professores, alunos e familiares, muitas vezes oprimidos pelas estruturas de poder da escola (todos vivem, em maior ou menor grau, situações de conformismo e rebeldia). No contexto grupal, vozes geralmente silenciadas podem ser ouvidas; para além de falas individuais, os participantes podem trocar pontos de vista, aprofundando o debate (Viégas, 2002; Checchia, 2006).

Finalmente, a própria possibilidade de construir, no interior da escola, um espaço grupal de escuta horizontal de alunos sobre os impactos na vida escolar de uma política de governo do porte da Progressão Continuada parecia interessante. Por esses motivos, optei por realizar encontros grupais com todos os alunos acompanhados, valorizando a voz e a vez desses participantes na construção da pesquisa.

Aqui, devo reconhecer que o encontro em grupo de alunos quebrava por si com a dinâmica cotidiana da escola. E se nossos encontros representaram essa alteração, há a possibilidade de produzir mudanças práticas, intangíveis à pesquisa. O caráter interventivo do grupo, por sua vez, tinha limites claros, até por ser pequena a margem de mudança da realidade opressora a que os

---

[7] Patto trata do grupo de professores, mas sua proposta pode envolver todos os que compõem a escola.

alunos muitas vezes estão submetidos. Considerando que a própria verticali-dade das relações escolares coloca-os cada vez mais distantes da posição de agentes, foi importante não alimentar falsas expectativas quanto ao alcance da pesquisa, reservando a ela o papel de *denúncia* crítica dessa realidade, enten-dendo, com Paulo Freire, que ela contém o *anúncio* de sua superação. Patto fala sobre o assunto:

> A ação problematizadora junto a indivíduos e grupos, que tenha no horizonte a huma-nização dos homens, ao mesmo tempo que *denuncia* uma realidade desumanizante [...], *anuncia* uma realidade transformada e mantém aceso o sonho de uma vida mais humana. Quando se indagam sobre o porquê e o como do mundo em que vivem e do lugar que nele ocupam, indivíduos e grupos defrontam-se com limites objetivos, impostos pelas condições históricas atuais, e obstáculos subjetivos que pedem enten-dimento para que sejam superados. (1997, p. 60, itálicos meus)

Um aspecto metodológico central é que, em sua configuração, eu era mais do que simples observadora: eu coordenava o encontro – mediando e proble-matizando as falas; mas era, essencialmente, uma pesquisadora, o que exigia cuidado para manter a dupla postura de participante ativa e observadora crítica (Erickson, 1986). Reconhecendo que coordenar o grupo poderia comprometer a atenção necessária para realizar as anotações de campo, contei com uma auxi-liar de pesquisa, que escrevia o diário de campo, permitindo que eu focasse na mediação do grupo. Tal diário era transformado em um único relato ampliado. Dessa forma, garantiu-se a qualidade tanto da coordenação do grupo quanto da redação dos relatos.

Tendo decidido encontrar os alunos em grupo, solicitei às professoras que contribuíssem para montá-los. Foram organizados, em cada classe, cinco grupos com, em média, sete alunos. Cada aluno participou de dois encontros, realizados na própria escola e no horário de aula, para facilitar a participação.

Para o primeiro encontro, propus que eles se expressassem livremente sobre a escola, disponibilizando, para tanto, de diversos materiais: massinha, canetas hidrográficas, lápis de cor, giz de cera, tinta de dedo, cola colorida, papel e car-tolina. Enquanto realizavam essas produções, eu fazia perguntas pautadas em um roteiro semidirigido, enfatizando que "não tinha resposta certa" e apenas objetivava "ouvir o que eles pensavam". As principais perguntas foram: "O que precisa para passar de ano na escola?", "Para que serve a prova?", "Quem sabe o que é Progressão Continuada?", "O que acham que é isso?", "Que opinião têm a respeito?".

O tema do segundo encontro foi a passagem para a 5ª série: solicitei que os alunos escrevessem um pequeno texto a partir do enunciado: "O meu amigo (ou amiga) me contou que a 5ª série é assim". Geralmente, depois de escrevê-las, eles coloriam as redações. Eu, então, solicitava que as lessem em voz alta.

Análise do material construído na pesquisa

Por meio da convivência com alunos, estabelecemos vínculos de confiança que possibilitaram conhecer mais de perto como eles se apropriavam da Progressão Continuada. Cabia, portanto, protagonizar uma leitura do material que mantivesse esse respeito, ou seja, na qual, ao contrário de julgamentos e condenações, houvesse a busca sincera por compreender suas perspectivas acerca dessa política de governo.

A análise da pesquisa ocorreu ao longo de todo o campo, quando o foco passou a ser delimitado; questões formuladas ou abandonadas; comentários tecidos e revistos; decisões tomadas. Tal delimitação *in loco* demandava, ao mesmo tempo, disposição para surpresas. Nesse sentido, investi em uma análise que, ao contrário de classificar e quantificar tendo em vista categorias prévias, decorresse da própria pesquisa. O processo de análise intensificou-se após minha saída de campo, quando as perguntas iniciais foram aprofundadas, superadas, revistas; ao mesmo tempo, mantendo abertura para o novo, outras foram estabelecidas.

Seguindo as sugestões de Lüdke e André (1986), *li e reli* o material de campo várias vezes, buscando *impregnar-me* dele[8]. Lento trabalho artesanal, no qual busquei captar variados nuances e amálgamas do campo: aspectos recorrentes, inusitados, discrepantes, complementares, contraditórios; alguns de caráter manifesto, outros perceptíveis em *mensagens implícitas* e *temas silenciados* – cujos contornos latentes envolviam os âmbitos psicológico, sociológico, político, cultural. Fui elegendo categorias empíricas e esboçando categorias analíticas, buscando manter entre elas uma relação dialógica.

De Erickson (1986), apreendi a importância de ao mesmo tempo dividir o material em categorias analíticas e não perder de vista o contexto das situações, mantendo um trânsito intenso entre os detalhes sutis e o conjunto mais amplo. Também com ele conheci formas interessantes de pensar a generalização ou universalidade de estudos qualitativos, ainda polêmica para alguns pesquisadores. Diz ele:

---

[8] Expressão proposta por Michelat (1980).

A busca não é por universais <u>abstratos</u> derivados de generalizações estatísticas de uma amostra de uma população, senão por <u>universais concretos</u>, derivados do estudo em grande detalhe de um caso específico e depois comparado com outros casos igualmente estudados com grande detalhe. (p. 30)

Se os *universais manifestam-se concreta e especificamente, e não abstrato e genericamente*, a atenção central da análise passou a transitar entre a *particularização* (ou seja, a escola em seus aspectos *únicos*) e a *generalização* (a escola em seus aspectos *globais*), evitando negligenciar a relação entre o que é característico da escola pesquisada em sua especificidade e questões históricas e políticas de maior alcance.

Aqui, vale reconhecer com Rockwell (1986) que o papel do referencial teórico na pesquisa etnográfica não raro foi negligenciado na pesquisa educacional. No entanto, a teoria acompanha todo o processo de pesquisa, delineando a construção das perguntas iniciais e contornando a relação pesquisador-participantes no decurso do trabalho de campo, imprimindo marcas no olhar dirigido à escola. Assim, a ideia de *mera descrição desprovida de teoria* é insustentável. Nesse sentido, Rockwell (1986) afirma que "a descrição etnográfica não é um reflexo da cultura estudada, mas um objeto construído", o que não a "invalida, por ser 'subjetiva' ou 'relativista'", mas o contrário: "a etnografia, que melhor expressa e dá conta das relações e dos processos particulares estudados, é consequência do trabalho teórico e não a 'matéria-prima' para começar a fazê-lo" (p. 34). Na construção da pesquisa,

O etnógrafo observa e paralelamente interpreta. Seleciona do contexto o que há de significativo em relação à elaboração teórica que está realizando. Cria hipóteses, realiza uma multiplicidade de análises, reinterpreta, formula novas hipóteses. Constrói o conteúdo dos conceitos iniciais, não o pressupondo. Ao deparar-se com o aparente "caos" da realidade, que costuma provocar de imediato juízos etnocêntricos, aprende a abandonar a formulação abstrata e demasiadamente precoce, pois é necessário "suspender o juízo" por um momento. Assim, é possível construir um objeto que dê conta da organização peculiar do contexto, incluindo as categorias sociais que expressam relações entre os sujeitos. No duplo processo de observação e interpretação, abre-se a possibilidade de criar e enriquecer a teoria. (Rockwell, p. 50)

Considerando que *há muitas etnografias*, a depender do referencial adotado (Rockwell, 1987), cabe destacar a intenção de empreender uma leitura do material de campo a partir da *psicologia escolar* em uma *perspectiva crítica*. Em um movimento de ruptura com a leitura psicológica hegemônica, que historicamente contribui para a análise individualizante da realidade escolar, culpabilizando e patologizando alunos pela histórica situação de fracasso da escola pública, procurei adotar uma perspectiva que representasse o compromisso com a transformação dessa realidade.

Trata-se de uma psicologia em construção, que tem como marco a crítica em relação à própria psicologia, realizada por Patto (1984, 1990). Em continuidade, há o esforço de psicólogos escolares no sentido de imprimir novos rumos à área, buscando fundamentação teórica consistente para embasar outras práticas e reflexões. Dentre as publicações recentes que explicitam esse esforço, destaco: Machado e Souza (1997), Tanamachi, Proença e Rocha (2000), Meira e Antunes (2003) e Souza (2007).

Esse importante referencial teórico tem inspiração marxista, a partir do qual a psicologia escolar pensa a relação entre o sujeito e o contexto histórico e social mais amplo. Segundo Meira, "a relação entre o homem e a sociedade é de mediação recíproca, o que significa que os fenômenos psicológicos só podem ser devidamente compreendidos em seu caráter fundamentalmente histórico e social" (2003, p. 19).

Ao pensarem a construção da psicologia escolar crítica, Tanamachi e Meira (2003) reafirmam que *toda objetivação produz subjetivações*, sendo de interesse analisar os processos de objetivação e subjetivação presentes na vida escolar. Assim, ao olhar para o material da pesquisa de campo, foi dada atenção especial às formas de subjetivação favorecidas e desfavorecidas por essa política de governo.

APRESENTANDO O MATERIAL CONSTRUÍDO NA PESQUISA DE CAMPO

Tendo apresentado como a pesquisa foi construída, cabe agora apresentar alguns dos principais aspectos desvelados por ela. Inicialmente, relato brevemente como se dava a vida na sala de aula; em seguida, o que os alunos têm a dizer sobre a Progressão Continuada.

A vida na sala de aula

A compreensão da dinâmica de uma sala de aula em tempos de Progressão Continuada foi realizada por meio da análise crítica das observações em sala. Destacam-se duas dimensões do processo de escolarização: a) a rotina de trabalho empreendida por professoras e alunos; b) a presença predominante do disciplinamento do professor sobre os alunos.

Algo de novo na sala de aula?

Iniciei a pesquisa supondo que observaria uma sala de aula diferente da criticada há quase duas décadas por Patto (1990). Tinha a esperança de encontrar uma escola cidadã, que respeitasse novos tempos e espaços, que se sustentasse no respeito à diferença entre os alunos. Essas seriam expectativas legítimas diante dos ditames abstratos das políticas de governo implementados nos últimos vinte anos na rede pública de educação paulista, cuja promessa era superar a exclusão *na* escola. Mas o que nos mostra a escola que aí está?

De fato, a primeira cena observada (e que se repetiu a cada observação) remete a uma prática de tempos mais remotos que a pesquisa de Patto, momento embrionário do que se convencionou chamar escola: crianças no pátio, uniformizadas, em fila separada por gênero. Depois do sinal, todos são conduzidos em fila indiana pela professora, de avental: os menores na frente, os maiores atrás.

As salas têm carteiras enfileiradas, e centralizadas em torno da lousa, em frente, interposta pela mesa da professora, posicionada de forma a controlar todos. Movimentos impedidos. A ideia, ao contrário, é ter alunos estáticos, que não conversam durante as lições, que obedecem em silêncio, que só podem falar com a professora, e desde que autorizados, depois de levantarem as mãos (às vezes, por longo período até serem notados, diante de tantas solicitações). Se não obedecem, reprimendas!

Quase todos os alunos têm a mesma trajetória escolar. Mas não o mesmo domínio de conteúdos. Homogêneas quanto à idade, as turmas são heterogêneas no que diz respeito ao conhecimento: alguns, bem alfabetizados, dominam as letras e os números; outros, com nível intermediário, transitam com relativa desenvoltura pelas lições; outros têm mais dificuldade, mas, com um pouco de tempo, conseguem realizar parte das tarefas; e há alunos que ainda não compreendem as letras ou os números que enchem a lousa. Para eles,

OuViNDO CRiaNÇas Na esCOLa   abordagens qualitativas e desafios metodológicos para a psicologia

tudo soa estranho. O que leem são sílabas, e não palavras ou frases com sentido ("O-fol-clo-re-é..."). O que copiam são desenhos, e não letras ou números.

Para estes, por vezes, uma "liçãozinha diferente", palavras deles, em tom pejorativo. Especialmente quando ela envolve os passos iniciais da alfabetização, não raro retirados das velhas cartilhas, opção que uma professora fez alertando: "O que importa é que aprendam! Mas não falo para ninguém que uso a cartilha, para não ser considerada antiquada!". Antiquado é não perder de vista que o importante é a criança aprender...

A organização da aula gira em torno do formato tradicional: a professora enche a lousa. Os alunos, *sem boné e sem mascar chicletes, bumbum na cadeira, virados para frente, os dois pés no chão*, devem copiar e executar tarefas. *Em silêncio.*

De maneira geral, eles tendem a aderir à proposta, embora quase nunca sentados e em silêncio. Muitas vezes, circulam pela sala ou conversam com as professoras, seja sobre a lição, seja sobre situações vividas dentro e fora da escola. Esses momentos geralmente são atendidos pelas professoras, com mais ou menos paciência. Os alunos também conversam entre si, às vezes aos sussurros, às vezes com mais volume, o que irrita as professoras. Levam, por isso, broncas. Devem fazer a lição, mas devem, sobretudo, fazer silêncio.

Também há alunos que passam boa parte do dia brincando ou conversando. Parece fácil engatar numa brincadeira ou num bate-papo, quando há tantos amigos reunidos. Mais fácil ainda é, depois de notar que está atrasado, abandonar de vez a intenção de acompanhar a aula e prosseguir distraído – criando um círculo vicioso. A impressão era de que deixavam para tentar acompanhar a aula em outro dia. Nessas situações, não é raro que um colega chame a atenção dos distraídos, para que eles não se atrasem ou levem bronca da professora. Nem sempre esse conselho surte efeito. Também não é sempre que as professoras percebem a distração dos alunos. Mas, quando percebem, a reação é invariável: bronca!

Mais silenciosos, e por isso menos perceptíveis, há alunos que não conversam e não brincam, mas também não fazem a lição. Simplesmente se distraem consigo mesmos, com os materiais, com a vida do lado de fora, com cartazes nas paredes, com os colegas ou comigo. Devaneios que levam longe. Raras vezes se chama a atenção deles, pois suas presenças ausentes são discretas demais para incomodar. Não fazem as lições, mas fazem silêncio.

Vez por outra, as professoras passam nas carteiras, para conferir se os alunos as fazem, dando um visto aos erros, correções; aos que não fazem, primeiro uma bronca; se ela não surte efeito, mudam o aluno de lugar, para "separar do grupinho"; finalmente, um bilhete no caderno, que deve trazer o visto dos responsáveis, estratégia aparentemente bem-sucedida, pois silencia, faz abaixar a cabeça. Mas também dá medo. E raiva.

A tarefa geralmente é única, mas os ritmos dos alunos não. Com o tempo, a turma começa a se dividir: alguns já copiaram (há os que seguem "junto com a professora", por vezes pedindo que ela saia da frente para que possam copiar) e fizeram a tarefa, esperando novos comandos, às vezes demandados verbalmente; outros ainda copiam ou já copiaram, mas ainda fazem a lição; outros nem começaram a copiar (ou por serem "mais lentos", ou por terem distraído-se ao longo da aula).

Para atender a essa diversidade, a lousa divide-se em diversas lições, produzindo confusão (pois há lições diferentes para serem copiadas, e eles não mais sabem onde termina uma e começa a outra, e qual devem fazer). Novo círculo vicioso: dispersão da lousa, dispersão dos alunos. Paralelamente, em muitos momentos a aula segue devagar, para tornar possível a integralização da tarefa por parte dos "mais lentos". Em outros, no entanto, as professoras correm contra o relógio, e a expressão: "Pessoal, vamos rapidinho!", torna-se constante. A correria aumenta com a proximidade do final do dia, para que nada fique incompleto. Os alunos mais atrasados, nesse processo, muitas vezes desistem de fazer: ao lado dos que seguem com a professora, guardam os materiais, na esperança de não serem notados.

A relação entre os alunos por vezes se baseia na cooperação, os "melhores" auxiliando os colegas "com dificuldade": às vezes, eles leem o texto com/pelo colega; outros dão a resposta que ele deveria resolver na lousa; outros ainda incentivam o colega a fazer a lição. Mas também não foi difícil ver o inverso: alunos entregando colegas que não fazem ou bagunçam ("Professora, o Marcelo já guardou o caderno!"); alunos vangloriando-se de seu saber em tom competitivo ("Eu acabei antes de todo mundo!"); alunos rindo e desdenhando das dificuldades dos colegas em público ("Que burro! É mó fácil essa lição!").

Humilhar os colegas com dificuldade não é "privilégio" dos "bons alunos"; também aqueles com dificuldades desdenham os colegas, uma situação que encabula, faz quem não aprendeu abaixar a cabeça ou o tom de voz, ao ter de responder as perguntas, seja na lousa, seja da carteira. Difícil aprender a conviver com a diferença.

Os momentos de humilhação proferida pelos colegas costumam ser repreendidos pelas professoras, geralmente com um "Deixa ele!". Mas não é difícil vê-las produzindo a mesma humilhação, não apenas com os alunos com dificuldade, mas também com aqueles que tiravam sarro dos colegas. Difícil ensinar a conviver com a diferença:

Você fez isso sozinho?
Oh letrinha feia, que eu não consigo entender.
Você fica rindo dele, mas eu quero ver é o seu caderno se está certo!
Meu bem, olha a besteira que você fez.

Há momentos em que as professoras demandam a participação dos "mais fracos", processo que implica subaproveitamento dos outros, que têm recusados seus pedidos para participar da correção. Desestimulados, muitos se queixam, mas depois, (in)conformados, decidem dedicar-se à brincadeira com os colegas. Outros, no entanto, insistem em dar a resposta certa, para desespero da professora e de alguns colegas que dizem: "Cala a boca!".

As aulas são muito cansativas, especialmente para os alunos, que exclamam: "Faltam tantos minutos para acabar". Alerta que angustia os atrasados, que passam a correr com a cópia ou execução da tarefa, para não ter que ficar mais tempo ali, sob a supervisão atenta das professoras, que não dispensam quem ainda não terminou. Os mais adiantados muitas vezes antecipam a arrumação da mochila e da sala, momento que mistura solidariedade à professora e ansiedade para sair logo.

Quando toca o sinal, o clima é de correria! Correm para terminar o que fazem (cópia, tarefas, arrumação da sala e da mochila...), correm para fora da sala e para o pátio, muitas vezes exclamando: "Aleluia!", "Ufa!", "Tchau galera, já fui!".

Processos de disciplinamento

A vida na sala de aula é recheada de broncas dadas nos alunos. Não é intenção, aqui, julgar as professoras ou os alunos que as "tiram do sério", mas pensar criticamente a centralidade das broncas como recurso pedagógico, especialmente porque foi possível notar, ao longo da pesquisa, que elas muitas vezes não surtiam o efeito esperado de "corrigir" os alunos, a não ser de forma volátil. De modo geral, ocorre o contrário: elas amedrontam e os colocam em uma postura defensiva ou mesmo agressiva com relação à professora ou ao conhecimento escolar; produzem bloqueio, e não aprendizagem.

Não houve uma única observação que não tenha sido marcada por inúmeras reprimendas, por vezes mais presentes do que o ensinamento de conteúdos escolares propriamente ditos. Ensina-se, sobretudo, obediência; espera-se, sobretudo, disciplina.

A centralidade das broncas é tal que, em muitas observações, a única coisa que as professoras faziam era reprimir os alunos, sem ensinar nenhum conteúdo.

No entanto, não foi possível observar uma única situação em que as professoras ensinaram o conteúdo sem ser intercalado por broncas, que às vezes interrompiam instruções ou ensinamentos no meio:

Paulo, senta direito! Gente, olha! Silêncio! Pronto! Vamos fazer silêncio? Sem conversa! Guardem a folha de artes. A folhinha é para guardar! Roberta! Gustavo! Continuem com o caderno de matemática, que vou passar lição para casa. Depois, vou passar português. Caderno de matemática aberto, sem conversa. Crianças, é o seguinte: caderno de matemática, e não quero conversa! Boca calada!

Gente, vou passar... Vocês têm que conversar o tempo todo? ... questões de ciências para vocês estudarem para a provinha!

Broncas eram invariáveis. O que variava era o alvo, motivo, tom e frequência. Ora voltadas a alunos específicos, ora para toda a classe; a depender do aluno, a mesma situação podia ou não desencadear bronca. Ou seja, alguns alunos são alvo mais fácil do que outros. Significativo foi quando uma aluna perguntou o que era "ardes", e a professora disse que pegar fogo. Para outro aluno, no entanto, ela pediu que colocasse o dedo no fogo.

Várias situações motivavam broncas: conversar, brincar, brigar, andar pela sala, não fazer a lição proposta, fazer outra lição que não a exigida, vestir ou tirar o agasalho, estar doente, faltar na escola, perguntar "fora de hora", ajudar o colega, humilhar o colega, errar a questão, demonstrar dúvidas, solicitar a participação na atividade ou dar a resposta de uma pergunta feita a outro aluno. Certamente, há situações em que a bronca faz mais sentido, e outras em que ela é sinal de impaciência das professoras – dependendo do seu estado de espírito, uma mesma situação pode conduzir ou não à bronca.

Broncas equivocadas foram observadas: alunos confundidos com outros, seja por se sentarem próximos, seja por terem nome semelhante ao daquele que irritava; alunos que chamam a professora para esclarecer dúvidas ou mostrar o trabalho. No entanto, as professoras raras vezes pediam desculpas pela injustiça, causando indignação.

O tom das broncas varia, indo desde situações em que as professoras tentam convocar os alunos para a aula, passando por ameaças (especialmente de chamar os pais, sobretudo os mais bravos), até situações de profunda irritação, acompanhadas por gritos e gesticulações (incluindo bater com força na mesa ou na lousa). As broncas, às vezes, vêm aos berros, assustando alunos, que, de olhos arregalados, recuam o corpo para trás, quando não aos pulos; como efeito, por vezes os alunos vão esclarecer dúvidas com os colegas, pois "se perguntar para a professora, ela briga, fica brava, grita!"[9].

Quanto à frequência, quanto mais alunos em sala, mais broncas. Observação aparentemente óbvia, que aponta para outra obviedade: uma sala de aula lotada dificulta o trabalho docente, fazendo com que a paciência dos professores seja afetada. O número de broncas também crescia depois do recreio, provavelmente porque a agitação era maior. Além disso, as broncas cresceram significativamente conforme se aproximava o final do semestre ou do ano, provavelmente pelo cansaço de todos em relação ao cotidiano tão enfadonho. Uma análise quantitativa das broncas apontou que, ao todo, foram observadas 684 broncas, em 46 horas em campo, gerando uma média de uma bronca a cada 4 minutos de observação!

O que os alunos têm a dizer sobre a Progressão Continuada?

Para ouvir os alunos acerca da Progressão Continuada, reuni-os em pequenos grupos[10]. Inicialmente, deve-se destacar que, ao longo da pesquisa, notei que eles não sabiam o que era Progressão Continuada. Quando eu dizia ser esse o tema da pesquisa, eles demonstravam estranhamento. Assim, elaborei um roteiro que partia da experiência deles, para finalmente adentrarmos no assunto específico dessa política de governo que rege a vida escolar.

Como primeira pergunta: "O que precisa para passar de ano?". As respostas dos alunos giraram em torno de uma mesma visão: a quase totalidade respondeu que para passar de ano é necessário "estudar". Quando houve outras respostas, elas geralmente supunham a necessidade de esforço pessoal: "aprender"; "saber o básico"; "saber ler e escrever"; "saber tabuada"; "não faltar nas aulas;, "se dedicar aos estudos"; "ser bom"; "obedecer à professora"; "não desobedecer"; "prestar atenção"; "não brincar"; "fazer a lição de casa"; "tirar boas notas"; "passar na prova"; "ter cabeça"; "ter inteligência". Assim, os alunos assumem um discurso segundo o qual a responsabilidade pelo sucesso ou, principalmente, pelo fracasso escolar depende exclusivamente deles.

---

[9] É curioso notar que, por vezes, se ouviam gritos de professoras nas salas ao lado, que, embora não fossem voltados para os alunos das salas observadas, eram obedecidos. Assim, ao grito de "quero todo mundo sentado", proferido na sala ao lado, os alunos que circulavam na sala observada corriam para as cadeiras.

[10] As falas aqui apresentadas centram-se no primeiro encontro em grupo, que focalizou a temática da Progressão Continuada. Para se conhecer as redações escritas no segundo encontro, ler Viégas (2007).

Explicitou-se, portanto, que, mesmo em tempos de Progressão Continuada, os alunos supõem que ainda existe reprovação. Reiterando essa visão, a maioria disse que "quem não estuda, não passa de ano". Poucos relataram experiências distintas: apenas nove alunos demonstraram desconfiar que as séries iniciais não reprovam, relatando experiências para atestar tal realidade: "eu não estudei na 1ª e nem na 2ª série e passei"; "a 1ª não é muito de repetir"; "eu nunca repeti e não sabia algumas coisas"; "na 3ª série eu não estudei e passei"; "nas primeiras passa, mas na 4ª repete". Vale ressaltar que mesmo estes apostam que estudar é o melhor caminho para galgar as séries avançadas.

Presente em muitas falas foi a preocupação em "ir bem" na prova (especialmente o Saresp[11]). Os alunos disseram temer as avaliações, pois suspeitavam que a aprovação ou reprovação escolar depende delas. Mas, ao mesmo tempo, a relação que a maioria estabelece com a prova não se reduz a essa questão. Muitos a definem como necessária para que demonstrem o que aprenderam para a professora.

Quando perguntei "Quem sabe o que é Progressão Continuada?", a reação inicial dos alunos foi reveladora: a maioria disse não saber, geralmente por meio de interjeições: "hã?"; "quê?"; "como?"; "Progr... o quê?"; "você está falando que língua?"; "nossa, agora você mandou ver"; "eu nunca ouvi essa palavra"; "ah, sei lá"; "Progressão? Continuada? Não sei!"; "quem sabe um dia eu mate essa charada". Diante dessas respostas, pedi que eles arriscassem uma explicação. As hipóteses aventadas continuaram reveladoras, por vezes em forma de pergunta: "É uma coisa boa?"; "É repetir de ano?"; "Continuar na sala que está?"; "É prova?".

Alguns se fixavam na ideia de "continuidade": "É uma coisa que continua"; "Continua alguma coisa que se faz"; "É quando continua na sala que está"; "A escola tem que continuar funcionando"; "Uma pessoa que vai ficando grande, continuando o que aprendeu"; "Se você vai fazer uma coisa, tem que continuar, nunca pode desistir. Até alguém dizer: 'está lindo'". Outros se centravam na palavra "Progressão": "Vai progredindo"; "Deve ter a ver com progresso. O que é mesmo progresso?"; "Progressão vem de progresso, e o nome progresso vem da onde? Progressar! Progresso, progressar... Não sei não, estou confuso!"; "Progressão é um progressista que... Eh... Esqueci. Deu branco"; "É Ordem e Progresso".

---

[11] Sistema de Avaliação do Rendimento Escolar do Estado de São Paulo, exame instituído pela Secretaria de Educação do Estado de São Paulo.

Houve ainda aqueles que criaram uma explicação baseada no nome "Progressão Continuada": "É... tem que continuar a fazer a progressão"; "É uma progressão que começa a continuar"; "É tipo a gente. A progressão que a gente foi continuando, até hoje"; "É para progredir. Você fez uma coisa, progrediu, depois parou. Aí, continua".

Finalmente, um aluno disse que era uma escola "para quem não sabe direito", outro imaginou que era uma escola para ficar "o dia inteiro". Apenas um aluno disse que era uma escola que "vai passando de ano".

Fica explicitado, pela fala dos alunos, que eles não sabem o que é Progressão Continuada, constatação também presente nas pesquisas de Arcas (2003), Bertagna (2003), Barros (2005), Glens (2005) e Rodrigues (2005). Assim, cabe questionar a suposição das professoras de que os alunos estão desinteressados, pois sabem "que todo mundo passa". As respostas deles não deixam de ser engraçadas, embora tragam a marca trágica da alienação em relação à organização do próprio processo de escolarização.

Após levantarem hipóteses sobre o que seria Progressão Continuada, expliquei aspectos centrais dessa política de governo, perguntando, então, suas opiniões a esse respeito. Esse foi um momento de grande riqueza para a pesquisa.

Apenas três alunos demonstraram compreender que se tratava de uma decisão da política governamental, sendo um favorável e os outros dois contrários à ideia:

> *Por causa do Geraldo Alckmin. Eu sou bem informado, vejo jornal todo dia. Ele fez isso porque quer que todo mundo saiba ler e escrever. Pode ser de dia, pode ser de noite* [em referência à propaganda de programa federal de alfabetização de adultos].
>
> Eu não acho legal. Tem que aprender. A gente vai para a 8ª série e não vai saber ler e escrever, fazer conta. Devia, aquele homem, sair da política. O que ele está fazendo é muito errado! Mara, Roberta, Gabriel... passaram e recebem uma lição fácil de folhinha. E agora, não adianta. Vão passar.
>
> O governo que está deixando! A criança que não está passando tem que ir até a 4ª série. É errado! A criança não aprende nada e vai passando?

Mesmo sem mencionar a questão governamental, a maioria dos alunos afirmou ser contrária a seus principais preceitos, demonstrando preocupação com a aprendizagem. Suas opiniões são bem representadas pelas falas abaixo:

Eu prefiro repetir, porque se a gente não repetir, a gente não vai ter a nossa vida, a nossa independência.

É ruim. Sem escola, a gente não é nada na vida. Acaba virando lixeiro.

Acho que se não passa é porque não está preparado. Não é que a professora quer mal de você.

Eu acho melhor repetir. Porque se fosse para não repetir... E se você não lembrasse do que a professora falou? Você podia repetir na próxima.

Acho errado. Imagina um aluno que não sabe ler nem escrever.

Se eu fosse diretora, na 1ª série, quem não fizesse, repetia.

Mas qual é o problema de repetir? Não aprendeu, tenta de novo!

Não tem nada a ver a progressão continuada!

O ruim é que se não aprende, fica sem. A professora passa na lousa e você não sabe o que está se passando. Passa sem saber.

É o mesmo que você não ir na escola e passar.

É ruim, porque fica com a consciência pesada, que não se esforçou.

Não acho legal! Na 1ª série, não era para eu passar e aconteceu isso. Quando chegou na 2ª, tive muita dificuldade, não consegui acompanhar. Então se não souber agora, fica difícil depois. Eu preferia repetir.

Apenas dois alunos felicitaram a ideia, dizendo "legal" e "oba". Houve, ainda, três alunos que emitiram opiniões contraditórias. Um disse, em primeiro momento, achar "bom não estudar e passar de ano", mas depois afirmou que gostaria de aprender para passar; outro disse que se soubesse, "não ia estudar mais", e, em seguida, que não estuda apenas para passar, mas também "para o patrão não me enrolar"; finalmente, um aluno disse achar ruim repetir, pois ficaria de castigo, mas afirmou que "até para ser lixeiro tem que estudar".

Assim, nota-se que a maioria dos alunos é contrária à abolição da reprovação nas escolas. Suas respostas poderiam surpreender professores, bem como o senso comum, reforçadas pela mídia, que supõe que os alunos, munidos dessa informação, vão despreocupar-se com sua escolarização, por não terem maturidade suficiente para lidar com essa proposta educacional. No entanto, comparece, na fala dos alunos, a preocupação com o aprender, com o conhecimento que a escola é responsável por socializar, presente não apenas quando falam de colegas que não aprenderam e passaram, sendo prejudicados por essa política de governo, mas também de suas próprias experiências, muitos declarando que preferiam repetir a passar sem saber.

É possível analisar criticamente a defesa da reprovação: parece que os alunos desejam mais uma escola que ensina do que uma escola que reprova. Quando as opções vislumbradas são "passar sem aprender" ou "reprovar para aprender", fica compreensível a escolha pela segunda possibilidade.

REFLEXÕES FINAIS

O presente artigo apresenta apontamentos metodológicos da pesquisa de doutorado acerca dos impactos da Progressão Continuada na vida diária escolar, com destaque para os procedimentos de campo e análise voltados para a compreensão da perspectiva estudantil (Viégas, 2007). Tomando como princípio a crítica à ausência ou desqualificação da fala de alunos, ainda dominantes no campo da pesquisa educacional, aposta, ao contrário, que os alunos têm muito a dizer sobre sua experiência escolar.

Tal aposta comparece em importantes pesquisas na área de psicologia escolar/educacional, desvelando que a longa convivência com alunos, para além de possibilitar conhecer suas concepções referentes ao tema específico de cada pesquisa, permite reconhecer que eles devem e merecem ser ouvidos nas pesquisas educacionais.

Seguindo essa compreensão, cabe destacar que não apenas as pesquisas educacionais devem colocar o aluno no centro da escuta, mas que também, no campo das políticas públicas, é fundamental que os alunos não sejam mais tratados como objeto de intervenção, mas como partícipes ativos de sua construção. Tal visão alimenta-se da afirmação de Walter Benjamin (1996), segundo a qual

> A criança exige dos adultos explicações claras e inteligíveis, mas não explicações infantis, e muito menos as que os adultos concebem como tais. A criança aceita perfeitamente coisas sérias, mesmo as mais abstratas e pesadas, desde que sejam honestas e espontâneas. (p. 236-7)

De fato, a aproximação de alunos que a presente pesquisa empreendeu tornou acessível a compreensão de diversos elementos constitutivos da vida escolar em tempos de Progressão Continuada, enfatizando os impactos no processo de escolarização. Alguns merecem menção.

Passados mais de vinte anos de críticas contundentes à implantação de políticas públicas de forma autoritária, mantém-se inalterada a postura oficial de não ouvir e formar professores para a nova realidade, deixando-os à deriva na sua construção. Com isso, mesmo passados mais de vinte anos de duras críticas à escola pública oferecida, mantém-se inalterada a dinâmica tradicional de sala de aula, calcada, sobretudo, em longas cópias enfadonhas e nas insistentes broncas aos alunos, que passam o turno escolar quase todo a ouvir gritos e queixas.

Além disso, embora se tenham passado mais de vinte anos de críticas ao preconceito entranhado nas escolas, manteve-se a visão pejorativa em relação aos alunos e suas famílias, ainda considerados os principais "culpados" pelas dificuldades de escolarização[12]. Tal contorno, sem dúvida, traz efeitos concretos na construção da escola atual: há muitas suposições do que alunos e famílias pensam e fazem com a Progressão Continuada, mas pouca disponibilidade para ouvi-los; há medo em relação à postura dos alunos e familiares, e desconfiança quanto às condições dos alunos para aprender e dos familiares para educar.

No entanto, a pesquisa realizada na escola, rompendo com essa lógica hegemônica, colocou no centro a fala dos alunos, desvelando sua preocupação com a qualidade do ensino oferecido, representado na defesa da reprovação escolar. Ou seja, a maioria dos alunos posicionou-se de forma contrária à Progressão Continuada, contrariando não apenas a suposição de professores, mas, sobretudo, o consenso imposto em torno dessa proposta pelo discurso oficial. É possível analisar criticamente a defesa da reprovação, entendendo que eles desejam mais uma escola que ensina do que uma escola que reprova. Quando as opções vislumbradas são "passar sem aprender" ou "reprovar para aprender", é compreensível a escolha pela segunda possibilidade.

Mas suas falas também desvelam um mecanismo perverso de construção da escola pública em tempos de Progressão Continuada. Ao contrário do que propala a imprensa e mesmo o discurso de professores, a grande maioria dos alunos não sabe que atualmente a escola não reprova, desconhecimento que não se circunscreve à escola pesquisada, mas se apresenta em outras escolas, e que parece revelar uma postura política que os coloca constantemente em descrédito. Ou seja, professores não contam para alunos, com medo de que, em posse desse conhecimento, eles se desinteressem pela escolarização, implicando queda do aprendizado. No entanto, mesmo sem os alunos saberem, o que se observou na escola foi a real queda na qualidade do ensino, aliada a uma escola desinteressante.

Mais uma vez, cabe pensar criticamente essa realidade. Inicialmente, deve-se lembrar que o próprio poder público participa dessa visão sobre os alunos. De fato, para além de manter o histórico silêncio dos professores, que não participaram da discussão sobre essa política educacional, o poder público sequer

---

[12] Esse olhar, vale destacar, não é "privilégio" de professores, mas atravessa o discurso oficial sobre a Progressão Continuada e alcança parte dos textos históricos sobre o tema.

menciona a possibilidade de ouvir alunos e familiares, descartados como agentes políticos. O máximo que se faz é falar *sobre* eles, geralmente de forma pejorativa. Nesse sentido, o silenciamento de alunos e familiares dentro das escolas apenas dá continuidade a uma postura histórica representada pelo autoritarismo do poder público em face da população que depende da escola pública para se escolarizar.

Assim, é possível apontar algumas reflexões suscitadas pela pesquisa e que pedem entendimento para que a realidade excludente da escola possa efetivamente ser transformada. A primeira reflexão remete ao papel da escola, quando, mais do que importante, torna-se urgente reiterar que ela é a instituição responsável por socializar o conhecimento sistematizado ao longo da história (Saviani, 2005). Especialmente quando se nota que parte significativa dos alunos das 4as séries acompanhadas foi promovida para a 5a série, carregando consigo dificuldades no domínio da língua escrita que desvelam a precariedade da escola que lhes é oferecida — notável sobretudo quando se reconhece que a gigantesca maioria dos alunos acompanhados estudou as quatro séries do Ciclo I na escola pesquisada, garantindo, portanto, a continuidade de sua escolarização nesse processo.

Aqui, cabe enfatizar o óbvio: criticar a Progressão Continuada não é sinônimo de defender o retorno à escola que reprova, mas não perder de vista as finalidades da escola, ou seja, não abrir mão da qualidade do ensino, sem a qual o acesso e a permanência não passam de engodo.

O esvaziamento dos conteúdos envolve uma rede complexa. Mais uma vez, o poder público no contexto atual ignorou a necessidade de formação docente para enfrentar uma mudança do porte da Progressão Continuada, supondo que os professores aprenderão na prática. E assim alcançamos uma escola que, sem formação docente e condições para uma mudança desse quilate, não se preocupa mais em formar os alunos para as letras e os números. De um discurso oficial calcado no "aprender a aprender", deparamo-nos com a realidade do "aprendeu, aprendeu...", quando a formação dos alunos envolve muito mais a disciplina moral do que a reflexão crítica para a cidadania.

A segunda reflexão remete, portanto, à centralidade da escola no disciplinamento dos alunos, que passa a ocupar o lugar vazio da aprendizagem, e que possui contorno humilhante[13]. A partir da pesquisa de campo, destaca-se que nem como instituição meramente socializadora a escola tem funcionado a contento, o que se nota, por exemplo, na insistente estratégia de silenciar as

---

[13] Para riquíssima discussão acerca da humilhação social, ler Gonçalves Filho (2007).

conversas e no limite separar os alunos que possuem vínculo de amizade. A impressão que passa é que educar crianças, na escola pública atual, é visto como sinônimo de domesticação, ou seja, com o mesmo olhar conservador da educação tradicional.

Finalmente, alcançamos o tema central da presente pesquisa: a impossibilidade de formar para a cidadania no bojo de uma política de governo que não aposta na potencialidade dos alunos que dela são alvo. O grave fato de que os alunos são mantidos alienados do formato de seu processo de escolarização incompatibiliza-se com o ideal democrático, demagogicamente propagado. Nesse sentido, é possível afirmar que, no atual contexto, os alunos são sujeitos à Progressão Continuada (tendo em vista que são sujeitados a essa política de governo), não havendo a possibilidade concreta de serem sujeitos na Progressão Continuada (considerando-se que eles não podem participar ativamente de sua construção).

Na contramão dessa visão, investi na possibilidade de estar junto aos alunos em pequenos grupos para falar sobre a escola. E, de fato, muito se pôde pensar com eles, o que revelou a potencialidade de discutir a Progressão Continuada de modo intenso e interessante. É notável que os alunos não legislam em causa própria, mas falam constantemente da qualidade do ensino e da formação a que têm direito. Daí a plausibilidade em construir uma escola de fato democrática, em que a palavra circula, e todos falam e ouvem de forma respeitosa, questionando e revendo posicionamentos. Trata-se da construção de cidadania, negada a eles, e que aponta para uma contradição central da Progressão Continuada.

Essa é uma condição que se faz presente nas escolas há muitas décadas. O que se observou na escola acompanhada em nada difere do que há muito vem sendo apontado em relação à rede pública estadual paulista. Repete-se a mesma preocupação econômica na construção de políticas educacionais, repete-se o mesmo olhar preconceituoso em relação aos professores, alunos e familiares, repete-se o autoritarismo na implantação de políticas de governo. Repetem-se os mesmos dilemas, as mesmas dificuldades, as mesmas queixas no interior da escola. Repete-se o mesmo funcionamento escolar, calcado em tarefas mecânicas e pouco interessantes. Repete-se a culpabilização dos alunos e famílias pelas dificuldades de escolarização, muitas vezes sustentadas em prontuários escolares que repetem o que sempre se disse sobre eles. A única coisa que não repete é o aluno no final do ano letivo.

Referências bibliográficas

AMORIM, A. K. *Ouvindo as crianças:* o que dizem a respeito da escola? – Uma revisão bibliográfica. 2002. Monografia (Especialização). Instituto de Psicologia, Universidade de São Paulo, São Paulo.

ANDRÉ, M. E. D. A. *Etnografia da prática escolar.* São Paulo: Papirus, 1995.

ARCAS, P. H. *Avaliação da aprendizagem no regime de progressão continuada:* o que dizem os alunos. 2003. Dissertação (Mestrado em Educação). Faculdade de Educação, Universidade de São Paulo, São Paulo.

BARROS, S. P. *A relação professor-aluno em uma escola estadual paulista em regime de Progressão Continuada*: concepções dos alunos. 2005. Relatório final (Iniciação Científica). Instituto de Psicologia, Universidade de São Paulo, São Paulo.

BENJAMIN, W. *Obras escolhidas I*: magia e técnica, arte e política. São Paulo: Brasiliense, 1996.

BERTAGNA, R.H. *Progressão continuada*: limites e possibilidades. 2003. Tese (Doutorado em Educação). Faculdade de Educação, Universidade Estadual de Campinas, Campinas.

BOGDAN, R.; BIKLEN, S. *Investigação qualitativa em educação*. Porto: Porto Editora, 1994.

CHECCHIA, A. K. A. *O que jovens alunos de classes populares têm a dizer sobre a experiência escolar na adolescência. 2006.* Dissertação (Mestrado em Psicologia). Instituto de Psicologia, Universidade de São Paulo, São Paulo.

CONSELHO ESTADUAL DE EDUCAÇÃO. *Regime de Progressão Continuada*. Legislação do Ensino de Fundamental e Médio. 1997. p. 150-155.

ERICKSON, F. Métodos Qualitativos en la investigación de la enseñanza. In: WITTROCK, M. *Handbook of research on teaching*. Nova York: Ed. Macmillan Publisching Company, 1986.

EZPELETA, J.; ROCKWELL, E. *Pesquisa participante*. São Paulo: Cortez, 1986.

FREITAS, J. C. *Cultura e currículo*: uma relação negada na política do sistema de Progressão Continuada no Estado de São Paulo. 2000. Tese (Doutorado). Pontifícia Universidade Católica de São Paulo, São Paulo.

FRELLER, C.C. Crianças portadoras de queixa escolar. In: MACHADO, A. M.; SOUZA, M. P. R. (orgs.). *Psicologia escolar*: em busca de novos rumos. São Paulo: Casa do Psicólogo, 1997. p. 63-78.

GEERTZ, C. *A interpretação das culturas*. Rio de Janeiro: Guanabara, 1989.

GLENS, M. *A relação professor-aluno em uma escola estadual paulista em regime de Progressão Continuada:* concepções dos alunos. 2005. Relatório final (Iniciação Científica). Instituto de Psicologia, Universidade de São Paulo, São Paulo.

GONÇALVES FILHO, J. M. *Problemas de método em psicologia social*. São Paulo: mineo, 1998.

_____. Humilhação social: humilhação política. In: SOUZA, B. P. (org.). *Orientação à queixa escolar*. São Paulo: Casa do Psicólogo, 2007. p. 187-221.

HAGUETTE, T. M. *Metodologias qualitativas na sociologia*. Petrópolis: Vozes, 1987.

HELLER, A. *Para mudar a vida*: felicidade, liberdade e democracia. São Paulo: Brasiliense, 1982.

HELLER, A. *O cotidiano e a história*. São Paulo: Paz e Terra, 2000.

LÜDKE, M.; ANDRÉ, M. E. D. A. *Pesquisa em educação*: abordagens qualitativas. São Paulo: EPU, 1986.

MACHADO, A. M. *Crianças de classe especial*: efeitos do encontro da saúde com a educação. São Paulo: Casa do Psicólogo, 1994.

_____. *Reinventando a avaliação psicológica*. 1996. Tese (Doutorado em Psicologia). Instituto de Psicologia, Universidade de São Paulo, São Paulo.

MACHADO, A. M.; SOUZA, M. P. R. *Psicologia escolar*: em busca de novos rumos. São Paulo: Casa do Psicólogo, 1997.

MEIRA, M. E. M. Construindo uma concepção crítica de psicologia escolar: contribuição da pedagogia histórico-crítica e da psicologia sócio-histórica. In: MEIRA, M. E. M.; ANTUNES, M. A. M. *Psicologia escolar*: teorias críticas. São Paulo: Casa do Psicólogo, 2003. p. 13-77.

MEIRA, M. E. M.; ANTUNES, M. A. M. *Psicologia escolar*: teorias críticas. São Paulo: Casa do Psicólogo, 2003.

MERCADO, R. M. La construccion de la documentacion etnográfica. In: ROCKWELL, E. *et al*. *La prática docente y el contexto institucional y social*. Informe Final, v. 3, México, 1987.

MICHELAT, G. Sobre a utilização da entrevista não diretiva em sociologia. In: THIOLLENT, M. J. M. *Crítica metodológica, investigação social e enquete operária*. São Paulo: Polis, 1980.

PATTO, M. H. S. *Psicologia e ideologia*: uma crítica à psicologia escolar. São Paulo: T. A. Queiroz, 1984.

_____. *A produção do fracasso escolar*: histórias de submissão e rebeldia. São Paulo: T. A. Queiroz, 1990.

_____. Para uma crítica da razão psicométrica. *Revista Psicologia USP*, São Paulo, v. 8, n. 1, p. 47-62, 1997.

ROCKWELL, E. Etnografia e teoria na pesquisa educacional. In: EZPELETA, J.; ROCKWELL, E. *Pesquisa participante*. São Paulo: Cortez, 1986. p. 31-54.

_____. *Reflexiones sobre el processo etnográfico* (1982-85). México: DIE/CIN-VESTAV, IPN, 1987.

RODRIGUES, R. M. *A relação professor-aluno no contexto de uma escola estadual paulista em regime de Progressão Continuada*: concepções de alunos e de educadores. 2005. Relatório final (Iniciação Científica). Instituto de Psicologia, Universidade de São Paulo, São Paulo.

SAVIANI, D. *Pedagogia histórico-crítica*. Campinas: Autores Associados, 2005.

SILVA, A. São Paulo adota dois ciclos sem reprovação. *Nova Escola On-line*, nov. 1997.

SOUZA, B. P. *Orientação à queixa escolar*. São Paulo: Casa do Psicólogo, 2007.

TANAMACHI, E.; PROENÇA, M.; ROCHA, M. *Psicologia e educação*: desafios teórico-práticos. São Paulo: Casa do Psicólogo, 2000.

TANAMACHI, E.; MEIRA, M. E. M. A atuação do psicólogo como expressão do pensamento crítico em psicologia e educação. In: MEIRA, M. E. M.; ANTUNES, M. A. M. *Psicologia escolar*: práticas críticas. São Paulo: Casa do Psicólogo, 2003. p. 11-62.

VIÉGAS, L. S. Progressão continuada e suas repercussões na escola pública paulista: concepções de educadores. 2002. Dissertação (Mestrado em Psicologia). Instituto de Psicologia, Universidade de São Paulo, São Paulo.

_____. *Progressão continuada em uma perspectiva crítica em psicologia escolar*: história, discurso oficial e vida diária escolar. 2007. Tese (Doutorado em Psicologia). Instituto de Psicologia, Universidade de São Paulo, São Paulo.

PROMOÇÃO DA PAZ E METODOLOGIA DE PESQUISA:

uma vivência sociocultural construtivista

Angela Uchôa Branco e
Sergio Fernandes Senna Pires

A proposta do presente capítulo é apresentar a abordagem metodológica utilizada na pesquisa intitulada *Protagonismo infantil e promoção da cultura de paz: um estudo sociocultural construtivista*, que foi conduzida em nível de doutorado na Universidade de Brasília, de fevereiro de 2005 a dezembro de 2007. Para tanto, faremos uma apresentação dos principais aspectos do estudo, mostrando como foi realizada a construção dos dados e como a utilização de diversos instrumentos e procedimentos foi articulada para que os objetivos estabelecidos fossem alcançados. Não é, portanto, nossa intenção fazer uma descrição integral do trabalho realizado, motivo pelo qual não consta, deste capítulo, a discussão dos dados, mas sim um resumo das principais conclusões.

Quando se utiliza a abordagem qualitativa em estudos científicos e, consequentemente, são empregados instrumentos e procedimentos típicos dessa abordagem, assume-se a tarefa de selecionar os dados em uma grande quantidade de informações às quais o pesquisador teve acesso. Nessa oportunidade não foi diferente. A seleção do relevante, em meio a um grande número de informações, de situações, de diálogos, narrativas e vivências foi o primeiro grande desafio, assim como escolher o percurso metodológico que poderia ajudar a abrir caminho às possíveis explicações ao fenômeno pesquisado. Dessa forma, o planejamento da estratégia metodológica foi um momento crucial da pesquisa.

O sentimento expresso por Ariès (1978) também é o nosso quando convidamos o leitor a explorar as possibilidades da abordagem qualitativa em pesquisas com crianças:

> Costuma-se dizer que a árvore impede a visão da floresta, mas o tempo maravilhoso da pesquisa é sempre aquele em que o historiador mal começa a imaginar a visão do conjunto, enquanto a bruma que encobre os horizontes longínquos ainda não se dissipou totalmente, enquanto ele ainda não tomou uma distância do detalhe dos documentos brutos, e estes ainda conservam todo o seu frescor. *Seu maior mérito talvez seja menos defender uma tese do que comunicar aos leitores a alegria de sua descoberta, torná-los sensíveis – como ele próprio o foi – às cores e aos odores das coisas desconhecidas.* (p. 23, grifo nosso)

Apresentação: o caminho percorrido

A promoção de uma cultura de paz é um empreendimento multiforme e complexo, implicando diversos desafios como a coconstrução de significados que emergem de um sistema de tensões entre os pontos de vista de indivíduos entre si e estes entre os significados que já estão coletivamente negociados e culturalmente disponíveis. Isso pode, então, resultar em mudanças de todos os vetores iniciais ou mesmo no surgimento de novos significados. Sua ocorrência dá-se de forma singular no tempo e no espaço, promovendo uma dinâmica contínua de alterações nos bens simbólicos individuais e coletivos (Valsiner, 2007).

Além do desafio teórico-metodológico de entender os processos de significação, os estudos e publicações mais recentes sobre a promoção da paz indicam pelo menos quatro direções em que os esforços teóricos e práticos devem concentrar-se no que tange o estabelecimento de uma cultura de paz desde o mais cedo possível: a promoção de cidadania e de justiça social; a melhoria da qualidade da educação; a construção e vivência coletiva e individual de valores compatíveis com a paz; e a construção de espaços de expressão para as crianças. Este último tema orientou a pesquisa que se propôs a estudar *o protagonismo infantil na coconstrução de procedimentos para a promoção da paz.*

O interesse pelo tema surgiu a partir de um trabalho de consultoria que foi realizado para parlamentares da Câmara dos Deputados com vistas ao aprimoramento do Estatuto da Criança e do Adolescente. Como preparação para essa tarefa, foram consultados estudos sobre a participação de crianças em conflitos armados e no crime organizado (Dowdney, 2003, 2005; ONU, 2005), cuja leitura contribuiu para a problematização do tema, uma vez que essas pesquisas indicam que, no contexto da violência armada, as crianças assumem responsabilidades, funções e sofrem sanções como se fossem adultos.

Há muito que as crianças vêm sendo afetadas pelas situações de violência armada e organizada no contexto de diversos conflitos bélicos ou, mais recentemente, da organização de grupos criminosos que se utilizam da violência armada para atingirem os seus objetivos. Sobre esse assunto, os estudos disponíveis destacavam, indiretamente, mas com muita profundidade e riqueza de detalhes, o papel supostamente de protagonistas que as crianças podem passar a exercer nesses contextos, e sugeriam uma vinculação entre concepções afirmativas sobre a capacidade das crianças e a significação de término da infância nos grupos pesquisados (Dowdney, 2003, 2005).

Esse foi, portanto, o motivador inicial, ao qual se seguiu um período de questionamentos sobre as relações entre adultos e crianças e a possibilidade da promoção do protagonismo infantil. Será que prolongamos demasiadamente a infância? Será que, em nossos métodos pedagógicos e práticas sociais, aplicamos *um redutor* à capacidade de protagonismo e ao desenvolvimento de nossas crianças? Como, a partir do conhecimento produzido em pesquisas sobre protagonismo infantil, podemos extrair elementos que sejam relevantes para a elaboração de políticas públicas que possam fortalecer a infância brasileira e a sua capacidade de atuar como agentes ativos e participantes do cenário social?

É óbvio que essas perguntas são meramente ilustrativas das ideias que ocorreram ao estudar o tema e foram aqui elencadas para compartilhar com o leitor a curiosidade e o desejo franco em colaborar, com um pouco que seja, para a discussão acerca da suma importância do protagonismo infantil e das políticas que possam promover o seu avanço. Para tanto, a questão central da pesquisa e que sintetiza várias das inquietações reveladas acima foi assim formulada: *quais são os significados e concepções que vêm sendo coconstruídos e que estão relacionados a valores sociais e morais em estudantes do 5º ano do ensino fundamental, tendo em vista a valorização do protagonismo infantil para a construção de uma cultura de paz e a realização de transformações sociais?*

Coerente com esse tema, a pesquisa orientou-se no sentido de investigar como crianças do 5º ano[1] do ensino fundamental de uma instituição pública, os seus professores e a equipe técnico-administrativa concebem, promovem e vivenciam

---

[1] Neste trabalho, devido às alterações introduzidas na educação nacional pela Lei n. 11.274, de 6 de fevereiro de 2006, utilizou-se a nomenclatura "5º ano" para fazer referência à antiga 4ª série do ensino fundamental.

a participação (ou protagonismo) infantil no contexto escolar. No caso das crianças, a questão foi investigada, também, através da análise de uma sequência de atividades planejadas para levá-las a coconstruir procedimentos educativo-culturais (práticas, atividades etc.) para a promoção da paz na escola.

Houve um grande dilema quanto à escolha da faixa etária das crianças que seriam convidadas a serem sujeitos da pesquisa. Essa questão solucionou-se quando se percebeu que seria muito interessante que as crianças estivessem em um momento de desenvolvimento que permitisse habilidades avançadas para a expressão conceitual oral e escrita, pois era necessário ter acesso a elementos que envolviam elaborações subjetivas e abstração, como a significação sobre valores, por exemplo.

Além disso, e igualmente decisivo, foi o modelo adotado pelas escolas brasileiras. O sistema educacional nacional comumente divide o ensino fundamental em duas etapas. No Distrito Federal, local da pesquisa, as escolas públicas e particulares acolhem as chamadas "séries iniciais" (2º ao 5º ano) sob uma coordenação separada e, não raras vezes, em instalações à parte dos demais anos. Essa maneira de organizar a distribuição dos alunos faz com que os estudantes do 5º ano sejam os mais velhos daquele grupo e funcionem, assim, como os "veteranos" que desempenham algum tipo de liderança ou influência em relação aos alunos mais jovens. Como a pesquisa envolveu a *proposta de realizar uma campanha para a promoção da paz na escola*, julgou-se que essas características seriam facilitadoras para a condução das atividades e para o êxito do trabalho.

Sob o ponto de vista teórico, empregou-se o corpo conceitual da abordagem sociocultural construtivista sobre a construção histórico-cultural da infância, com o propósito de destacar a importância da análise da cultura coletiva, suas práticas sociais, das narrativas e dos hábitos dos membros de um grupo na promoção da diferenciação entre seus integrantes segundo critérios distintos. Um dos objetivos foi mostrar que a infância superprotegida é uma construção relativamente recente e característica de determinados grupos humanos.

Foram ainda apresentadas as conclusões dos últimos estudos sobre protagonismo infantil, buscando agregar uma base conceitual para analisar as práticas sociais que podem promover ou retardar o seu desenvolvimento, destacando os elementos que, sob o ponto de vista psicológico, promovem ou limitam a participação infantil.

O trabalho, como um todo, procurou avançar na compreensão dos processos de construção coletiva de espaços de expressão infantil e da influência de concepções de infância e de paz na internalização de orientações para crenças e valores que favoreçam o fortalecimento da existência de um papel ativo e protagônico por parte das crianças para a construção de uma cultura de paz. Daí decorreram a justificativa e a relevância acadêmica da pesquisa.

O estudo empírico envolveu a realização de oito sessões semiestruturadas, em ambiente escolar, com estudantes do 5º ano do ensino fundamental. Os procedimentos da pesquisa foram realizados com o objetivo de possibilitar a mais livre expressão dos sujeitos sobre o protagonismo infantil, seus pontos de vista, valores, desilusões e conquistas. As atividades procuraram possibilitar, ainda, o exercício desse protagonismo pelas crianças, durante o processo de pesquisa, no diagnóstico dos seus problemas mais imediatos em relação à violência e às ações que poderiam propor, negociar, executar e gerir na busca pela solução desses problemas. Nesse sentido, a tarefa de elaborar uma campanha para a promoção da paz na escola consistiu em uma oportunidade para verificar a emergência de concepções de paz e de infância por parte das crianças. Foram também utilizados, ao longo do trabalho empírico, outros procedimentos, como a elaboração de um ensaio fotográfico, realização de pequenas encenações pelas crianças e entrevistas com sujeitos adultos e crianças.

A análise e discussão dos dados deu-se à luz do referencial teórico sociocultural construtivista (Branco e Valsiner, 1999; Madureira e Branco, 2005; Valsiner, 2007), procurando ressaltar os aspectos referentes às concepções de infância e os seus desdobramentos na regulação das culturas coletiva escolar e pessoais de adultos e crianças. As concepções de paz também foram analisadas e discutidas, articulando-se com as possíveis influências para a construção da subjetividade. Procurou-se destacar, nesses elementos de análise, a importância da existência de um espaço de expressão infantil formalmente estabelecido pela instituição pública de ensino onde o trabalho foi realizado, denominado Conselho de Classe Participativo.

FUNDAMENTAÇÃO EPISTEMOLÓGICA

A abordagem metodológica adotada na pesquisa foi qualitativa com a análise interpretativa de dados de diversas naturezas (Branco e Valsiner, 1997; González Rey, 1997, 2002, 2005; Lüdke e André, 1986). Essa abordagem foi adotada por ser apropriada ao estudo do significado da ação humana em contextos culturais específicos, conforme afirmam Gaskins, Miller e Corsaro (1992). Nesse mesmo sentido, Branco e Valsiner (1997) argumentam que, na construção da interpretação, o pesquisador emprega um discurso embasado na sua vivência cultural e produz novas interpretações e compreensões mediante a coordenação de interpretações provenientes dos sujeitos.

Sob esse enfoque, a metodologia e o emprego de instrumentos para acesso às informações são entendidos como parte do processo de construção do conhecimento, no qual estão envolvidos todos os que participam da pesquisa. A análise e construção dos dados, portanto, são realizadas a partir das possíveis articulações entre as diversas formas de aproximação às informações obtidas, sendo esta uma das dificuldades da abordagem qualitativa. No entanto, já existe um corpo conceitual bem estabelecido sobre como construir o conhecimento a partir desse ponto de vista (*e. g.* Branco e Madureira, 2001; Branco e Valsiner, 1997; Bruner, 1997; Creswell, 1998; Denzin e Lincoln, 1998; Gaskins Miller e Corsaro, 1992; González Rey, 1997, 2002, 2005; Valsiner, 1997). Nas fases da pesquisa em que houve a participação direta dos sujeitos, buscou-se enfatizar o seu envolvimento com a proposta, o uso do cenário cotidiano, a importância da comunicação e a participação do pesquisador e sua equipe no processo de construção do conhecimento (Branco e Madureira, 2001).

No que se refere à utilização de diversos instrumentos e à participação da equipe de pesquisa, a estratégia planejada foi coerente com o modelo da *pesquisa-ação,* que é um método de pesquisa que agrega diversas técnicas com as quais é possível estabelecer uma intensa interação com os sujeitos no contexto de uma dinâmica coletiva e participativa para o acesso às informações de interesse.

Em síntese, como propõe Thiollent (1992), a pesquisa-ação é uma estratégia metodológica da pesquisa social na qual existe ampla e explícita interação entre o pesquisador e as pessoas envolvidas na situação investigada. Dessa interação resulta a priorização dos problemas a serem pesquisados e das soluções a serem encaminhadas em ações concretas, raciocínio que se aplica à *campanha para a promoção da paz construída durante a pesquisa.* As situações sociais e seus problemas também se constituem objeto da investigação, como é o caso da construção coletiva do espaço participativo, sem o qual é muito difícil promover a paz e o protagonismo infantil no ambiente escolar. Assim, a pesquisa não se limita à ação pontual, mas considera importante que haja um aumento do "nível de consciência" das pessoas relacionadas à situação investigada.

Especificamente em relação aos objetivos deste trabalho, vale assinalar que Valsiner (1989, 1994, 1997, 2005, 2007) vem desenvolvendo um corpo conceitual que abre perspectivas inovadoras de estudo do desenvolvimento humano sob o ponto de vista da motivação social e da construção da moralidade. Sua proposta de modelo de construção bidirecional das culturas considera que adultos e crianças criam e compartilham significados, iniciando um processo de negociação que resulta na construção de versões pessoais de significados culturais coletivamente disponíveis. Essa concepção desvela o papel ativo que os seres humanos possuem na formação de sua própria identidade, bem como a influência que podem exercer na cultura coletiva. Buscou-se, portanto, desenvolver uma metodologia criativa e flexível, compatível com a natureza desenvolvimental e complexa do fenômeno investigado (Branco e Valsiner, 1997), como será apresentado a seguir.

CONTEXTO DE CONSTRUÇÃO DA PESQUISA

Realizar um estudo piloto foi fundamental para definir os objetivos e os procedimentos utilizados nesta pesquisa. Crianças e adultos participaram e, para uma melhor compreensão da estratégia metodológica, entende-se que seja importante designar se o sujeito era criança ou adulto para que o leitor tenha uma compreensão mais precisa sobre as relações que são estabelecidas entre eles. Dessa forma, as expressões "sujeitos adultos" e "sujeitos crianças" são utilizadas para identificar, inequivocamente, o momento cronológico do desenvolvimento dos sujeitos da pesquisa.

O estudo piloto realizou-se no contexto de uma escola particular de grande porte do Plano Piloto de Brasília e envolveu a participação de 30 sujeitos crianças. Ele representou não apenas o teste dos procedimentos que foram adotados pela pesquisa que será relatada a seguir, mas serviu também para reorientar os objetivos deste trabalho. Por exemplo, percebeu-se uma grande resistência oferecida pela administração dessa escola diante da efetiva participação das crianças e dos adultos quanto à manifestação sobre o que poderia ser alterado na cultura organizacional. Tal resistência acabou por inviabilizar a proposta inicial de realização concreta de ações construídas pelos sujeitos crianças com vistas a realizar uma campanha para a promoção da paz na escola.

A partir das reflexões provenientes dos êxitos e desventuras vivenciados no estudo piloto, aprimorou-se a articulação dos instrumentos utilizados para a construção dos dados na pesquisa, o que incluiu a observação direta, o registro de informações em áudio e vídeo (Ball e Smith, 1992; Denzin e Lincoln, 1998), uso de fotografia (Barthes, 1984) e a realização de grupos focais com os participantes da pesquisa (Bauer e Gaskell, 2002; Tanaka e Melo, 2001).

No relatório do estudo existe uma seção dedicada aos resultados e uma discussão dos dados referentes aos sujeitos do estudo piloto. No entanto, a apresentação ora realizada refere-se aos sujeitos da segunda escola, que foram

16 alunos do 5° ano do ensino fundamental, de ambos os sexos, e onze adultos do sexo feminino que são funcionárias do estabelecimento de ensino. A abordagem do pesquisador foi simples: os sujeitos crianças receberam a tarefa de elaborar uma campanha para promoção da cultura de paz na própria escola. Por meio de técnicas facilitadoras, motivou-se a interação entre os sujeitos crianças e adultos, de forma a permitir o registro com o propósito de ter acesso a informações geradoras de dados que permitissem a análise da construção coletiva e colaborativa de significados relevantes para a promoção de uma cultura de paz e de práticas participativas na escola.

A partir dos registros realizados em áudio, vídeo, observação etnográfica, fotografia e outras produções dos próprios sujeitos (obtidas durantes várias das atividades propostas), foi necessário articular os dados, tendo em vista sua interpretação (Branco e; Madureira, no prelo). *No caso específico desta pesquisa, interessou analisar os dados nas modalidades ontogenética e prospectiva, nos contextos do tempo histórico-cultural* (Rossetti-Ferreira; Amorim; Silva, 2004) *e das canalizações culturais* (Valsiner, 1989). Para estabelecer esse tipo de relação entre as ações dos sujeitos, as práticas sociais escolares e as condições macrossociais em relação ao controle social, realizou-se a análise das falas dos participantes. Dessas narrativas, destacaram-se referências às práticas sociais em termos de configuração do controle social, do exercício da autonomia, da agência dos sujeitos e das canalizações culturais decorrentes de concepções específicas da infância e de suas implicações na promoção da paz e na construção de um ambiente participativo no contexto escolar. Para tanto, utilizou-se a abordagem qualitativa referida na seção anterior.

PLANEJAMENTO E EXECUÇÃO DA PESQUISA

As atividades da pesquisa desenvolveram-se no ambiente escolar com crianças do 5° ano do ensino fundamental e adultos que com elas trabalham. As interações entre a equipe de pesquisa e os sujeitos orientaram-se pela necessidade de promover a ação de crianças e adultos como agentes ativos na construção de um ambiente de paz. A construção e discussão dos dados deram-se em função da sua necessária articulação no contexto das regulações histórico-culturais exercidas no campo simbólico pelos conceitos e práticas relativos à infância, buscando compreender como as crianças concebem e exercem a participação, suas possibilidades e suas limitações.

Foram, então, realizadas sessões semiestruturadas com os sujeitos crianças, visando obter informações e indicadores de suas concepções, avaliações e percepções acerca:

a) da infância (critérios de término e de permanência);
b) da vida adulta (como ela percebe que o adulto relaciona-se com as crianças; como os adultos atribuem responsabilidade; se consideram as crianças aptas para realizar funções; como e quando os adultos a consideram apta para a liberdade, para realizar escolhas);
c) da habilidade para o exercício de funções;
d) da capacidade para entender e assumir responsabilidades;
e) da participação infantil;
f) da iniciativa para formular propostas de promoção de paz por parte delas.

Após as sessões com as crianças, foi realizado um encontro de grupo focal com os professores e coordenadores para explorar suas concepções de infância, de autonomia, participação, controle social, diálogo com as crianças, entre outros aspectos semelhantes aos levantados com os sujeitos crianças. Foi também realizada uma sessão de grupo focal com todas as crianças de forma a investigar os aspectos anteriormente levantados pelos adultos, agora segundo o ponto de vista das crianças. Esses procedimentos serão detalhados mais adiante.

Uma das principais intenções do trabalho foi favorecer o êxito dos sujeitos crianças em conceber e elaborar uma campanha para a construção de uma cultura de paz na escola, analisando estratégias e processos envolvidos ao longo das atividades planejadas nos procedimentos de investigação adiante especificados.

PROCEDIMENTOS ÉTICOS

O projeto de pesquisa foi avaliado e aprovado para realização em conformidade com as determinações da Resolução CNS/MS n. 196/96. A autorização dos estabelecimentos de ensino foi solicitada diretamente aos diretores na primeira visita. No caso da escola pública, houve a prévia autorização da Secretaria de Educação, e ficou a cargo das próprias escolas informar sobre a pesquisa os funcionários e alunos que não fossem participar diretamente do estudo. Antes do início das atividades, todos os sujeitos receberam explicações sobre a pesquisa e expressamente autorizaram a participação por meio da assinatura do

Termo de Consentimento Livre e Esclarecido. Um dos propósitos da equipe de pesquisa foi ouvir as crianças o mais cedo possível, logo a partir desse primeiro contato, quando se perguntou sobre o desejo de colaborar na construção do conhecimento sobre a participação infantil. No caso dos sujeitos crianças, além do seu próprio consentimento, foi solicitada a autorização dos pais ou responsáveis. Todas as dúvidas foram respondidas, bem como foram esclarecidos os aspectos referentes à garantia de sigilo de identificação e à guarda dos registros. Os nomes dos sujeitos foram substituídos por indicativos, de forma a preservar a privacidade. Foram enfatizadas a participação voluntária e a possibilidade de desistência a qualquer momento, o que não ocorreu até o final da pesquisa.

EQUIPE DE PESQUISA

Formar uma equipe de pesquisa foi fundamental para viabilizar o trabalho com a grande quantidade de sujeitos, a operação de diversos procedimentos e a organização de considerável quantidade de dados. Por intermédio de uma lista de discussão na Internet, divulgou-se um comunicado que solicitava auxílio para a pesquisa. Após um processo seletivo realizado através de entrevistas, três pessoas ingressaram na equipe: duas psicólogas e um estudante de psicologia do último período, que se graduou antes de realizar a parte empírica da pesquisa. Além deles, integraram a equipe uma pedagoga, doutoranda do Instituto de Psicologia da UnB, uma fisioterapeuta e o pesquisador. Participaram, ainda, dois adolescentes de 17 e 12 anos, que desenvolveram atividades de apoio aos trabalhos, conforme as suas habilidades.

Em 2006, houve um período inicial de dois meses para a capacitação da equipe de forma a habilitá-la a realizar as mediações, a operação dos equipamentos e ambientá-la em relação ao referencial teórico adotado. A equipe manteve-se funcional até o fim do trabalho. Seus integrantes participaram de muitas discussões, oferecendo suas reflexões e interpretações da vivência com os sujeitos. O estudo resultou, portanto, da construção coletiva da qual essas pessoas participaram para que os objetivos fossem atingidos.

CARACTERIZAÇÃO DA ESCOLA E DOS PARTICIPANTES

A escola, fundada em 1977, atualmente trabalha apenas com alunos do 2º ao 5º ano do ensino fundamental. As instalações físicas são de pequeno porte, e contam com sete salas de aula que funcionam tanto no turno matutino quanto vespertino. São quatro turmas de 2º ano, três de 3º; quatro turmas de 4º ano e quatro de 5º. A escola situa-se em uma quadra residencial do Plano Piloto do Distrito Federal, no entanto, muitos de seus alunos são filhos de pessoas que moram em outras localidades próximas.

No mês de agosto de 2007, o número total de alunos da escola era de 336, sendo 169 alunos no turno matutino e 167 alunos no turno vespertino. Desses alunos, segundo os dados oficiais, 15 eram caracterizados como alunos do ensino especial por possuírem alguma indicação justificativa. Além disso, na ocasião, 46 profissionais trabalhavam na escola.

O principal critério de inclusão da escola foi a sua designação pela Sub-Secretaria de Educação Pública do Distrito Federal. A escolha do estabelecimento de ensino deu-se por meio de diálogos com a Secretaria de Educação (SEDF), nos quais foi solicitada a indicação de escolas que tivessem um histórico de problemas com a violência.

SUJEITOS CRIANÇAS

Foram selecionados para participar da pesquisa os alunos de uma turma de 5º ano da escola anteriormente caracterizada. Os alunos frequentaram as aulas e atividades da pesquisa no turno matutino, sendo dez meninas e seis meninos.

A seleção dos sujeitos deu-se da seguinte forma: primeiramente, o projeto foi apresentado à diretora da escola, à coordenadora e às professoras do 5º ano. Nessa reunião, uma das professoras manifestou o desejo de que a pesquisa ocorresse com os seus alunos. No dia seguinte, a proposta foi apresentada a todas as 16 crianças da turma cuja professora mostrou-se interessada, que, após esclarecimentos, indicaram a sua concordância em participar. Em seguida, foi distribuído o Termo de Consentimento Livre e Esclarecido, tiradas todas as dúvidas e marcada a entrega dos documentos assinados pelas crianças e seus pais ou responsáveis para o dia seguinte. A opção de trabalhar com toda a turma justificou-se, pois o principal objetivo da pesquisa era investigar a construção coletiva do espaço de participação infantil e de promoção da paz na escola, sendo as atividades previstas para serem elaboradas no contexto da turma de aula.

O critério de exclusão foi a manifestação individual do desejo de não participar ou não ser autorizado pelos pais ou responsáveis. Integravam a turma dois alunos com retardo mental, que aceitaram participar e realizaram as mesmas atividades que os demais.

Na escola em questão já existia um espaço de negociação e expressão infantil formalmente estabelecido e denominado Conselho de Classe Participativo. Essa prática é desenvolvida com todos os alunos da turma, a professora, uma facilitadora, pais ou responsáveis e outros funcionários da escola, uma vez por semestre. Sob esse ponto de vista, a turma de aula é uma unidade coletiva funcional que se interessava em estudar, uma vez que os compromissos assumidos pelos sujeitos nos conselhos de classes participativos são novamente debatidos e renegociados durante o semestre letivo nos momentos de aula.

A maior parte dos integrantes da turma tinha, aproximadamente, a mesma idade cronológica (10 anos), com exceção de dois alunos: um que havia completado 11 anos recentemente, e outro portador de retardo mental, que nasceu três anos antes dos demais. Além disso, apenas dois alunos não frequentavam a mesma escola desde o 2º ano. Para os objetivos da pesquisa, o fato de os alunos terem frequentado a escola desde o 1º ano era um aspecto relevante, uma vez que conviviam, então, por mais de três anos com a cultura coletiva do local. Participavam das atividades no estabelecimento desde que tinham 7 anos de idade, conheciam e eram conhecidos pelos adultos da escola e estavam no último ano letivo, o que lhes colocava na situação de "veteranos". Não houve exclusão de sujeitos crianças na turma, uma vez que todos consentiram em participar e foram autorizados pelos respectivos pais ou responsáveis antes do início das sessões da pesquisa.

SUJEITOS ADULTOS

A professora regente da turma participou de todas as sessões com as crianças, de forma a manter a unidade coletiva da turma o mais próximo possível do que ocorre no dia a dia da escola. Para isso, foi orientada a permanecer com o contato usual entre ela e as crianças, apesar de não ter conduzido nenhuma das atividades. Caso alguma criança a procurasse para interagir, perguntar algo, por exemplo, ela poderia conduzir-se como sempre o faz. Os integrantes da equipe de pesquisa e a professora foram os únicos adultos a participarem das sessões com as crianças. A Tabela 1 resume os dados dos sujeitos adultos.

Tabela 1 – Dados sociodemográficos dos adultos

Função	Tempo na educação (em anos)	Tempo na escola
Diretora	20	18 anos
Vice-diretora	20	18 anos
Coordenadora	23	3,5 anos
Orientadora educacional	23	10 anos
Professora	22	10 anos
Professora	14	11 meses
Professora	14	5 meses
Professora	12	7 meses
Professora	15	1,5 mês
Professora	14	10 anos
Professora de apoio	23	18 anos

Após o término das sessões com as crianças, realizou-se uma sessão de grupo focal com os adultos, do qual participaram, além do pesquisador, que exerceu a função de facilitador, 11 funcionárias da escola, todas do sexo feminino, que se apresentaram voluntariamente, atendendo ao convite feito pela diretora da escola. Essa foi uma iniciativa da administração do estabelecimento que enriqueceu a atividade, apesar de a solicitação formal de participação abranger apenas a professora da turma, a coordenadora e uma pessoa da administração escolar.

PROCEDIMENTOS PARA A CONSTRUÇÃO E ANÁLISE DOS DADOS

A construção dos dados deu-se a partir dos seguintes procedimentos: observação etnográfica, sessões semiestruturadas, fotografia e grupos focais.

Observação etnográfica

Foram realizadas visitas, conversas e observações informais da dinâmica de funcionamento da escola. Essa etapa ocorreu com a presença do pesquisador na escola durante quatro semanas e se constituiu no momento da inserção inicial no contexto escolar, sendo observadas as interações sociais em diferentes situações, as características físicas da escola, as reuniões, o intervalo, a entrada das crianças, a sala dos professores e, principalmente, as situações em sala de aula. O período de observação aconteceu das 7h30 às 10 horas da manhã, pelo menos três vezes por semana.

Partindo do pressuposto de que as crianças têm a sua própria cultura (Corsaro, 2003; Sarmento, 2000, 2003, 2005), a equipe de pesquisa procurou participar de suas vidas, assumindo uma postura reativa, esperando que as próprias crianças decidissem o que fazer acerca de nossa presença (Corsaro, 2003). Com o passar dos dias, essa estratégia de interação mostrou que os sujeitos crianças foram excelentes anfitriões, o que veio ao encontro da intenção de toda a equipe de pesquisa, que não era conduzir um estudo *sobre* as crianças, mas *com* elas.

No diário de campo, foram registradas notas descritivas que abrangeram temas surgidos, aspectos institucionais relevantes e exemplos de falas, além de notas reflexivas que contemplaram as impressões e as primeiras interpretações do pesquisador. O registro foi realizado no mesmo dia das observações dos eventos, porém depois de seu término. A fase de observação acabou quando a equipe de pesquisa tornou-se conhecida das crianças que participariam da pesquisa e da maioria dos adultos que trabalham na escola.

Sessões com as crianças: a campanha para promoção da paz

As sessões, além de servirem de contexto para o registro dos diversos tipos de interações, das crianças entre si e entre as crianças e os adultos, proporcionaram uma oportunidade para realizar a etapa de concepção de uma campanha de promoção da paz na escola. Durante as sessões ocorreram muitas interações entre a equipe de pesquisa, as crianças e os demais adultos da escola, o que proporcionou uma excelente inserção dos pesquisadores na escola.

Figura 1 – Disposição dos grupos na sala.

Primeira e segunda sessões – 90 minutos

As duas primeiras sessões ocorreram em sequência, ao longo de 90 minutos. Na primeira, apresentou-se um desenho animado da série "Padrinhos Mágicos" que teve o objetivo de motivar as crianças para a participação infantil, conforme ilustrado na Figura 2. Foi exibida uma edição do desenho animado, com duração de cerca de 20 minutos, que mostrava, em sua primeira parte, um mundo no qual as crianças submetem-se às vontades dos adultos sem que possam sequer opinar a respeito dos assuntos de seu interesse. Em um segundo momento, o desenho animado mostrou crianças que, por meio de mágica, passavam a governar o mundo e oprimir os adultos, "reproduzindo" ações semelhantes àquelas de que eram vítimas. Em um terceiro momento, descobriam que crianças e adultos podem viver em colaboração, sem o ambiente opressivo anteriormente vivenciado.

Figura 2 – Apresentação do desenho animado.

Após assistirem ao desenho animado, os sujeitos crianças, divididos em três grupos, conversaram sobre: paz, participação, protagonismo, cultura, cultura de paz, infância e outros assuntos. A atividade foi facilitada por auxiliares de pesquisa em cada grupo e não teve a finalidade de extrair das crianças o que pensam, mas de iniciar um processo de negociação mínima de significados comuns no grupo que facilitasse o transcorrer do trabalho.

Na segunda sessão foram desenvolvidas três atividades:

1ª atividade – Palavra puxa palavra. Foram distribuídos papéis formato A4 de duas cores diferentes: verde para os meninos e amarelo para as meninas. Foi solicitado que escrevessem, no mínimo, quatro palavras ou ideias sobre o que entendiam estar relacionado à paz. Em seguida, solicitou-se que cada criança escolhesse duas entre as quatro palavras ou expressões anteriormente evocadas que entendessem ser as mais importantes e as sublinhassem. Na sequência, foram solicitadas a escolher uma entre as duas mais importantes e marcar um X. A tarefa de escolha foi conduzida individualmente sem conversa com os demais colegas. A Figura 3 mostra o trabalho de um dos grupos.

Figura 3 – Sujeitos evocando palavras sobre a paz.

2ª atividade – Escrever. No mesmo papel da atividade anterior, solicitou-se aos sujeitos crianças que escrevessem suas atividades diárias nas seguintes situações: (1) quando encontram com pessoas do seu convívio familiar (por exemplo, mãe, irmãos, pai, outro responsável, outra pessoa); (2) com quem passam a maior parte do tempo depois que chegam da escola (por exemplo, tio, tia, avó, empregada etc.); e (3) o que fazem no final de semana (igreja e outras reuniões religiosas, clubes etc.). O objetivo dessa tarefa foi levantar elementos sobre os contextos e relações extraescolares. Um dos propósitos do fomento da participação infantil é o aumento do nível de consciência da criança em relação ao seu papel ativo nos contextos dos quais participa. Nesse sentido, é interessante levantar quais são esses contextos.

3ª atividade – Brincando de repórter. Utilizando-se do que foi escrito no papel nas duas atividades anteriores, elas se revezaram em entrevistar os colegas sobre o que consideravam ser a paz e sobre o porquê de escolherem suas quatro palavras. As crianças foram incentivadas a entrevistarem seus colegas sobre o que escreveram na atividade anterior e sobre qual era o seu papel para promover a paz na escola.

Todas essas atividades, apesar de se prestarem a diversos tipos de análises, no contexto dos objetivos da pesquisa tiveram o *principal propósito de colocar as crianças em contato com o tema e motivá-las para as outras sessões*. No entanto, esse propósito não impediu que as interações fossem registradas em áudio e vídeo para utilização em pesquisa posterior, que tenha como objetivo realizar uma análise microgenética das interações e das negociações acerca da construção da campanha.

Houve flexibilidade de tempo para realizar todas as atividades e, ao final da sessão, ocorreu uma avaliação verbal com cada grupo. Em seguida, todas as crianças foram informadas sobre o que estava previsto para ocorrer na sessão seguinte.

Terceira sessão – 60 minutos

Nesta sessão, as crianças dividiram-se em três grupos, conforme suas preferências, e foram apresentadas a duas personagens fictícias: Manu e Jaci. Manu foi caracterizada como uma menina, 10 anos de idade, estudante do 5º ano do ensino fundamental, que era considerada uma "menina adulta" pelos adultos. Jaci foi caracterizado como um menino, 10 anos de idade, estudante do 5º ano do ensino fundamental, considerado um "menino adulto" pelos adultos.

Propôs-se, então, em cada grupo, que se elaborassem duas encenações que respondessem às seguintes perguntas: Como essas crianças são? O que elas fazem na escola, em casa, no lazer? Como os adultos as tratam? Como elas tratam os adultos?

O propósito dessa atividade foi promover situações em que fossem explicitados indicadores sobre a concepção de infância e as relações adulto-criança.

A título de exemplo, reproduzimos a seguir uma das encenações que foram produzidas pelas crianças. Nessa criação, as crianças, ao apresentarem suas ideias sobre as crianças consideradas adultas pelos adultos, revelaram a violência subjacente à disputa e ocupação dos espaços de atuação. É interessante notar que esse instrumento permitiu desvelar concepções paradoxais em relação ao narrado nos grupos focais.

Grupo 3 – Segunda encenação

A cena inicial é composta de seis personagens. Duas crianças encontram-se brincando em um canto. Nesse momento entram mais quatro crianças que ficam em volta do computador.

Duas crianças brincando

Manu: *Tá, mexe bem pouquinho! Vamos ligar.* [Quatro crianças ficam em volta do computador]

Manu: *Podem brincar aí!* [Apontando para o canto onde estão as outras duas crianças brincando]

Jaci: *Tem tanta gente aí, vai brincar!* [Falando para as duas crianças que estavam com ele e Manu no computador]

As duas crianças deixam Jaci e Manu no computador e vão brincar com as outras duas crianças.

Jaci e Manu no computador

Jaci: *A gente tá no* Orkut.

Manu: *Ai, que certinho!*

Criança 1: *Vamos mexer um pouquinho no computador?* [Convidando todas as demais três crianças a irem para o computador, onde estão Jaci e Manu]

Crianças que expulsaram Jaci e Manu

As quatro crianças avançam em direção ao computador.

Jaci: *Não pode mexer não! Isso aqui é coisa pra gente grande!*

Criança 1: *Ah, mas o computador é meu! Deixa eu mexer no computador! Eu quero mexer!* [Expulsam Jaci e Manu usando a força]

Jaci: *Elas são muito pequenas! Então vai todo mundo brincar!* [Jaci expulsa as crianças usando a força]

Jaci e Manu retomam o computador

Manu: *Ah... só a gente pode mexer no computador.*

As crianças desfazem a cena e, em seguida, lhes é solicitado que expliquem o ocorrido.

Explicação:
C11: *Que o (Jaci) e a Manu não deixavam as outras crianças brincar porque achavam que eram gente grande.*

Entrevistador:
O que vocês estavam mostrando com a cena dessas crianças em relação às outras?
C11: *Porque eles achavam que eram adultos e não deixavam as outras mexerem no computador.*

Esse grupo abordou o tema da separação entre o mundo das crianças e o dos adultos. Na primeira apresentação, destacou a capacidade de conversar e de interagir com os adultos como elementos-chave para a transição. Fica evidente a escolha das personagens crianças consideradas "adultas", pois se demonstrou a preferência das crianças consideradas "adultas" pela companhia dos adultos. No entanto, deixaram clara a capacidade de Jaci e Manu em transitarem entre os dois mundos, conseguindo brincar com crianças quando os adultos não estavam. A segunda apresentação, anteriormente retratada, foi surpreendente, pois não há adultos representados. A cena dá-se entre Jaci, Manu e quatro outras crianças. É, portanto, uma situação de interação entre pares. Nesse caso, as crianças consideradas adultas rejeitam e se separam das demais. Outro aspecto que pode ser evidenciado é a *utilização da violência física* para a retomada de controle do computador.

Essa atividade revela que as crianças também expressam concepções de infância coerentes com a separação entre o mundo dos adultos e das crianças. Além disso, os elementos referentes à capacidade de assumir funções, de prestar cuidados e de ter responsabilidade estão presentes em suas manifestações. Esse é mais um indicador das elaborações que resultam do trânsito em vários referenciais culturais normativos e interpretativos. Apesar da intensa experiência de participação que vivenciam na escola, a realidade de outros contextos pode sugerir concepções de infância relacionadas à incompletude e incapacidade infantis, que podem promover a internalização dessas concepções.

Quarta sessão – 60 minutos

Nesta sessão, foi entregue aos facilitadores um envelope contendo três listas com todas as palavras evocadas e eleitas como mais importantes pelas crianças a partir dos dados levantados na segunda sessão. As palavras foram organizadas em ordem alfabética, conforme mostrado na Tabela 2. Foi, também, entregue um papel com um diagrama em formato de pirâmide (Figura 4) para ser completado com o resultado da negociação coletiva acerca dos significados mais importantes sobre a paz.

Tabela 2 – Lista com as palavras escolhidas como mais importantes

Alegria	Amizade	Amor	Carinho
Compaixão	Confiança	Dignidade	Família
Felicidade	Futuro	Harmonia	Justiça
Natureza	Planeta	População	Respeito
Solidariedade	Tranquilidade	União	Vida

Foram desenvolvidas três atividades:

1ª atividade – Conversa sobre as palavras escritas nas listas. Foi promovida entre as crianças uma conversa sobre os significados das palavras. Os significados não eram entregues pelos mediadores, somente se promovia a conversa. A lista com todas as palavras circulou entre as crianças. A tarefa era escolher 13 palavras entre as 20 apresentadas.

Foi explicado que era admissível acrescentar novas palavras que surgissem na conversa. Enfatizou-se que eles estavam elaborando uma campanha para a promoção da paz e logo teriam que pensar em propostas para oferecer aos demais alunos a partir das conversas que conduziam naquele momento. O objetivo da atividade foi promover a negociação dos significados.

2ª atividade – Considerando todas as palavras escritas na lista, já reduzidas de 20 para 13, solicitou-se eliminar mais palavras até sobrarem 10. O critério para manter determinada palavra na lista era a importância do seu significado em relação às demais e a sua vinculação com o que os sujeitos crianças entendiam ser a paz. Os auxiliares de pesquisa foram orientados a prestarem atenção às palavras ou expressões que as crianças, coletivamente, demonstrassem não saber o significado ou não conseguissem negociar durante a conversa. Nenhum grupo acrescentou palavras e sempre havia alguma criança que ajudava com o significado das palavras desconhecidas para alguns.

3ª atividade – Construir a pirâmide de escolhas. Foi solicitado às crianças que, iniciando pela base, elegessem quatro palavras para compor o 1º nível, três para o 2º nível, duas para o 3º e uma para o 4º nível, de acordo com a importância daquelas palavras para o grupo. As palavras foram escritas no papel com o modelo da pirâmide. Dois grupos preferiram preencher a pirâmide na ordem inversa da tarefa, iniciando pelo mais importante e prosseguindo até a base.

Figura 4 – Modelo da pirâmide de escolhas para ser preenchido.

Quinta sessão – 60 minutos

Nesta sessão, foi entregue um envelope aos auxiliares de pesquisa com o seguinte conteúdo: uma cópia das quatro pirâmides de escolha produzidas pelos grupos, conforme a Figura 5 e folhas em branco.

Atividade única – Construindo a proposta (tempestade de sugestões). O objetivo da sessão foi apresentar o máximo de propostas sobre o que fazer na campanha de promoção da paz, com base nas palavras escritas nas pirâmides de escolha. As crianças foram orientadas a olhar as pirâmides de escolhas e tentar lembrar dos significados de cada palavra e as discussões que se estabeleceram até que a pirâmide ficasse pronta. Após alguns minutos, cada auxiliar de pesquisa solicitou que um voluntário daquele grupo apresentasse-se para sugerir o que poderia ser feito para promover os itens que foram escolhidos por eles. A partir daí, as próprias crianças assumiram a condução da atividade.

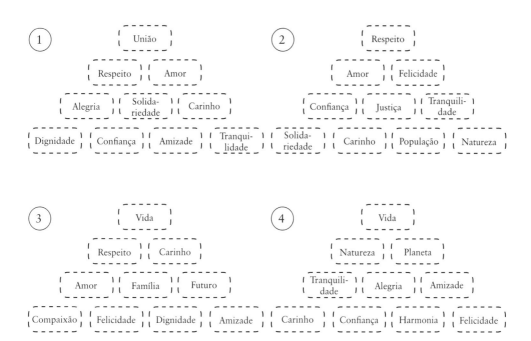

Figura 5 – Pirâmides de escolhas dos alunos (uma por grupo).

Cada grupo elegeu um relator para anotar as ideias e recuperá-las posteriormente. O restante do tempo foi utilizado para levantar o que poderia ser realizado na campanha. Procurou-se orientar as crianças a proporem atividades para promoção da paz que estivessem ligadas às necessidades do ambiente escolar, evitando atividades externas à escola.

As crianças expuseram, verbalmente, o que fazer para promover a campanha. Nesse momento, ainda não havia a necessidade de categorizar em termos de importância nem detalhamento para executá-la ou de como realizá-la. Ao final, as crianças foram reunidas na sala de aula para uma explicação sobre o que ocorreria na próxima sessão.

Sexta sessão – 60 minutos

O propósito da sessão foi negociar e escolher as propostas consideradas mais importantes pelas crianças e iniciar o detalhamento de como realizar a campanha. Inicialmente, foram apresentadas cópias da relação contendo as sugestões sobre o que fazer, em ordem alfabética, conforme mostrado na Tabela 3.

Tabela 3 – Ideias apresentadas pelas crianças para a campanha

Atividade que ensine a conversar para evitar brigas.
Brincadeiras e jogos para conhecer pessoas novas.
Fazer atividades com alunos dos outros anos; conversas sobre a paz.
Realizar brincadeiras para conhecer as crianças dos outros anos.
Um dia livre na escola com brincadeiras entre as turmas – Dia da Amizade.
Promover campeonato de jogos.
Campanha pela não utilização de palavras ofensivas.
Desenhar-se e escrever um texto sobre a paz com referência a si mesmo.
Elaborar cartazes sobre a paz com o tema: Planeta com Paz.
Ter um momento na hora cívica com representações sobre a paz.
Passeio no Jardim Botânico.
Preparar material de divulgação sobre a paz, o que é paz etc.
Trabalhos em grupo sobre a paz.
Realizar exercícios de relaxamento.

As crianças dividiram-se livremente em grupos e conversaram sobre a viabilidade das propostas e iniciaram o processo de detalhamento sobre como realizá-las. As propostas e os detalhes foram anotados pelos relatores nos grupos, conforme mostrado na Figura 6.

Relator
Figura 6 – Grupo de trabalho reunido.

Ao final, orientou-se sobre o que ocorreria nas próximas sessões.

Sétima e oitava sessões – 90 minutos

A tarefa da sessão era realizar a escolha, entre as propostas do próprio grupo, de uma ou duas delas que os integrantes do grupo, posteriormente, apresentariam para a direção da escola. Para tanto, os participantes dispuseram de 45 minutos. Depois da discussão em cada grupo, uma criança foi escolhida pela turma para organizar as propostas no quadro branco da sala. Logo após, representantes da direção da escola e da Secretaria de Educação estiveram presentes para assistir à apresentação e acolher as propostas, o que se desenvolveu nos 45 minutos restantes, durante os quais as crianças explicaram as propostas para os adultos presentes. A coordenadora pedagógica e uma funcionária da Secretaria da Educação fizeram considerações ao final da fala das crianças.

A tabela a seguir resume as informações sobre o propósito e as atividades que se desenvolveram com as crianças durante as sessões.

Ouvindo Crianças na Escola abordagens qualitativas e desafios metodológicos para a psicologia

Tabela 4 – Resumo das sessões com os alunos

Sessão	Duração	Propósito	Tarefa
3	60 minutos	Obter indicadores sobre as concepções de infância.	Dados dois personagens crianças, preparar duas encenações de por que essas crianças são consideradas "adultas" pelos adultos.
4	60 minutos	Realizar a hierarquização das enunciações realizadas na primeira e segunda sessões.	Conversar sobre as palavras que foram enunciadas na sessão anterior, levando as crianças a apresentarem exemplos. Hierarquizar as palavras enunciadas na sessão anterior.
5	60 minutos	Elaborar propostas a partir da hierarquização das enunciações realizadas na sessão anterior.	Apresentar sugestões a partir do processo de hierarquização dos enunciados elaborados na sessão anterior. Sugerir o que fazer para realizar a proposta.
6	60 minutos	Hierarquizar as propostas elaboradas na sessão anterior e detalhá-las.	Sugerir o que fazer para realizar a proposta, indicando a sua prioridade.
7 e 8	90 minutos	Escolher duas propostas por grupo. Apresentar as propostas da campanha à direção da escola.	Elaborar um plano coletivo a partir das sugestões escolhidas por todos os grupos. Fechamento do trabalho.

Fotografia

No mesmo dia em que ocorreu a 3ª sessão para a preparação da campanha, foram distribuídas 16 câmeras fotográficas descartáveis, uma para cada criança e se orientou sobre como utilizar o equipamento e sobre a tarefa, que também constou de uma orientação escrita. Esse documento teve a finalidade de servir de roteiro para a criança e deveria ser mostrado aos pais ou responsáveis, de forma que os adultos tomassem conhecimento sobre a posse da câmera pelas crianças. Além disso, solicitou-se o auxílio da família na concepção do projeto fotográfico, lembrando que a seleção de fotos e a operação da câmera deveriam ser realizadas pela criança.

A tarefa específica foi tirar fotos de expressões ou símbolos de paz. Para tanto, foi negociado o prazo de três semanas para que não houvesse pressa e para que a família também pudesse participar da concepção do projeto, conforme solicitado.

Após a devolução das câmeras e da revelação, as fotografias foram digitalizadas, agrupadas por sujeito e impressas em duas ou três páginas tamanho A4, conforme a quantidade de fotos que foram tiradas, como ilustrado na Figura 7. Cada criança recebeu as páginas com suas próprias fotos e foi orientada a observá-las de forma geral e escolher, fazendo uma marcação a lápis, as quatro que mais representavam o cumprimento da tarefa atribuída. Depois, solicitou-se que, dentre essas quatro fotos, escolhessem a mais representativa e redigissem um parágrafo, destacando os motivos de suas escolhas. Essa estratégia permitiu que se reduzisse a quantidade inicial de 344 fotos para 60 fotos, sobre as quais os próprios sujeitos manifestaram seu juízo e seus motivos de escolha.

Figura 7 – Exemplo de página com as miniaturas das fotos

A elaboração dessa atividade seguiu a concepção teórica de Barthes (1984), que parte do princípio que a fotografia deve ser compreendida como o registro de sistemas, como uma montagem entre sistemas previamente definidos que são aglutinados no momento da exposição fotográfica, *segundo o critério do operador da câmera*. Barthes argumenta que existem elementos de materialidade na fotografia, como tonalidades, linhas, superfícies e seus contextos correspondentes. Sob esse ponto de vista, a fotografia pode ser caracterizada como uma transcrição do real. Segundo o autor, durante muito tempo a fotografia teve essa interpretação.

Em seu procedimento de análise, ele orienta para que sejam procurados dois elementos aos quais denominou: *studium* e *punctum*. Segundo Barthes (1984), o *studium*:

> É a aplicação a alguma coisa, o gosto por alguém, uma espécie de investimento geral, ardoroso, é verdade, mas sem acuidade particular. É pelo *studium* que me interesso por muitas fotografias, quer as receba como testemunhos políticos, quer as aprecie como bons quadros históricos: pois é culturalmente (essa conotação esta presente no *studium*) que participo das figuras, das caras, dos gestos, dos cenários, das ações. (p. 45)

De acordo com esse ponto de vista, o *studium* está relacionado ao interesse humano e cultural que é estimulado pela imagem fotográfica. O *studium* revela os referentes visuais que nos tocam humana, cultural e moralmente, porém permanecem em um plano impessoal, sem nos atingir de forma especial.

Complementarmente, Barthes (1984) propõe uma categoria a qual denominou de *punctum*, que é o elemento pujante da fotografia. É um detalhe que sobressai e causa um impacto no observador. Coerente com o procedimento proposto por Barthes, espera-se que a descrição das crianças estabeleça uma relação sobre o *punctum* a partir do ponto de vista do próprio sujeito que selecionou e registrou as imagens.

No contexto da pesquisa, empregamos o procedimento para permitir que a criança expressasse-se sobre as imagens. Um dos sujeitos, por exemplo, resolveu representar os amigos por meio de uma cesta cheia de frutas nas quais foram pintados olhos e bocas, conforme mostrado na Tabela 5.

Tabela 5 – Exemplo das fotos escolhidas e das explicações do sujeito

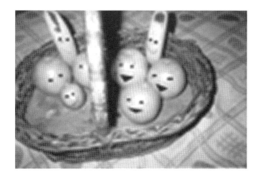

Foto 1   Foto 2    Foto 3

Foto 4   **Explicação do sujeito**

As quatro fotos, porque eu quis mostrar que duas pessoas podem fazer a paz; para fazer a paz não é preciso de muitas pessoas. As flores, porque elas me dão alegria e emoção. A cesta de fruta, porque representa as crianças que são amigos. Todos são amigos e família!

Grupos focais com os sujeitos adultos e crianças

O procedimento de Grupo Focal (GF) baseia-se em entrevistas coletivas semiestruturadas realizadas com o auxílio de um roteiro, previamente elaborado, constando de objetivo, introdução, perguntas abertas e situações-problema em relação a um determinado tópico (Bauer e Gaskell, 2002; Tanaka e; Melo, 2001). As situações-problema foram utilizadas como recurso para dinamizar a discussão e facilitar o engajamento dos sujeitos na atividade. As sessões com os sujeitos adultos e crianças deram-se separadamente, na quantidade de uma por grupo geracional.

Posteriormente à fase de observação e à realização das sessões das campanhas de promoção da paz com as crianças, ocorreu uma sessão de GF com os adultos. Nessa ocasião, procurou-se investigar, na história da escola, o surgimento da ideia de promover a participação infantil, a sua construção ao longo do tempo, suas concepções sobre "infância", as relações entre adultos, entre adultos e crianças, as possibilidades e limitações de seu trabalho no Conselho de Classe e as perspectivas futuras. Essa sessão teve a duração de 1h50 e dela participaram 12 adultos, 11 sujeitos adultos e o pesquisador.

Após a transcrição e uma escuta inicial das narrativas da sessão de GF com os adultos, foi preparado o roteiro da sessão de GF, que foi realizada com as crianças. Esse roteiro abordou temas semelhantes aos tratados com os adultos: a construção do espaço de expressão infantil, as relações entre adultos e crianças, os custos em participar, a eficácia da participação e as perspectivas futuras.

No dia do encontro com as crianças, elas se dividiram livremente em dois grupos de oito indivíduos e a moderação foi exercida pelo pesquisador e pelo auxiliar de pesquisa, um para cada grupo de oito crianças. O roteiro utilizado foi o mesmo para os dois grupos e o encontro durou 1h15.

Todas as sessões de grupo focal foram gravadas em vídeo e áudio. Os registros foram transcritos e organizados em função de categorias temáticas constituídas à luz dos objetivos da pesquisa, a partir do próprio material. Após a organização das informações obtidas nessa etapa, realizaram-se os processos de seleção, análise e comparação das informações com as categorias provenientes dos objetivos (como concepções de infância, a construção do espaço de participação e a participação infantil) e com os referenciais teóricos adotados.

ARTICULAÇÃO DOS DADOS

Parte dos dados obtidos neste trabalho foi posteriormente integrada no contexto da discussão. A Tabela 6 resume a quantidade de informações que foram registradas durante a pesquisa piloto e a pesquisa propriamente dita. Após passarem pelo critério dos objetivos do presente trabalho, os dados foram construídos e articulados com base em quatro categorias: concepções da infância, construção do espaço participativo, subjetividade e promoção da paz.

Tabela 6 – Coleta de informações

Sessão	Vídeo	Áudio	Fotos	Produção escrita
Piloto	11 horas	17 horas	40 fotos	37 folhas com respostas, desenhos e comentários
Pesquisa	15 horas	23 horas	344 fotos do ensaio 49 fotos das situações em sala	21 folhas com respostas e comentários
Total	26 horas	40 horas	437 fotos	58 folhas

A escolha das categorias deu-se pelas características do modelo teórico assumido para a discussão, o sociocultural construtivista. Sob esse ponto de vista teórico, é necessário contextualizar as análises, motivo pelo qual se deu a escolha da categoria "concepções da infância", que canalizam processos de subjetivação, internalização e externalização de crenças e valores e, evidentemente, as ações humanas. Um dos interesses é identificar a ocorrência de canalizações culturais que modulem a internalização de crenças e orientem para objetivos que promovam ou dificultem a participação das crianças em suas ações de planejamento e execução de estratégias para a promoção da paz na escola e para a construção de espaços de expressão.

A construção do espaço participativo de expressão e negociação foi assumida como categoria de análise por ser um pré-requisito para o estabelecimento de qualquer modalidade mais avançada de participação e influência no processo decisório. Sem o espaço de expressão, o aprofundamento das negociações coletivas e o estabelecimento de orientações para crenças e objetivos capazes de promover a paz nem se iniciam. A subjetividade foi também considerada como categoria de análise, pois a ênfase da investigação está na bidirecionalidade da construção cultural. A outra categoria foi a promoção da paz, pois este foi o tema da campanha proposta na presente pesquisa.

Tabela 7 – Articulação entre procedimentos, dados e categorias de análise

Instrumentos e procedimentos	Categoria(s)
Fotografia	Promoção da paz
Encenações	Concepções da infância
Grupo Focal adultos	Concepções da infância, construção do espaço participativo, subjetividade e promoção da paz
Grupo Focal crianças	Concepções da infância, construção do espaço participativo, subjetividade e promoção da paz
4ª sessão da elaboração da campanha	Promoção da paz
6ª, 7ª e 8ª sessões da elaboração da campanha	Promoção da paz, construção do espaço participativo

Os dados obtidos ao longo do trabalho foram posteriormente articulados conforme sumariamente descrito na tabela anterior e integrados na seção referente à discussão da pesquisa.

CONCLUSÕES A PARTIR DA ARTICULAÇÃO E DISCUSSÃO DOS DADOS

A título de exemplo, mostraremos que tipo de conclusão pode ser construída a partir da articulação dos dados em três categorias: concepções da infância, participação infantil e subjetividade.

No que diz respeito às concepções da infância de adultos e crianças, elas foram explicitadas nos dados provenientes dos grupos focais com os sujeitos crianças e adultos. O registro de campo e as encenações que foram realizadas com as crianças também ofereceram elementos para a discussão e elaboração de conclusões a respeito dessa categoria. Os adultos da escola, conscientemente, manifestaram a sua confiança na capacidade infantil em participar e protagonizar nos temas de seu interesse. Além disso, verificou-se em suas narrativas a concepção coletiva de que não somente as crianças são incompletas, mas os adultos também o são, no sentido de que todos, adultos e crianças, desenvolvem-se continuamente. Na visão dos sujeitos adultos, as crianças não são menos competentes, e os processos de socialização não devem ser conduzidos verticalmente.

Com referência à participação infantil, os grupos focais com os sujeitos adultos e crianças ofereceram elementos sobre o histórico e as características do processo de construção coletiva de um espaço de expressão para crianças e adultos, conhecido como Conselho de Classe Participativo. Essas mesmas narrativas levantaram as questões motivacionais, sentimentos e alguns "usos" problemáticos que se pode fazer desses espaços quando as intenções são moduladas pela raiva ou pela vontade de vingança.

Em relação à subjetividade e à sua construção, todos os instrumentos utilizados ofereceram elementos para discutir o desenvolvimento do próprio projeto da escola como uma estratégia de avanço em relação à internalização de crenças e valores promotores de paz. Além disso, a partir dos dados provenientes das encenações, do ensaio fotográfico, dos grupos focais e da observação, foi possível concluir como a existência de ações aparentemente contraditórias ou paradoxais pode ser um indicador de um dos momentos do processo de internalização, no contexto da sociogênese e da coconstrução de crenças e valores.

Ainda, a partir da análise dos dados, apareceram outros temas que fugiam aos objetivos da pesquisa, mas que merecem aprofundamento por meio de outros trabalhos. Mencionamos isso para pontuar que o emprego desse tipo de metodologia gera uma base de dados muito rica e que pode ser aproveitada por pesquisadores que a utilizem como dado em trabalhos posteriores. Por exemplo, concluiu-se, no grupo de sujeitos da pesquisa, que a afirmação da capacidade infantil não está associada ao término da infância, à aptidão para assumir funções ou para realizar tarefas, contrariamente ao que Dowdney (2003, 2005) sugeriu, ao estudar as crianças que trabalham para o crime organizado. Os sujeitos crianças da escola em questão, apesar de serem valorizados e considerados capazes em suas possibilidades de ação no ambiente escolar, são compreendidos pelos adultos como crianças e pessoas em um momento de desenvolvimento peculiar. Portanto, estudos posteriores podem ser realizados para investigar as relações entre as concepções da infância, os critérios de avaliação sobre a capacidade infantil para realizar funções sociais e a suposta abreviação do período de transição para a fase adulta.

Além disso, os dados indicaram que merece igual atenção acadêmica o estudo da influência dos "custos" emocionais, cognitivos, sociais e físicos, entre outros, advindos da adoção, na prática, de uma visão sistêmica e democrática do desenvolvimento humano. Isso porque esta *implica mudanças substanciais no nível das relações de poder*, da qualidade das interações sociais e do trabalho criativo para o desenvolvimento de novas práticas pedagógicas. Sob o ponto de vista sociocultural construtivista, as narrativas dos sujeitos indicaram a necessidade de estudar o impacto que o aumento ou a diminuição da quantidade de indivíduos pode ter na qualidade das interações e na configuração de dinâmicas de construção de espaços de protagonismo infantil. Por exemplo, o que fazer quando 30 crianças desejam participar de forma ativa de seu próprio desenvolvimento e educação? Apesar da simplicidade da questão, sua solução no mundo real não é tão trivial, uma vez que participação demanda tempo e o estabelecimento de regras e prioridades para que todos possam tirar o máximo proveito de suas possibilidades desenvolvimentais. Esta não é uma questão para gerar o desânimo, mas sim um tema necessário e produtivo para a superação das práticas pedagógicas baseadas na concepção da incapacidade infantil, o que exige um enfrentamento trabalhoso, mas muito importante.

Partindo-se de um pressuposto em que as relações estabelecem-se de forma sistêmica ou ecológica (Bronfenbrenner, 1986), existem diversas configurações possíveis para as relações entre grupos geracionais. Esses processos dinâmicos de reconfiguração constroem-se em meio à complexidade e à incerteza dos possíveis arranjos de tarefas, decisões, níveis de abstração e estado desenvolvimental necessários para a tomada de decisões, avaliação de consequências, exercício de competências técnicas, suprimento de necessidades econômicas, atendimento a aspectos jurídicos, entre tantos outros que poderiam ser levantados. A configuração mais provável e produtiva relaciona-se com a ocorrência de *diferentes arranjos complexos em relação à partilha de responsabilidades, compromissos e, consequentemente, quanto ao desempenho de diferentes tarefas entre crianças e adultos.*

No que diz respeito às análises das práticas escolares, a vivência com o protagonismo infantil é relatada pelos adultos como extremamente gratificante. No entanto, os sujeitos adultos foram muito francos ao revelarem as imensas dificuldades que um projeto de tal envergadura representa para servidores públicos da educação nacional. Não é sem motivo que as concepções da infância desveladas na pesquisa são diversas das relatadas, por vários estudos, como mais frequentemente encontradas na educação (*e. g.* Kramer, 2003; Kramer e Leite, 1996). As prateleiras estão cheias de livros que tratam da promoção de uma pedagogia participativa, mas as escolas estão vazias dessas práticas. Deslindar os aspectos psicológicos, em termos teóricos, dessa dissociação entre o desejo de aplicar os princípios pedagógicos coerentes com uma visão sistêmica e democrática do desenvolvimento humano e a prática conduzida nas escolas brasileiras é um desafio para todos.

A análise da narrativa dos sujeitos adultos levantou que eles, ao assumirem uma visão que chamaríamos de "coconstrutivista" do ser humano, ampliaram a quantidade de dimensões da subjetividade com as quais lidam, trazendo diversos custos de ordem cognitiva, emocional, social e física. Em suas narrativas, sujeitos adultos e crianças levantaram aspectos que indicam as dificuldades enfrentadas, o que foi descrito, analisado e discutido na pesquisa sob o ponto de vista dos diversos custos que essas pessoas, e também as crianças, têm pago para fomentar o seu desenvolvimento.

A contextualização do desenvolvimento na sociocultura, outra característica encontrada nas concepções expressas, traz um ônus adicional com a ampliação da quantidade de interações e, consequentemente, de aspectos (positivos e negativos) a serem tratados nos espaços de negociação entre as pessoas que compartilham a cultura coletiva e constroem o espaço simbólico da escola. Nesse processo de coconstrução, a paz é uma referência que motiva as interações entre todos no estabelecimento de ensino. *É justamente em meio aos problemas e conflitos decorrentes do convívio entre as pessoas que surgem as melhores oportunidades de capacitação para a resolução pacífica de conflitos e para a negociação.* É o que vem ocorrendo na escola há quase dez anos, quando o fomento da participação infantil tornou-se um dos propósitos da equipe de educadores. Nesse contexto, torna-se imperiosamente importante a capacitação continuada e a preparação de mediadores hábeis, tanto entre os adultos quanto entre as crianças. Além disso, a análise dos dados mostrou que os sujeitos crianças relataram uma baixa consciência das suas capacidades em influir na escola, outro aspecto que pode receber atenção por parte dos agentes escolares.

A observação sobre o estabelecimento e a dinâmica de operação do Conselho de Classe Participativo foi fundamental para que se entendesse o processo de capacitação das crianças no desenvolvimento de habilidades para protagonizar em seus ambientes e de perceber que os adultos da escola as consideram atores sociais e parceiros. A despeito do brilhante trabalho realizado pelo conjunto de adultos e crianças da escola, a reflexão a partir dos dados permitiu que algumas sugestões fossem elaboradas, tendo em vista o aprimoramento do trabalho que vem sendo orientado pela equipe pedagógica.

É fundamental que exista um espaço espontâneo de construção exclusivo para a criança (que não esteja relacionado apenas a brincadeiras e jogos), como indicaram na ação por elas proposta para atuarem como mediadores em suas questões, envolvendo os adultos somente quando o tema extrapolasse suas possibilidades de negociação. Promover o protagonismo é oferecer às crianças oportunidades para elaborar por si mesmas e superar a mera execução de algo que lhes é delegado por adultos. É acolher concepções originais e criativas. É seguir caminhando ao lado delas e ampliar o espaço de participação já estabelecido, para que sirva de cenário para a realização de um dos serviços mais nobres que este grupo pode prestar à comunidade: difundir a concepção de que a criança é capaz!

A vivência da construção das subjetividades em um espaço com essas características pode significar o início da ampliação da capacidade infantil em protagonizar nos demais ambientes, tornando-se mais conscientes de sua capacidade de agência nos demais contextos culturais. Ações como essas promovem maior visibilidade à capacidade criativa e gerencial das crianças, o que pode significar um meio para o rompimento dos limites físicos e simbólicos presentes nas escolas. Assim, haveria a criação mais efetiva de possibilidades concretas de as crianças influírem favoravelmente nas famílias e em outros contextos na direção da promoção da paz.

É necessário, portanto, prestar especial atenção às concepções que orientam as propostas de ação, pois conhecimento acerca "do que fazer" no ambiente pedagógico infantil está amplamente disponível. No entanto, o verdadeiro avanço nesse campo relaciona-se às concepções que orientam o *"como* fazer" para construir, em colaboração com as crianças, um acervo de estratégias inovadoras na promoção do protagonismo infantil e da paz.

CONSIDERAÇÕES FINAIS

Sob o ponto de vista metodológico, a pesquisa realizada envolveu o emprego de diversos procedimentos e a utilização de distintos tipos de expressão narrativa, como encenações e o uso da fotografia, que foram enriquecedores para obter informações junto às crianças. Foi de igual importância o emprego da estratégia inicial da entrada reativa (Corsaro, 2003), na qual o pesquisador espera que as crianças o convidem para participar de suas atividades e sirvam como anfitriãs. Isso facilitou a criação de um vínculo de confiança (Branco e Rocha, 1998) entre o pesquisador e os sujeitos.

A estratégia metodológica empregada produziu grande quantidade de registros e, consequentemente, de transcrições e análises, exigindo, portanto, uma delimitação estrita à luz dos seus objetivos e do tempo disponível para realizar o trabalho. A extensa base de dados que se forma é uma decorrência do emprego de observações participantes e de uma metodologia qualitativa que é realizada por meio do emprego de uma grande quantidade de atividades com os sujeitos e de eventos a serem registrados.

A metodologia utilizada nos permitiu aprender com os sujeitos crianças que protagonizar a sua vida não é transformar-se, de imediato, em um adulto!

Protagonizar é fazer parte de um programa integral de desenvolvimento e de utilização de capacidades. Para alçar o projeto de participação infantil a novas conquistas, é necessário, portanto, partir de um dos aspectos básicos do protagonismo infantil, que é o provimento de espaços de expressão e negociação, para fomentar o aumento das capacidades infantis em propor, negociar, executar e gerir suas propostas.

A capacidade de propor refere-se à confiança sobre o que uma criança pode, efetivamente, fazer para colaborar em um contexto coletivo, com base na consciência dos ambientes que tem ao seu redor e na compreensão de sua posição em relação aos outros. A negociação tem relação com a capacidade de argumentar e de ganhar e perder na busca da consecução de objetivos coletivamente estabelecidos, o que está ligado à reflexão sobre os efeitos prejudiciais do individualismo, da competição exacerbada e da imposição de soluções com base em relações de poder muito desiguais. A execução e a gerência das propostas são fundamentais para que as crianças capacitem-se como agentes corresponsáveis de decisão, o que lhes permitirá vivenciar as dificuldades e alegrias da liberdade quando esta é regulada pela responsabilidade em processos de coconstrução.

Além disso, significa caminhar junto com as crianças em seus processos criativos, por mais que isso possa significar insegurança para um adulto. Nesse sentido, na promoção do protagonismo infantil, é sempre necessário abrir espaços de participação com características diferentes que permitam, portanto, a proposição, negociação, execução e gestão dos projetos coletivos por parte das crianças em colaboração com os adultos.

Referências bibliográficas

ARIÈS, P. *História social da criança e da família*. Rio de Janeiro: Editora LTC, 1978.

BALL, M.; SMITH, G. *Analyzing visual data*. Newbury Park: Sage, 1992.

BARTHES, R. *A câmara clara*. Rio de Janeiro: Nova Fronteira, 1984.

BAUER, M. W.; GASKELL, G. *Pesquisa qualitativa com texto, imagem e som*. Petrópolis: Vozes, 2002.

BRANCO, A. U.; ROCHA, R. A questão da metodologia na investigação científica do desenvolvimento humano. *Psicologia Teoria e Pesquisa*, v. 14, n. 3, p. 251-258, 1998.

BRANCO, A. U.; MADUREIRA, A. F. Pesquisa qualitativa em psicologia do desenvolvimento: questões epistemológicas e implicações metodológicas. *Temas de Psicologia*, v. 1, p. 63-75, 2001.

_____. Psicologia escolar e diversidade: práticas, crenças e valores na construção de uma cultura democrática. In: DESSEN, M. A.; MACIEL, D. M. (orgs.). *Desenvolvimento humano:* contribuições para o diálogo entre Psicologia e Educação. Porto Alegre: Artmed, no prelo.

BRANCO, A. U.; VALSINER, J. Changing methodologies: a co-constructivist study of goal orientations in social interactions. *Psychology and Developing Societies*, v. 9, n. 1, p. 35-64, 1997.

_____. A questão do método na psicologia do desenvolvimento: uma perspectiva coconstrutivista. In: PAZ, M.G.; TAMAYO, A. (orgs.). *Escola, trabalho e saúde:* estudos psicológicos. Brasília: Editora Universidade de Brasília, 1999. p. 10-20.

BRONFENBRENNER, U. Ecology of the family as a context for human development: research perspectives. *Developmental Psychology*, v. 22, p. 723-742, 1986.

BRUNER, J. *Atos de significação*. Porto Alegre: Artmed, 1997.

CORSARO, W. A. *We're friends right?* Inside kids' culture. Washington: Joseph Henry Press, 2003.

CORSARO, W. A.; MILLER, P. *Interpretive approaches to children's socialization*. San Francisco: Jossey Bass, 1992.

CRESWELL, J. H. *Qualitative inquiry and research design*. Choosing among five different traditions. Thousand Oaks: Sage, 1998.

DENZIN, N. K.; LINCOLN, Y. S. *Collecting and interpreting qualitative materials*. Newbury Park, CA: Sage, 1998.

DOWDNEY, L. *Crianças do tráfico*. Um estudo de caso de crianças em violência armada organizada no Rio de Janeiro. Rio de Janeiro: 7Letras, 2003.

_____. *Nem guerra nem paz*: comparações internacionais de crianças e jovens em violência armada organizada no Rio de Janeiro: 7Letras, 2005.

GASKINS, S.; MILLER, P. J.; CORSARO, W. A. Theoretical and methodological perspectives in the interpretative study of children. In: CORSARO, W. A.; P. J. MILLER, P. J. (orgs.). *Interpretative approaches to children's socialization:* new directions for child development. São Francisco: Jossey-Bass Publishers, 1992. p. 5-24.

GONZÁLEZ REY, F. *Epistemologia cualitativa y subjetividad*. São Paulo: Educ, 1997.

_____. *Pesquisa qualitativa em psicologia*: rumos e desafios. São Paulo: Thomson, 2002.

_____. *Pesquisa qualitativa e subjetividade*. São Paulo: Thomson, 2005.

KRAMER, S. *A política da pré-escola no Brasil*. São Paulo: Cortez, 2003.

KRAMER, S.; LEITE, M. I. *Infância*: fios e desafios da pesquisa. Campinas: Papirus, 1996.

LÜDKE, M.; ANDRÉ, M. E. D. Pesquisa em educação: abordagens qualitativas. São Paulo: EPU, 1986.

ORGANIZAÇÃO DAS NAÇÕES UNIDAS. Conselho de Segurança. *As crianças e os conflitos armados*. 2005. A/59/695-S/2005/72. Disponível em: http://www.onu.org. Acesso em: 9 fev. 2007.

ROSSETTI-FERREIRA, M. C.; AMORIM, K.; SILVA, A. P. *Rede de significações*. Porto Alegre: Artmed, 2004.

SARMENTO, M. J. Sociologia da infância: correntes, problemáticas e controvérsias. Sociedade e Cultura. *Cadernos do Noroeste*, v. 13, n. 2, p. 145-164, 2000.

SARMENTO, M. J. Imaginário e culturas da infância. *Cadernos de Educação*, v. 21, p. 51-69, 2003.

SARMENTO, M. J. Gerações e alteridade: interrogações a partir da sociologia da infância. *Educação & Sociedade*, v. 91, p. 361-378, 2005.

TANAKA, O. Y.; MELO, C. M. M. *Avaliação de programas de saúde do adolescente*: um modo de fazer. São Paulo: Edusp, 2001.

THIOLLENT, M. *Metodologia da pesquisa-ação*. São Paulo: Cortez, 1992.

VALSINER, J. *Human development and culture:* the social nature of personality and its study. MA: Lexington Books, 1989.

VALSINER, J. Bidirecional cultural transmission and constructive sociogenesis. In: W. GRAAF, W. de; MAIER, R. (eds.). *Sociogenesis reexamined*. Nova Iorque: Springer, 1994, p. 44-70.

_____. *Culture and the development of children's action:* a theory of human development. Nova Iorque: John Wiley & Sons, 1997.

_____. Soziale und emotionale Entwicklungsaufgaben im kulturellen Context. In: ASENDORPF, J.; RAUGH, H. (eds.). *Enzyklpädie der Psycholgie*. Góttingen: Hogrefe, 2005.

_____. *Culture in minds and societies*: foundations of cultural psychology. Nova Deli: Sage, 2007.

CONSTRUINDO MODOS DE CONVERSAR COM CRIANÇAS SOBRE SUAS PRODUÇÕES ESCOLARES[1]

Anabela Almeida Costa e Santos

Sou eu que vou seguir você
Do primeiro rabisco até o bê-á-bá
Em todos os desenhos
Coloridos vou estar
A casa, a montanha, duas nuvens no céu
E um sol a sorrir no papel
Sou eu que vou ser seu colega
Seus problemas ajudar a resolver
Sofrer também nas provas bimestrais
Junto a você
Serei sempre seu confidente fiel
Se seu pranto molhar meu papel
Sou eu que vou ser seu amigo
Vou lhe dar abrigo
Se você quiser
Quando surgirem seus primeiros raios de mulher
A vida se abrirá num feroz carrossel
E você vai rasgar meu papel
O que está escrito em mim
Comigo ficará guardado
Se lhe dá prazer
A vida segue sempre em frente
O que se há de fazer
Só peço a você um favor
Se puder
Não me esqueça num canto qualquer.

(Toquinho/Mutinho, O caderno)

---

[1] Este capítulo relata pesquisas realizadas com o apoio financeiro da Fundação de Amparo à Pesquisa do Estado de São Paulo (Fapesp) e sob a orientação da profª drª Marilene Proença Rebello de Souza.

OUVINDO CRIANÇAS NA ESCOLA abordagens qualitativas e desafios metodológicos para a psicologia

Cadernos escolares, quem de nós não os teve? Quantas de nossas lembranças e histórias dos tempos de escola incluem os cadernos? Quantas recordações esses antigos companheiros de escola nos suscitam?

Venho me dedicando à pesquisa sobre os cadernos escolares há cerca de dez anos e, desde então, foram muitas as histórias que ouvi. Bastava comentar que o tema me interessava e logo vinha uma história. Histórias sobre o esmero que tinha que ser dedicado à apresentação desses materiais; sobre a rigidez dos professores na avaliação das atividades; sobre os modos pessoais encontrados para realizar anotações; sobre produções, desenhos ou bilhetes que tiveram como suporte as páginas de um antigo caderno. Sucessos, fracassos, expectativas, felicidades, medos e realizações. São inúmeras as experiências que incluem os cadernos escolares.

A experiência de, com tanta facilidade, ouvir as pessoas falarem a respeito de seus materiais escolares pode sugerir a falsa ideia de que eles são um objeto de fácil estudo, sobre os quais bastariam algumas perguntas e as informações seriam obtidas sem maiores entraves.

No entanto, apesar da recorrente presença e fundamental importância no contexto escolar e nas experiências dos que passam ou passaram pela escola, os cadernos escolares são objetos pouco tematizados.

A cada ano, por décadas a fio, temos os cadernos como suportes das atividades desenvolvidas na escola. Os cadernos são uma constante nas listas de material e sua utilização não chega a ser questionada. Professores adotam-nos como suporte das atividades, sem refletir a respeito. Pais adquirem os cadernos sem questionar se realmente são necessários. Reconhecemos crianças como estudantes pelo simples de fato de portarem cadernos. São objetos tão intrinsecamente ligados à ideia de ensino, que passam a ser vistos como elementos naturais na escola (Gvirtz, 1997). São repetidamente utilizados sem que se pense sobre eles (Chartier, 2002).

Meu interesse pelos cadernos escolares surgiu em atendimentos psicológicos a crianças com queixas escolares. Eu percebia que os cadernos eram instrumentos interessantes para conhecer aspectos da vida escolar e podiam ser mediadores para o estabelecimento de diálogos com a criança e com a família. No entanto, na psicologia, eram escassos os conhecimentos sobre as produções escolares. Era necessário constituir referenciais psicológicos para a compreensão desses materiais e, assim, fui em busca de conhecer como tomavam forma esses documentos.

Mas como desenvolver uma abordagem metodológica que possibilitasse tematizar algo que não costuma ser tema, que permitisse pensar a respeito de algo que não vem sendo objeto de reflexão? Considerando que são os alunos quem primordialmente utiliza e preenche os cadernos, mais uma dificuldade se apresentou: como conversar com crianças a respeito de suas produções escolares?

No presente capítulo serão apresentadas informações relativas a dois momentos de pesquisa sobre os cadernos e outros registros escolares elaborados pelos alunos. O primeiro foi desenvolvido em uma sala de aula de 1ª série de ensino fundamental e o segundo, em uma 4ª série. Será dada ênfase à discussão dos procedimentos metodológicos utilizados para a obtenção de informações junto às crianças.

APONTAMENTOS PRELIMINARES SOBRE A PERSPECTIVA ETNOGRÁFICA DE PESQUISA

Para conhecer a respeito dos cadernos escolares, fez-se necessário adotar uma abordagem teórico-metodológica que implicasse uma inserção bastante intensa no contexto pesquisado. A perspectiva etnográfica foi eleita como a opção mais adequada e coerente. Como bem detalha Rockwell (1987), a etnografia caracteriza-se por uma longa convivência do pesquisador com o contexto pesquisado. Cabe ao pesquisador participar dele, observar o cotidiano, conversar com as pessoas a respeito do que vivem, ou seja, realizar uma observação participante. E, além disso, é necessário manter um cuidadoso registro escrito das informações obtidas.

O trabalho de cunho etnográfico também é caracterizado pela produção de um texto descritivo – chamado por Geertz (1989) de "descrição densa" –, que tem como intenção explicar uma trama de significações que constitui determinada cultura. Geertz (1989) afirma que "a etnografia é descrição densa" (p. 7).

A permanência em campo e a convivência com as pessoas possibilitam algo fundamental para, realmente, conhecer uma cultura: estabelecer relações de confiança com os informantes. Bosi (2003) aponta que da qualidade do vínculo depende a qualidade das conversas que podem ser estabelecidas. Os momentos de diálogo com os participantes da pesquisa são momentos privilegiados para checar informações e hipóteses que o pesquisador formula à medida que prossegue o trabalho de campo (Rockwell, 1987; André, 1983). A seguir, serão apresentadas as estratégias encontradas para estabelecer essa comunicação fundamental, sobretudo com os alunos.

PRIMEIRA SÉRIE: CONVERSAS EM SALA DE AULA COM ALUNOS QUE APRENDIAM A USAR CADERNOS

Nessa primeira etapa de pesquisa, movia-me a curiosidade por conhecer como as crianças aprendiam a usar os cadernos. Assim, busquei uma sala de aula na qual as crianças estabeleciam seus primeiros contatos escolares com esse suporte de escrita. Encontrei um espaço interessante para desenvolver o estudo em uma sala de aula de 1ª série na cidade de Hortolândia, município no interior de São Paulo, que no ano 2000 ainda não tinha estruturado sua rede de educação infantil. Assim, acompanhei todo o ano letivo da sala de aula de Ana[2], uma professora bastante jovem que vivia sua primeira experiência com alfabetização. Passei a acompanhar as atividades da classe, aproximadamente, uma vez por semana.

Os métodos que usamos em pesquisa qualitativa precisam adaptar-se sempre às condições que encontramos (Bogdan e Biklen, 1994; André, 1995). Por mais que planejemos, é necessária certa abertura do pesquisador para aproveitar e adequar-se às possibilidades que o campo apresenta. A pesquisa que por ora apresento parece bastante ilustrativa dessa flexibilidade necessária e profícua para a condução de um estudo qualitativo.

Inicialmente, havia a intenção de dividir o estudo em dois momentos metodologicamente distintos. O primeiro semestre seria reservado para a realização das observações participantes em sala de aula. O segundo seria dedicado à realização de entrevistas individuais com as crianças. Pressupus que o espaço de sala de aula não seria o mais adequado para interagir com as crianças e conversar com elas. Pretendia, então, criar um espaço para que isso pudesse acontecer. No entanto, as possibilidades conseguidas e construídas ao longo da primeira etapa da pesquisa apontaram para a necessidade de reformular as estratégias.

À medida que realizei as observações semanais, fui aos poucos recebida pelos alunos e pela professora como parte do grupo que constituía a sala de aula. Mas recebida como? O pesquisador entra no espaço da escola como um estranho, como alguém que, mesmo mantendo relações amistosas, não deixa de ser um forasteiro, uma pessoa que desperta desconfianças. Ainda que expliquemos exaustivamente quais são nossos propósitos, permanece algo de enigmático em nossa presença, em nossas ações e nossos olhares.

---

[2] Ana e os demais nomes citados neste capítulo são fictícios.

Ana efetivamente permitiu a realização da pesquisa e criou condições bastante propícias para minha estada em campo. Mostrou-se bastante aberta à realização das observações em sua sala de aula. Logo nas primeiras semanas, deixou-me à vontade para escolher o dia e o período em que estaria em sua classe. Deixou claro que não era sequer necessário que eu a avisasse previamente. Tive liberdade também para, durante as aulas, circular por entre as carteiras e conversar com os alunos. Apesar de tal autonomia ter-me sido concedida, sempre busquei ter uma participação discreta durante as aulas. Procurava sempre me sentar numa das carteiras e interagir apenas com os alunos que estavam próximos, conversando em voz baixa, atrapalhando o mínimo possível as atividades e as explicações da professora.

No entanto, é inegável que minha circulação em sua sala chegou a criar situações desconfortáveis. Em alguns momentos, minha presença era invasiva. Especialmente no começo do ano letivo, ela se dizia ressentida pelo fato de os alunos ficarem mais agitados nos dias em que eu estava presente. Repreendia-os publicamente por isso:

Ana dá bronca em João: *Eu não vou deixar de te dar bronca porque a Anabela está aqui. Eu sou sempre a mesma.*
(Trecho de relato de observação realizada em sala de aula)

Ela buscava sempre garantir que as atividades transcorressem da mesma forma que ocorreriam sem a minha presença. Uma vez disse aos alunos, referindo-se a mim: "Se eu mudar o que eu estou fazendo, eu vou atrapalhar o trabalho dela".

Em alguns momentos, ganhei o *status* de interlocutora e até mesmo confidente no que se referia aos acontecimentos da sala de aula, o que foi riquíssimo para a pesquisa. Apesar desse contato intenso entre nós, Ana declarava nunca ter realmente entendido qual era o meu papel. Uma manifestação dessa incompreensão ocorreu ao final do ano, quando fui convidada para participar do amigo-oculto realizado entre as professoras. Ironicamente, Ana foi a pessoa sorteada para me presentear. No momento da revelação, a professora me apresentou da seguinte forma:

Minha amiga é uma pessoa que passou o ano todo na minha sala, às vezes ela entrava na sala e eu nem via, só ia descobrir algum tempo depois que ela estava lá. Mas eu nunca entendi bem o que ela fazia.
(Trecho de relato de observação realizada na escola)

Os alunos, possivelmente, também não tinham clareza a respeito do que eu fazia em sua sala de aula e, por isso, eu era reconhecida por eles de modos variados. Em alguns momentos eu era identificada como uma figura docente, a quem recorriam para mostrar as atividades realizadas ou tirar alguma dúvida. Outras vezes, viam-me como alguém interessado em conversar com eles sobre um assunto um tanto incomum: os cadernos e as suas produções escolares. E, em diversos momentos, fui incluída na categoria aluna. Como em certa vez, em que a professora saiu da sala por alguns instantes e pediu a João, um dos alunos, que anotasse na lousa o nome das crianças que não se comportassem adequadamente. Aproveitei a ausência da professora para conversar com algumas alunas sobre seus cadernos e logo fui repreendida por João que, enquanto anotava meu nome na lousa, me avisou: "Anabela, você fez bagunça".

Tal como os alunos, eu me sentava nas carteiras e utilizava um caderno para fazer anotações. Com frequência, sentava-me no chão para conversar com eles, postura que, aliada ao meu tipo físico miúdo, pode ter contribuído para que eu fosse aceita no grupo das crianças.

Eu chamava a atenção das crianças, mobilizava olhares, despertava a curiosidade e o desejo de conversar. Administrar esse interesse para que não fosse criado um tumulto na sala, certamente, foi um desafio. Porém, com comedimento, busquei me valer da abertura ao diálogo, que me era dada pelos alunos, e do consentimento à minha circulação em sala de aula, dada pela professora, para obter informações. Aos poucos, esse modo de obtenção de informações se mostrou tão valioso que fez com que fosse abandonada a intenção inicial de retirar as crianças da sala de aula para as entrevistas. Decidi privilegiar conversar com as crianças na própria sala de aula.

Nas primeiras semanas, apenas observava e pouco conversava com os alunos. À medida que me senti mais à vontade, estabeleci algumas conversas que diferiam de entrevistas tradicionais em diversos aspectos. Em geral, caracterizavam-se por ser relativamente rápidas, duravam poucos minutos e, na maioria das vezes, poucas frases eram trocadas. Versavam quase sempre sobre algo que estava ocorrendo no momento. E assim, as atividades desenvolvidas, as instruções da professora, as dúvidas e opiniões dos alunos sobre os assuntos abordados eram tema das comunicações.

Alguns inconvenientes eram inerentes a esse procedimento. Não era conveniente atrapalhar o trabalho dos alunos. Assim sendo, a conversa com a pesquisadora de modo algum deveria se sobrepor em importância à realização das atividades. Para isso, fazia-se necessário cuidar do volume e da duração das interações. Outro cuidado necessário era a escolha do momento em que os diálogos ocorreriam para não atrapalhar o acompanhamento das explicações e das correções.

Os empecilhos às conversas desenvolvidas em sala de aula eram fortemente compensados pela riqueza de informações proporcionada pela estratégia. Os cadernos escolares são preenchidos por registros diversos. Tornam-se, ao longo do ano letivo, documentos que materializam diversos processos que ocorrem na escola. Interessava-me conhecer exatamente os bastidores dessas produções. Como as crianças aprendiam a utilizar os cadernos? Como aprendiam as regras de uso desse material? Quais eram as relações em meio às quais tomavam forma esses registros escolares? Quais eram as hipóteses e os raciocínios que estavam por trás dos registros incompreensíveis e/ou mal-sucedidos? Os registros nos cadernos não bastavam para responder a essas perguntas. As observações em sala de aula forneciam importantes informações. No entanto, fazia-se necessário perguntar, esclarecer junto às crianças diversos aspectos.

Severino foi um dos alunos que contribuíram na busca de respostas para as questões da pesquisa que propus. Aluno com fraco desempenho acadêmico, raramente conseguia cumprir as atividades solicitadas pela professora. No início do ano, quando ainda não estava familiarizado com o formato das letras e dos números, seu caderno mostrava apenas tentativas mal-sucedidas de cópia do cabeçalho. Após alguns meses, era possível encontrar, além do cabeçalho, atividades copiadas e a resolução de alguns exercícios. Progressos sensíveis, ainda que insatisfatórios.

Tive dificuldades para estabelecer diálogos com ele. Era muito reservado, tímido e calado. Diversas vezes tentei, sem sucesso, me aproximar. Ele não respondia às minhas perguntas. E, quando o fazia, olhava-me com expressão amarrada e utilizava-se de monossílabos. No entanto, por ser o aluno da sala que mais apresentava dificuldades para aprender a utilizar os cadernos, interessava-me profundamente compreender as razões pelas quais o trabalho com os cadernos era tão penoso para ele. Aos poucos, consegui me comunicar com ele. E somente a partir do que ele me disse, pude compreender as razões de suas dificuldades.

Severino dedicava-se frequentemente durante horas à cópia de pequenos conteúdos. Durante as observações em sala de aula, foi possível acompanhar uma situação em que uma hora e meia foi dedicada à cópia do cabeçalho[3].

---

[3] O conteúdo do cabeçalho era:
HORTOLÂNDIA, 29 DE MAIO DE 2000.
TERÇA-FEIRA
EU SOU CAPAZ DE SER MELHOR DO QUE JÁ SOU.

O traçado das letras ainda não era algo que dominava bem, então algumas eram desenhadas, sem muito sucesso. Ele começava ora pelas primeiras letras de cada linha, ora pelas últimas. Não se satisfazia com o resultado, apagava e reescrevia diversas vezes. O resultado final de um intenso trabalho era, em geral, bastante confuso, incompleto e incompreensível.

Depois de mais de meia hora, e muitas utilizações da borracha, Severino encerrou a primeira linha do cabeçalho e passou a dedicar-se à segunda. Nesse momento, tentei conversar com ele, buscando, sem sucesso, compreender as razões para que tivesse tantas dificuldades e apagasse tantas vezes.

> Pergunto a ele: *Posso ver (o que você fez)?*
> Ele me deixa ver.
> Pergunto: *Por que você apagou o que tinha feito?*
> Severino responde baixinho, quase sem me olhar, sério: *Porque não deu certo.*
> Pergunto: *Agora deu certo?*
> Faz que sim com a cabeça.
> Tento um pouco mais: *O que não tinha dado certo?*
> Severino apenas encolhe os ombros.
> (Trecho de relato de observação realizada em sala de aula)

Essas cenas se repetiam ao longo do ano, e cada vez Severino ficava mais atrasado, em termos de aprendizagem, em relação aos seus colegas. Mas o que tanto perseguia o aluno ao copiar? Por que tal atividade lhe tomava tanta dedicação e atenção? Não era possível deduzir isso a partir dos seus cadernos nem mesmo por meio da simples observação de seu trabalho. Na semana seguinte, novamente Severino teve dificuldades para copiar o conteúdo da lousa. Escreveu e apagou sucessivas vezes. Voltei a conversar com ele.

> Pergunto a Severino: *Por que você apagou aqui?*
> Ele responde bem baixinho: *Não cabia as letras.*
> Pergunto a ele: *Não pode usar a linha de baixo?*
> Ele faz que sim com a cabeça.
> (Trecho de relato de observação realizada em sala de aula)

Severino dá pistas das razões de suas dificuldades: querer colocar mais letras do que era possível em uma única linha. Em forma de questionamento, acabo lhe dando uma sugestão – usar a linha de baixo. Depois de três meses acompanhando a sala de aula e, com alguma frequência buscando conversar com

Severino, foi nesse dia que pela primeira vez ele tomou uma tímida iniciativa de falar comigo:

Severino me olha e mexe a boca, parece estar dizendo algo. Aproximo-me e pergunto: *Você está falando comigo?*
Faz que não com a cabeça.
Pergunto: *O que foi?*
E ele responde: *Eu não consigo.*
O que você não consegue?
Ele não responde. Insisto: *Copiar?.*
E aí Severino conta o que eu acredito estar sendo sua principal dificuldade: *A linha de lá* [da lousa] *é grande e essa* [a do caderno] *é pequena.*
(Trecho de relato de observação realizada em sala de aula)

Ou seja, Severino empenhava-se em reproduzir aquilo que estava na lousa tal e qual como era apresentado. Assim, quando uma frase estava colocada na lousa, em uma única linha, ele procurava fazê-la também em uma linha de seu caderno, tarefa que se revelava difícil na maioria das vezes, especialmente pelo fato de seu caderno ser pequeno e de sua letra ser grande.

De modo algum tal objetivo pode ser considerado sem razão. Era recorrente ouvir recomendações da professora a toda a sala para que fizessem igual ao que estava na lousa. Severino, que não conseguia ainda diferenciar em quais momentos era fundamental fazer igual e em quais era possível fazer adaptações, apenas buscava cumprir o que lhe era frequentemente solicitado. Imerso em tais preocupações, o aluno deixava de voltar sua atenção para os conteúdos realmente fundamentais dessa etapa da escolarização.

Foi por meio de conversas difíceis e truncadas que foi possível conhecer o que fazia com que Severino persistisse apagando suas produções. A tentativa de compreender as dificuldades de Severino ilustra o modo como ocorriam as conversas em sala de aula com os alunos. *A possibilidade de acompanhar as situações e esclarecer aspectos imediatamente é, certamente, uma das grandes qualidades desse recurso metodológico.* Recuperar a partir dos registros dos cadernos as razões que levaram um aluno a proceder de determinada forma pode ser uma tarefa inócua. Nem sempre os alunos chegam a tomar consciência de tais motivações e hipóteses que os moveram, e, assim, contar com a memória para retomar essas informações pode ser uma tarefa mal-sucedida.

Quando se trabalha com crianças na faixa etária em questão – as quais, de modo geral, não possuem grande eloquência, nem têm familiaridade com a escrita e com o funcionamento escolar –, é ainda mais necessário cuidar para que as informações sejam obtidas de modo imediato. Participar do momento de realização de uma atividade possibilita ao pesquisador acompanhar as dificuldades, as hesitações, as tomadas de decisão, as mudanças de ideia. Conversar com a criança proporciona o acesso a informações que dificilmente seriam obtidas posteriormente. As perguntas formuladas pelo pesquisador talvez possibilitem, em algumas situações, que a própria criança verbalize e tome consciência de seus procedimentos.

Esse modo de estabelecer comunicações com as crianças favorece que o pesquisador seja reconhecido pelos alunos como um genuíno interlocutor e, assim, abre espaço para que as próprias crianças façam comentários ou iniciem conversas bastante reveladoras a respeito do objeto estudado.

Assim como eu fazia perguntas aos alunos, eles também se sentiam à vontade para me questionar a respeito do que eu fazia. As perguntas feitas por eles me ajudaram a compreender quais eram os significados que os alunos atribuíam à cópia, uma das atividades que mais frequentemente utilizavam os cadernos como suporte.

Numa das observações em sala de aula, eu fazia anotações em meu caderno, quando uma das alunas, Vivian, me perguntou: "De onde você está copiando?". Respondi a ela que não estava copiando de nenhum lugar, mas registrando o que estava acontecendo.

João era um aluno que demonstrava curiosidade me fazendo perguntas diversas. Certa vez, lhe expliquei que eu anotava o que ocorria na sala de aula, o que os alunos faziam e me diziam para depois me lembrar. Algumas semanas depois fui à sala de aula carregando diversos cadernos comigo, e João me perguntou: "Esse tanto de caderno é para copiar tudo a gente?".

O uso insólito do verbo copiar feito por João bem como a interpretação de Vivian para a minha ação de fazer anotações do caderno revelam sobre como esses alunos compreendiam o trabalho que faziam nos cadernos. Para eles, naquele momento, escrever nos cadernos era sinônimo de copiar. Afinal, nessa 1ª série, a principal atividade a que se prestava o caderno era a cópia: da data e de frases, de conteúdos ensinados e de exercícios a serem resolvidos.

Durante as observações, as conversas com os alunos ocorreram de modo progressivo. Até o mês de outubro, as comunicações eram registradas por meio de anotações tomadas logo após as conversas. *Os apontamentos por escrito garantem que as informações trocadas não sejam perdidas; porém, a fidelidade do registro fica bastante dependente da memória do pesquisador.* O uso do gravador foi inicialmente planejado para a etapa de entrevistas. Mas, com a decisão de realizar as conversas na própria sala de aula, o gravador de áudio passou a ser utilizado a partir de novembro.

Introduzir a utilização do gravador implica certo trabalho inicial, especialmente quando se trata de crianças que não têm familiaridade com o aparelho. O primeiro dia em que o utilizei, poucas foram as conversas cuja temática não era o próprio gravador. Foi necessário mostrar aos alunos como funcionava e como ficavam as suas vozes gravadas. Aplacada a curiosidade inicial, abriu-se a possibilidade de efetivamente fazer gravações de áudio.

Em geral, quando gravamos entrevistas convencionais, nos preocupamos em colocar o gravador numa posição adequada para a boa captação da voz e buscamos lugares silenciosos tanto para que a conversação possa transcorrer tranquilamente, quanto para que tenhamos uma boa qualidade de gravação. Numa sala de aula, tais condições definitivamente não estão asseguradas. Há momentos silenciosos, assim como momentos de alvoroço, a professora fala em voz alta dando instruções ou repreendendo seus alunos, os alunos conversam, toca o sinal para o intervalo, passam grupos de crianças animadas para o recreio, carros buzinam na rua ao lado. A criança cuja voz se pretende gravar muito raro fica serenamente sentada respondendo às perguntas que lhe são feitas. Geralmente, movimenta-se, vira-se para o lado, levanta-se para mostrar algo ou chamar um colega.

Diante das condições vigentes numa classe de crianças, o pesquisador somente saberá o quanto poderá ser recuperado da gravação ao final da observação. Assim, vale a pena manter o cuidado de fazer anotações registrando a temática da conversa, algumas das falas, bem como impressões gerais. Tais registros podem ser preciosos no caso de a gravação ser ininteligível ou conter lacunas.

Um dos aspectos investigados com o auxílio do gravador foi o destino dos cadernos quando todas as suas folhas eram preenchidas e não eram mais utilizados para as atividades escolares. Diversos alunos relataram jogar fora seus cadernos finalizados. Alguns disseram guardar, ainda que não vislumbrassem alguma utilidade para algo registrado nesse material. Foi o caso de Renato, que considerava intocável seu antigo caderno :

Pergunto a Renato: *E o caderno antigo?*
Renato: *Está em casa.*
Pesquisadora: *E o que você vai fazer com ele?*
Renato: *Não sei.*
Pesquisadora: *Onde ele está?*
Renato: *Na minha casa.*

Pesquisadora: *Em que lugar?*
Renato: *No meu guarda-roupa.*
Pesquisadora: *E você já mexeu nele?*
Renato: *Não, não posso.*
Pesquisadora: *Por quê?*
Renato: *Para não cair as folhas.*
Pesquisadora: *Até quando você vai guardar?*
Renato: *Não sei.*
Pesquisadora: *Até quando você ficar grande?*
Renato: *Se não cair as folhas.*
(Transcrição de entrevista gravada em sala de aula)

O conteúdo registrado nos cadernos muito raramente era considerado algo que merecesse ser guardado e revisto. Eduardo foi um dos poucos alunos que relatou o desejo de guardar e retomar futuramente algo registrado em seu caderno.

Eduardo mostra a contracapa de seu caderno, onde escreveu o nome de todos (ou pelo menos de muitos) os alunos da sala; o título dado por ele é "colegas da 1ª B".

Pesquisadora: *Pra que vai servir fazer assim?*
Eduardo: *Quando, quando eu tiver... Quando eu sair da escola, pra eu lembrar deles.*
Pesquisadora: *Ah! O que você vai fazer com esse caderno quando você sair da escola?*
Eduardo: *Vou guardar ele.*
Pesquisadora: *Vai guardar? E como você vai fazer para lembrar dos seus colegas?*
Eduardo: *Está escrito aqui, eu lembro o nome deles.*
Pesquisadora:*Você vai olhar?* [Ele acena afirmativamente com a cabeça] *Onde você vai guardar?*
Eduardo: *No meu guarda-roupa. Quando eu sentir saudade...* [Ele continua escrevendo o nome de um colega dizendo em voz alta as letras.] *Como é o seu nome?*
Pesquisadora: *Anabela.* [Eduardo escreve meu nome em seu caderno] *Quando você sentir saudades de mim, você vai olhar aí, também?"*
Eduardo: *Vou.* [Ele começa a escrever o nome de Ana, vai soletrando em voz alta]
Pesquisadora: *E quando você guardar seu caderno lá no guarda-roupa, você vai olhar ele pra mais alguma coisa, além de você lembrar dos seus colegas?*

Eduardo: *"Vou. Posso lembrar do que eu escrevi. Lembrar o que eu aprendi. Aqui está o nome da minha namorada, sabe?* [Eduardo mostra o nome de uma menina da sala e uma declaração de amor]
(Trecho de relato de observação e transcrição de entrevista gravada em sala de aula)

Eduardo, um dos melhores alunos da sala, tinha um caderno repleto de atividades corretas, realizadas com capricho. Tinha em seus materiais escolares registros de sucessos. A conversa com Eduardo deu-se à medida que ele preenchia seu caderno com um conteúdo afetivamente bastante significativo e possibilitou compreender quais eram os sentimentos e razões que o moviam.

A gravação – ainda que não seja completamente segura – pode ser um recurso bastante rico. Possibilita a recuperação de detalhes de diálogos que dificilmente podem ser lembrados, especialmente nas conversas mais longas. Registra a sequência das perguntas e respostas, os termos utilizados, as hesitações e a entonação. Informações que são bastante importantes para a compreensão do objeto de estudo.

QUARTA SÉRIE: A NECESSIDADE DE CRIAR MOMENTOS PARA CONVERSAR COM AS CRIANÇAS SOBRE SUAS PRODUÇÕES ESCOLARES

A pesquisa desenvolvida na 1ª série possibilitou importantes avanços no que se refere ao conhecimento dos bastidores das produções de registros escolares. No entanto, as informações obtidas auxiliavam a compreender especialmente a iniciação dos alunos na utilização dos cadernos. Para compreender como os registros feitos pelos alunos –como cadernos e provas – tomavam forma, a partir dos referenciais da psicologia escolar, fazia-se necessário continuar o estudo em um momento mais avançado de escolarização. Assim, alguns anos depois, o estudo teve continuidade na mesma escola, numa sala de aula de 4ª série do ensino fundamental.

Apesar de continuar na mesma escola, um novo contexto para a realização da pesquisa se configurou e novamente uma revisão de estratégias foi necessária. Voltei a campo com as mesmas intenções com que tinha entrado da primeira vez. Pretendia realizar observações participantes ao longo do primeiro semestre letivo, o que me permitiria conhecer bem os alunos e a professora, bem como a dinâmica de utilização dos cadernos. Seria um tempo para estabelecer relações de confiança e definir os temas para a etapa posterior, de entrevistas com professora e alunos. No entanto, em vez de acompanhar o trabalho de uma professora, acompanhei três. Silvia, a primeira professora da sala, saiu ao final do primeiro semestre. Malu assumiu a classe até o final do ano. Simone vinha à sala semanalmente para trabalhar com questões referentes à adolescência. Numa pesquisa, as relações de confiança entre os participantes e o pesquisador são imprescindíveis. O rodízio de professoras implicou repetidos esforços para construir as mínimas condições para que o estudo pudesse ocorrer.

As professoras adotavam modos distintos para conduzir as atividades e utilizaros cadernos. Cada uma das professoras tinha um modo próprio de trabalhar, mas, de modo geral, se incomodavam com interferências no andamento das atividades e, assim, me senti pouco à vontade para circular pela sala e conversar com os alunos. As conversas ocorreram de modo esporádico, especialmente nos dias em que a classe estava envolvida com atividades mais informais.

Os alunos, mais velhos e experientes nas regras e no funcionamento da escola, tinham mais a dizer que os alunos da 1ª série. As rápidas conversas de sala de aula revelaram-se insuficientes para abordar o tema em questão. Assim, em vez de privilegiar o imediatismo das conversas em sala de aula, foi necessário criar momentos para pensar e falar dos cadernos de modo mais aprofundado. As entrevistas seriam o momento ideal. Mas como organizar esse momento tão especial para que fosse efetivamente proveitoso?

Inicialmente, foi prevista a realização de quatro entrevistas individuais com alunos que, por critérios que seriam estabelecidos ao longo da permanência em campo, fossem escolhidos. No entanto, algumas situações ocorridas em sala de aula durante as observações indicaram a possibilidade de que essas entrevistas fossem feitas em duplas, em vez de individualmente:

> Ralph havia me cedido seu caderno já utilizado. O caderno estava no meu colo e Alan o pegou para dar uma olhada. Folheava o caderno do colega, quando o Cleber lhe deu uma bronca, pedindo para ele parar de olhar: *"Ele* [Ralph] *vai ter vergonha da letra"*. Alan logo me devolve o caderno de Ralph. Em seguida, porém, bate o sinal e todos os alunos se levantam rapidamente. O filme continua passando, apesar de os alunos já se encaminharem para fora da sala.

No trecho citado, Cleber aponta um aspecto: a vergonha do conteúdo dos cadernos. Alan reconhece o sentimento apontado pelo colega como legítimo e me devolve o material. A dinâmica das atividades interrompe as possibilidades de aprofundar o tema. Essa situação, assim como outras vivenciadas em sala de aula, apontavam para a pertinência de temas que surgem a partir da interação entre os próprios alunos, independentemente das perguntas e intervenções do pesquisador.

A preocupação em criar um contexto favorável para que as crianças pudessem se manifestar também indicou a pertinência de realizar entrevistas com duplas de alunos. Bourdieu (1999) aponta que há uma dissimetria inerente à situação de entrevista. Afinal, é o entrevistador quem define as regras e os objetivos da comunicação. Numa relação entre adulto e criança, essa dissimetria fica ainda mais evidente. *Propor entrevistas nas quais as crianças formem díades pareceu interessante também no sentido de diminuir os efeitos dessa dissimetria presente na relação entre pesquisador e pesquisado.* Fortalecer os entrevistados imprime marcas à pesquisa, pois deixa as crianças mais à vontade para fazer perguntas ou introduzir temáticas à entrevista. Quando entrevistado, Jordan perguntou-me a respeito de minhas anotações, achava que eu registrava o que acontecia na sala de aula para depois contar tudo para a diretora da escola. Ralph questionou-me se era eu quem decidia quais os alunos que iriam passar de ano. Cleber contou longamente um episódio de sua vida que o tornou matéria de jornal.

Certamente, é um objetivo de entrevista proporcionar que o entrevistado se expresse; no entanto, também é necessário garantir que os temas eleitos como objeto de estudo sejam abordados. Os limites de tempo, quase inseparáveis da ideia de fazer pesquisa, impõem a necessidade de dosar a livre escuta – por vezes bastante prazerosa –, e a volta ao roteiro planejado.

Foram realizadas entrevistas com quatro duplas de alunos nos dois meses finais do ano letivo. Os convites foram feitos às crianças e os encontros ocorreram na própria escola, em período diferente ao das aulas. Foram propostos dois momentos, com duração de cerca de 1h30, com cada dupla. Para o primeiro dia, foi solicitado a cada participante que trouxesse os materiais utilizados ao longo do ano. Assim, cadernos, folhas mimeografadas e provas eram utilizados como desencadeadores das conversas. As crianças folheavam os materiais, mostravam produções e as comentavam, recuperavam as situações em que foram realizadas. No segundo momento, foi proposta uma atividade em que as crianças deveriam fazer representações de cadernos e provas.

O modo como foram organizadas as entrevistas fez com que diversas informações fossem visuais. Assim, não bastou o registro do áudio, foi necessário filmar. A constante movimentação das crianças fez com que a possibilidade de utilizar um tripé fosse afastada, e uma auxiliar de pesquisa[4], Natali Tiburcio, ficou responsável por operar a câmera. Na época, Natali era estudante de psicologia e

---

[4] Somente foi possível contar com uma auxiliar de pesquisa graças ao apoio financeiro da Fapesp.

estava especialmente interessada em psicologia escolar. Ela me acompanhou nas observações em sala de aula por algumas semanas antes do início das entrevistas, assim pôde conhecer e ser conhecida pelos alunos que iria filmar. Esse contato anterior à realização das entrevistas foi fundamental para garantir a continuidade nas relações de confiança na etapa final da pesquisa. O mesmo cuidado reservado à introdução do gravador foi tomado em relação à câmera. Os minutos iniciais eram dedicados a pequenas gravações, que imediatamente eram vistas pelas crianças. Natali pacientemente explicava os procedimentos básicos para a realização das filmagens. Essa preparação minimizava o interesse das crianças em relação ao equipamento. Ainda assim, em alguns momentos as crianças voltavam sua atenção para a câmera.

Agrupar adequadamente os alunos em duplas foi determinante para a qualidade das informações obtidas. Houve a intenção de entrevistar alunos com bons e maus desempenhos acadêmicos, assim como alunos que tivessem demonstrado ao longo do ano peculiaridades na realização dos registros.

Das quatro duplas, três delas foram formadas por alunos que tinham relações de amizade, algo que foi bastante proveitoso para a pesquisa. Foi o caso de Cleber e Leonardo (Lelê). Muito amigos desde a 1ª série, eles tinham compartilhado diversos momentos escolares. Juntos realizavam as atividades escolares, transgrediam as regras da escola e arcavam com as suspensões e repreensões. Compartilharam aprovações e uma reprovação, sendo sempre bastante companheiros. Tão unidos eram que, quando convidei Cleber para participar da entrevista, ele logo sugeriu o nome do colega. Durante a entrevista contaram juntos diversas situações partilhadas por eles:

> Cleber: *Olha que na última prova a gente tirou a mesma nota...*
> Leonardo: *Nota cinco!*
> Cleber: *É. E ela* [a professora] *falou que quem tirasse menos de seis repetia! Estávamos, eu e o Lelê, sentados na carteira um do lado do outro. A gente se esforçando. Daí a dona falou: "Lelê, cinco!", aí, o Lelê já abaixou a cabeça. [...] Aí, "Cleber, cinco também!". Daí eu falei, "Nossa, combinamos, Lelê, de repetir!"*
> (Entrevista com Cleber e Leonardo)

Quando perguntei de onde tiravam ideias para escrever as redações, Cleber disse que tirava de tudo que já tinha visto, Lelê citou um *rap* que o ajudou a escrever um texto, e logo Cleber se lembrou de uma vez em que Lelê usou um trecho de uma música de Bezerra da Silva. Cleber gostou da ideia e também usou o mesmo trecho em sua produção. A dinâmica das autorias compartilhadas, vigente na sala de aula, comparece na entrevista. *Em duplas, os alunos se ajudam na recuperação das informações.* Um diz algo, o outro se lembra de mais alguma coisa, as informações são complementadas e as memórias recobradas pouco a pouco.

Fabiana e Alex, outra dupla, também eram muito amigos. Fabiana chega para nosso encontro carregando vários cadernos, Alex traz apenas dois. Começamos a entrevista conversando sobre o que eles costumavam fazer com os cadernos quando acabavam de preenchê-los. Fabiana, ótima aluna, disse que guardava todos os seus cadernos para depois utilizá-los nas brincadeiras com as primas. Contou que costumava copiar as lições mais fáceis e passar para que elas resolvessem. Alex, aluno de desempenho acadêmico mediano, tinha um costume diferente:

Pesquisadora: *E quando acaba o que você faz?*
Alex: *Eu jogava fora!*
Pesquisadora: *Quando você jogava fora?*
Alex: *Sempre que acabava.*
Pesquisadora: *Sempre? Alex faz um gesto afirmativo com a cabeça. E este* [um caderno finalizado há alguns meses], *você vai guardar?*
Alex: *Vou.*
Pesquisadora: *Mas por quê? Você nunca guardou e por que este você vai guardar?*
Alex: *Porque foi a Fabiana que me deu.*

A entrevista continuou e ao final pedi a eles que me emprestassem os cadernos que tinham levado para que eu fizesse cópia. Fabiana me emprestou. Alex mudou de ideia:

Alex (para Fabiana): *Você não queria que eu desse meu caderno pra Anabela?*
Fabiana: *Como assim?*
Alex: *O que você me deu!*
Fabiana: *Dá, ué.*
Alex (para pesquisadora): *Então, eu vou te dar, porque já acabou.*
Pesquisadora: *É?*
Alex: *Já acabou.*
Pesquisadora: *Eu posso te devolver, se você quiser depois.*
Alex: *Não, não quero mais, não. Pode ficar.*
Pesquisadora: *Tudo bem, Fabiana?*
Alex (para Fabiana): *Você não vai ficar triste?*

Fabiana: *Eu não. O caderno é seu!*
Alex: *Mas foi você que me deu!*

Fabiana e Alex ilustram algo que diversos autores apontam: de modo geral, só os bons alunos guardam os seus cadernos (Gvirtz, 1997; Bukiet e Mérou, 2000; Chartier, 2003). No caso de Alex, o que era guardado era o caderno enquanto objeto oferecido pela colega e não as suas produções ali registradas. A decisão de me entregar o caderno, objeto digno de afeto, surge no contexto da pesquisa. Ao longo da entrevista, algo comunica a Alex que ele pode me entregar esse objeto precioso. *As entrevistas em duplas frequentemente produzem, a partir da interação entre os participantes, situações preciosas para a compreensão do objeto estudado.*

Assim como a boa escolha das díades dá resultados notáveis, a má escolha prejudica a obtenção de informações. Foi o caso de outra dupla: Jordan e Uelinton. Eles eram alunos que não chegavam a ser amigos, mas mantinham relações amistosas na sala de aula. Tinham trajetórias escolares e de vida muito diferentes, o que ficou evidente na entrevista. Uelinton, reconhecido pela professora como bom aluno, era um menino miúdo, franzino, com responsabilidades de adulto. Cuidava dos irmãos menores e de sua mãe, que tinha uma séria deficiência visual e dependia dele para se locomover e resolver assuntos corriqueiros. Jordan foi um aluno que teve dificuldades grandes ao longo do ano. Chegou à 4ª série em um processo inicial de alfabetização e, apesar dos sensíveis progressos, não foi aprovado ao final do ano. Enquanto Uelinton relatava com prazer situações vividas na escola, Jordan pouco dizia:

Pesquisadora: *Aí, você já sabia escrever?*
Jordan: *Não, ainda não! O caderno inteiro, eu não sabia nem ler nem escrever!*
Pesquisadora: *Inteirinho? E como você escreveu tudo isso se você não sabia?*
Jordan: *Copiando da lousa. Só copiava.*
Pesquisadora: *E só copiando dá pra fazer um caderno cheio de coisa assim?*
Jordan: *Dá.*
(Entrevista com Jordan e Uelinton)

Para Jordan, falar dos cadernos e seus conteúdos era tocar em temas difíceis e sofridos. A entrevista foi desconfortável para Jordan, que passou algum tempo buscando desviar-se do assunto proposto. Contou sobre as figurinhas que tinha, sobre o jogo de futebol, sobre o tombo que levou. Eu tentei voltar ao assunto da pesquisa e Jordan levantou-se, foi falar com a cinegrafista sobre a câmera e, com os dedos em V, fez "chifrinhos" em Uelinton. Até que pediu para sair, pois estava com fome. Foi e não voltou para a segunda etapa.

Talvez a comunicação com Jordan pudesse ter sido facilitada se ele tivesse tido um companheiro de entrevista com quem se identificasse. Talvez o momento tenha sido absolutamente inadequado para conversar sobre as produções escolares. Afinal, Jordan vivia a expectativa da divulgação de uma reprovação. Àquela altura do ano, diante da situação que se configurava, não foi possível retomar a conversa com Jordan.

Os percalços ao longo do trabalho são inevitáveis. Em geral, os relatos de pesquisa omitem as dificuldades e as tentativas sem sucesso. No entanto, *a reflexão sobre as falhas e sobre os momentos em que a comunicação não ocorre de modo efetivo é fundamental para a revisão e o aprimoramento dos procedimentos.*

A finalização dos encontros com os alunos teve um formato diferente. Nem todos os alunos puderam comparecer, pois estavam ocupados com as atividades festivas de fim de ano na escola. Assim, apenas cinco alunos participaram. Foram formados uma dupla e um trio. Até então, tinha sido privilegiada a comunicação oral. Nesse encerramento, propus um enquadre que favorecia a comunicação por meio de imagens e escrita. Disponibilizei materiais diversos para a atividade: papéis coloridos, folhas pautadas, tesoura, cola, canetas, lápis etc. A fartura de recursos, numa escola que convivia com a escassez, deixou as crianças encantadas. Ávidas por experimentar os materiais, aceitaram bem a proposta. Fizeram em folhas de cartolina representações de páginas de cadernos, com atividades e correções bastante coloridas. Para as provas, pedi que preparassem, resolvessem e corrigissem. Poderiam exercer o papel de professores e de alunos. Apesar de estarem em grupo, todos preferiram fazer individualmente – o que certamente comunica a respeito de como são propostas e vivenciadas as situações de avaliação na escola. Ralph e Fabiana tiveram produções bastante diferentes:

OuviNDO CRiaNÇas Na esCoLa abordagens qualitativas e desafios metodológicos para a psicologia

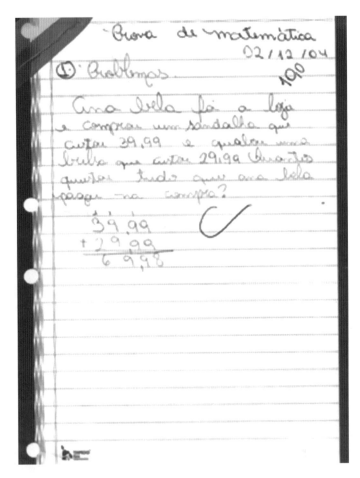

Provas elaboradas, resolvidas e corrigidas por Fabiana[5]

---

[5] Conteúdo das provas elaboradas por Fabiana, com correções ortográficas:
Prova de Matemática 2/12/04 Nota: 10,0
1. Problemas
Anabela foi à loja e comprou uma sandália que custou 39,99 e comprou (?) uma bolsa (ou blusa) que custou 29,99. Quanto custou tudo que Anabela pagou na compra?
39,99 + 29,99 = 69,98
Língua Portuguesa 2/12/04 Nota: 10,0
1. Separe as sílabas
bola = bo-la
saco = sa-co
sapo = sa-po
sapato = sa-pa-to
maga = ma-ga
uva = uva

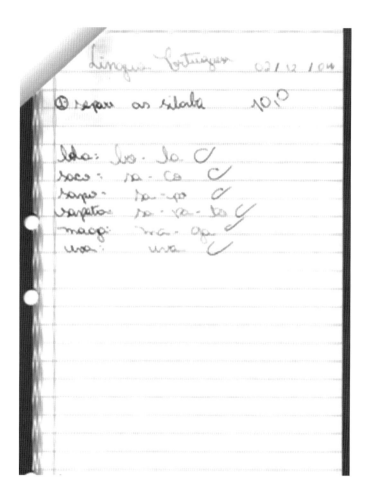

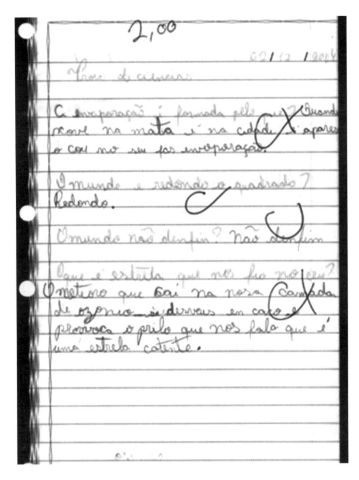

Prova elaborada, resolvida e corrigida por Ralph[6]

As produções de Fabiana e Ralph ilustram as diferenças nos significados atribuídos às provas por alunos com histórias escolares diversas. Fabiana, aluna com um histórico escolar de sucesso e aprovações, preparou provas cuja resolução era razoavelmente simples e aquém de suas potencialidades e seus conhecimentos.

---

[6] Conteúdo das provas elaboradas por Ralph, com correções ortográficas:
Prova de Ciências 2/12/2004 Nota: 2,00
A evaporação é formada pelo quê? Quando chove na mata e na cidade aparece o sol no céu faz evaporação.
O mundo é redondo ou quadrado? Redondo.
O mundo não tem fim? Não tem fim.
O que é (a) estrela que nós viu no céu? O meteoro que cai na nossa camada de ozônio se desfaz em caco e provoca o brilho (?) que nós fala que é uma estrela cadente.

As questões foram resolvidas sem grandes dificuldades. Ao corrigir, Fabiana foi bastante generosa consigo mesma e, desconsiderando uma falha na separação de sílabas da palavra "uva", atribuiu a nota 10 as suas provas.

Ralph, que fez a 4ª série com 12 anos, teve uma trajetória escolar confusa, com várias mudanças de escola e interrupções nos estudos, devido a mudanças de cidade e uma expulsão. Chegou à 4ª série em um estágio bastante inicial de alfabetização. Destacava-se na sala de aula pelas perguntas inteligentes e pelo alto grau de informação. Durante o ano letivo que acompanhei, fez grandes progressos na escrita. A prova produzida por ele mostra que, apesar dos diversos erros ortográficos, Ralph conseguia expressar suas ideias por meio da escrita.

A prova elaborada por Ralph foi sensivelmente diferente da de sua colega. Ele optou por formular uma prova de ciências, composta por quatro perguntas. Das quatro perguntas, duas previam respostas diretas, incluídas no enunciado da questão: a segunda e a terceira. A segunda questão – referente à forma de nosso planeta – era compatível com os conteúdos aprendidos, e Ralph foi capaz de responder a ela. Para a questão referente à finitude do mundo – tema bastante complexo, tanto do ponto de vista científico, quanto filosófico –, Ralph também foi capaz de encontrar uma resposta que o satisfez. A primeira e a quarta perguntas também são complexas e têm enunciados pouco claros para o leitor. Para Ralph, no entanto, os enunciados foram elaborados prevendo as respostas que pretendia dar. A resposta à primeira pergunta deixa claro o seu objetivo de abordar a questão da evaporação que ocorre no ciclo da água, tema bastante destacado ao longo do ano letivo. Na última pergunta, Ralph pretendia tratar do fenômeno das estrelas cadentes. Ambos os temas propostos por ele têm explicações complicadas. Ralph elaborou respostas de acordo com seus conhecimentos, mas não reconheceu em suas formulações a abrangência necessária. Ao corrigir, adotou o "C" cortado que simboliza algo parcialmente correto. Para as demais questões, foi condescendente consigo próprio. A nota final, no entanto, é baixa. Apenas as questões corretas são consideradas e, sem adotar alguma regra de proporcionalidade, atribuiu apenas "2" à avaliação elaborada, respondida e corrigida por ele mesmo.

O modo escolhido pelos alunos para representar as provas expressa algumas das significações por eles atribuídas a esse instrumento de avaliação. Para Fabiana, a prova era um momento que servia para que a professora conhecesse o que os alunos sabem:

Fabiana: *Eu acho que a prova não é só pra você passar de ano, é pra saber assim como a pessoa está, o jeito que ela está naquela prova, se ela está fazendo bem. Como a dona passou na prova de Língua Portuguesa, passou pra gente fazer um texto. Por exemplo, pra mim, eu pensei que ela queria saber nossa letra, pra saber se a gente faz um texto melhor.* (Grupo com Ralph e Fabiana)

A prova foi apresentada pela aluna como algo pouco ameaçador. Ela era uma aluna que, geralmente, conhecia o conteúdo e bastava a ela mostrar isso na prova. Assim, as provas eram atividades que não representavam momentos especialmente difíceis de escolarização.

Diferentemente, para Ralph, a prova era algo que o preocupava. Frequentemente, perguntava à professora quando seriam as provas.

Ralph: *Professora, quando a gente vai ter a próxima prova?*
(Trecho de relato de observação realizada em sala de aula)

O aluno se preocupava, pois sentia a necessidade de estudar para poder fazer as avaliações. Frequentemente tirava notas baixas, assim como na prova que ele mesmo corrigiu. Chama a atenção o fato de Ralph ter se proposto a resolver questões cuja resposta não saberia dar de modo completo. Diante da situação proposta pela pesquisa, ele criou uma armadilha, da qual não conseguiu sair. Isso sugere uma forma de conceber as provas. Ele apresentou esses instrumentos de avaliação contendo questões de difícil resolução e nos quais as possibilidades de se sair bem são bastante restritas.

Acompanhar as atividades em sala de aula, possibilitar que os alunos verbalizem hipóteses e expliquem seus modos de agir, dialogar a respeito das situações vividas, propor tarefas, oferecer formas diversas de expressão, proporcionar que assumam diferentes papéis, – estes foram alguns dos caminhos que percorri em busca de me comunicar com alunos de 1ª e 4ª séries, para compreender aspectos importantes dos bastidores dos registros escolares feitos pelos alunos. Caminhos que foram fundamentais para transformar em tema objetos que de tão presentes se tornam invisíveis no contexto escolar.

CONSIDERAÇÕES FINAIS SOBRE AS ESTRATÉGIAS UTILIZADAS

Apesar de nos últimos anos terem se tornado mais comuns os estudos que ouvem as crianças, ainda são recorrentes pesquisas que se referem à infância sob uma perspectiva adulta. Sob argumentos que apontam as dificuldades para estabelecer uma efetiva comunicação e que questionam o valor das informações fornecidas por meninos e meninas, são justificados métodos de pesquisa que não proporcionam modos de escutar as crianças, sobretudo quando se trata de uma população pobre.

O objetivo primordial deste capítulo é apresentar discussões de ordem metodológica[7]. As estratégias aqui apresentadas denotam o valor das comunicações com crianças, sem, de modo algum, encobrir as dificuldades, os desafios e a imprevisibilidade que se apresentam àqueles que se dispõem a enfrentar essa tarefa.

Quando encontramos os caminhos adequados para que as crianças se expressem, descobrimos que elas têm informações preciosas a nos revelar e a nos assegurar de sua legitimidade como informantes. As pesquisas dedicadas à vida diária escolar têm valorizado criar estratégias para conversar com as crianças e, a partir desses diálogos, são desveladas facetas importantíssimas das relações que se dão na escola.

Cabe ao pesquisador buscar as estratégias mais adequadas. Isso exige atenção ao contexto estudado e flexibilidade para adequar os métodos às condições reais de pesquisa. Diante disso, os caminhos a percorrer são diversos.

---

[7] Informações mais detalhadas a respeito dos resultados das pesquisas estão disponíveis em outras publicações (Santos, 2002, 2008).

Referências bibliográficas

ANDRÉ, M. E. D. A. *Etnografia da prática escolar*. Campinas: Papirus, 1995.

_____. Texto, contexto e significados: algumas questões na análise de dados qualitativos. In: *Cadernos de Pesquisa*, v. 45, p. 66-71, mai. 1983.

BOGDAN, R.; BIKLEN, S. *Investigação qualitativa em Educação*. Porto: Porto, 1994.

BOSI, E. *O tempo vivo da memória:* ensaios de psicologia. São Paulo: Ateliê Editorial, 2003.

BUKIET, S.; MÉROU, H. *Les cahiers de la république*. Paris: Alternatives, 2000.

CHARTIER, A. M. Exercices écrits et cahiers d'élèves: réflexions sur des pratiques de longue durée. *Le télémaque*, n. 24, p. 81-110, 2003.

_____. Um dispositivo sem autor: cadernos e fichários na escola primária. *Revista Brasileira da História da Educação*, n. 3, p. 9-26, 2002.

GEERTZ, C. *A interpretação das culturas*. Rio de Janeiro: LTC, 1989.

GVIRTZ, S. *Del curriculum prescripto al curriculum enseñado*. Buenos Aires: Ed. Aique, 1997.

LÜDKE, M.; ANDRÉ, M. E. D. A. *Pesquisa em educação:* abordagens qualitativas. São Paulo: EPU, 1986.

ROCKWELL, E. *Reflexiones sobre el proceso etnográfico*. México: Centro de Investigación y Estudios Avanzados del Instituto Politecnico Nacional, 1987.

SANTOS, A. A. C. *Cadernos escolares na primeira série do ensino fundamental:* funções e significados. 2002. Dissertação (Mestrado em Psicologia). Instituto de Psicologia, Universidade de São Paulo, São Paulo.

_____. *Cadernos e outros registros da primeira etapa do ensino fundamental*: um olhar da psicologia escolar crítica. 2008. Tese (Doutorado em Psicologia). Instituto de Psicologia, Universidade de São Paulo, São Paulo.

A ESCRITA NA PERSPECTIVA HISTÓRICO-CULTURAL:

metodologia etnográfica de pesquisa[1]

Giuliana Carmo Temple

Essa é a primeira vez que vou à escola e conheço esse menino muito esperto, falador.
Corria descalço pelo pátio. Perguntei seu nome e o que estava fazendo correndo àquela hora.

Aluno: Vou falar com a diretora. E, você, que "tá" fazendo aqui?
Pesquisadora: Eu também vim conversar com a diretora.
A: Pra quê?
P: Para ver se ela me deixa fazer uma pesquisa na escola.
A: O que é isso?
P: Eu estudo como as crianças aprendem a ler e escrever.
A: Eu não sei ler nem escrever.
P: Você não sabe ler nem escrever nada?
A: Não. Eu só escrevo copiando de algum lugar.

(Conversa entre aluno da 3ª série e pesquisadora, no primeiro contato com a escola)

---

[1] Texto elaborado a partir da dissertação de mestrado *Alunos copistas: uma análise do processo de escrita a partir da Psicologia Histórico-Cultural*, defendida no Programa de Pós-Graduação em Psicologia Escolar e do Desenvolvimento Humano do Instituto de Psicologia da USP, sob orientação da profª. drª. Marilene Proença Rebello de Souza.

INTRODUÇÃO

Nosso objetivo neste texto é discutir a metodologia utilizada ao desenvolver uma pesquisa sobre os processos de alfabetização no ensino fundamental, que investigou o que consideramos ser uma das expressões mais atuais do fracasso escolar: o aluno copista. Os alunos copistas estão presentes em todas as escolas e são queixa constante de professores. Mas quem são os alunos copistas? O que é o fenômeno do copismo?

Devido à falta de pesquisas científicas sobre o tema, nenhuma definição foi encontrada; mais que isso, não há nenhuma pesquisa que aponte para a importância de estudar os alunos copistas. Alguns trabalhos, como o de Santos (2002), pesquisando os cadernos escolares da 1ª série, apontam a cópia em sala de aula como uma atividade pedagógica presente na aprendizagem da escrita.

> Ao longo das observações foi identificado que a cópia assumia importância e destaque [...] A execução dessa atividade exigia e abrangia grande parte dos saberes envolvidos no uso do caderno. A principal atividade a que se prestava o caderno, nessa primeira série, era a cópia. (p. 36)

Sendo a cópia uma atividade pedagógica presente na alfabetização, no ensino da escrita, e a quase inexistência de trabalhos sobre o tema, faz-se necessário compreender quem é o aluno copista.

Para tanto, propomos como **definição** de aluno copista aquele que desenvolveu a habilidade de escrever, mas não avançou na compreensão da linguagem escrita, que permaneceu apenas nesse momento de cópia. Os alunos copistas são capazes de copiar as atividades apresentadas pelo professor com bastante habilidade; conhecem algumas letras, sabem nomeá-las, mas não sabem ler. Também não sabem escrever quando solicitados que executem sozinhos determinada atividade.

O que chamamos de fenômeno do "copismo" é o produto concreto das discussões feitas sobre o fracasso escolar. O "copismo" é a produção pedagógica de alunos que são capazes de escrever-copiar, – na aparência os alunos estão escrevendo, mas a essência dessa escrita é apenas uma atividade de cópia. É possível produzir o fenômeno do copismo quando o ensino da linguagem escrita se limita às habilidades motoras necessárias para a escrita.

Dizemos que os "alunos copistas" são produtos do fracasso escolar porque acreditamos que todas as crianças são capazes de aprender, que todos aqueles que conseguiram chegar à escola possuem capacidades humanas necessárias ao seu processo de escolarização.

Nesse sentido, queremos discutir a compreensão que a psicologia histórico-cultural tem sobre os processos de alfabetização, em especial o desenvolvimento e a apropriação da linguagem escrita, e o que fizemos para conhecer as histórias de vida daqueles que participaram da pesquisa.

Não temos aqui a pretensão de esgotar a discussão sobre os processos de escolarização e alfabetização; apenas nos propomos a relatar a experiência vivida com um grupo de alunos de 3ª série que não se apropriaram da linguagem escrita.

ASPECTOS IMPORTANTES PARA A COMPREENSÃO DA LINGUAGEM ESCRITA

Para compreender a importância da aprendizagem da linguagem escrita e a necessidade de pesquisas científicas que apontem as reais condições dessa aprendizagem no processo de alfabetização atual, é necessário levar em consideração o que a escrita representa para o desenvolvimento dos homens e da humanidade.

A linguagem é uma característica essencialmente humana e por meio dela podemos criar e recriar o mundo; podemos representá-lo usando símbolos e signos, e isso nos possibilita avançar para a experiência mediada com as pessoas e os objetos, e também controlar nossos comportamentos e sentimentos.

O desenvolvimento da linguagem, inicialmente a oral, possibilitou a formação de grupos sociais e a comunicação entre eles. Mais do que isso, a linguagem alterou o pensamento e o comportamento dos homens, diferenciando-os dos animais. A fala permitiu que os homens regulassem seus comportamentos, planejando e programando suas ações.

A linguagem escrita surgiu quando os homens tiveram necessidades de recordar e transmitir suas experiências, ideias, seus conceitos etc. para os outros homens. Partimos de Luria (1989), para compreender a escrita como "uma dessas técnicas auxiliares usadas para fins psicológicos; a escrita constitui o uso funcional de linhas, pontos e outros signos para recordar e transmitir ideias e conceitos" (p. 146).

O desenvolvimento da escrita confunde-se com o desenvolvimento da história da humanidade e, ao longo desse tempo, sua compreensão tomou diferentes formas e atravessou, pelo menos, três etapas ao longo de 5 mil anos: a pictográfica (representada por desenhos figurativos); a ideográfica (representação de ideias sem sons das palavras); e a última, a fonográfica (representação dos sons das palavras).

Esse foi um longo processo que possibilitou o desenvolvimento de capacidades e habilidades humanas criadas pelos próprios homens em si mesmos.

A criação de signos e símbolos e essa forma de se relacionar com o mundo alteraram o pensamento e a consciência humana, permitindo que os homens estabelecessem com o mundo relações mediadas pela ideia desse mundo. A partir de então, as funções psicológicas humanas avançaram para um patamar superior.

A partir da perspectiva histórico-cultural, compreendemos que a aprendizagem da escrita e da leitura é fundamental para o desenvolvimento de capacidades essencialmente humanas, as chamadas Funções Psicológicas Superiores (FPS). Facci (2004a, p. 209) ao discutir esse conceito esclarece que

> As FPS e as funções psíquicas elementares mantêm uma relação muito próxima [...] mas somente as formas superiores de conduta, que são produtos da evolução histórica, permitem que os processos psicológicos superiores se desenvolvam. É a apropriação da cultura humana que leva os indivíduos a pensar de forma humana, pois ao utilizarem os signos sociais, ao fazerem relações com os fatos e objetos apreendidos, é que os indivíduos podem compreender a realidade social e natural.

Sem os processos de aprendizagem da leitura e da escrita, a compreensão do mundo e a formação dessas funções não acontecem como poderiam, dadas as capacidades humanas criadas filogeneticamente[2]. Os indivíduos adaptam-se ao mundo, desenvolvem-se dentro das condições concretas nas quais estão inseridos, mas não têm garantidas suas possibilidades de humanização.

Luria (1986), explicando a estrutura da linguagem escrita, esclarece que esta não é a elaboração da linguagem oral, mas do pensamento.

> A linguagem escrita possui uma origem completamente diferente e outra estrutura psicológica. Esta aparece como resultado de uma aprendizagem especial, que começa com o domínio consciente de todos os meios de expressão escrita. No início da formação desta, seu objeto não é tanto a ideia ou pensamento que deve ser expressado, quanto os meios técnicos de escritura das letras e logo das palavras, os quais nunca são objeto de uma tomada de consciência na linguagem oral. (p. 169)

---

[2] Ver processo de hominização e humanização presentes em Leontiev (1978).

APROPRIAÇÃO DA LINGUAGEM ESCRITA

Diferente da linguagem oral, que é aprendida nas relações sociais desde que nascemos, a linguagem escrita ocupa um lugar especial na aprendizagem dos seres humanos. Essa aprendizagem acontece principalmente no interior da escola.

Entretanto, não é somente na escola que as crianças se relacionam com o mundo escrito. Quando chega à escola, a criança já sabe muito sobre o mundo letrado, entrou em contato com textos escritos por meio de objetos encontrados dentro de sua casa ou nas ruas. A criança conhece a linguagem escrita como um objeto social, utilizado pelos adultos e crianças mais velhas com as quais se relaciona. Isso não acontece somente quando a criança entra numa sala de aula e começa a se relacionar com a professora e o ambiente escolar.

O que podemos constatar ao realizar nossos estudos sobre a educação brasileira é que nem todas as pessoas têm possibilidades concretas em sua existência de aprender e apropriar-se dessa produção humana. As escolas estão tomadas de alunos que não aprendem o mínimo necessário para sobreviver numa sociedade letrada. A apropriação dos conhecimentos que possibilitam o acesso dos indivíduos à humanização não acontece. É preciso entender por que o acesso à educação, e principalmente à escrita, se tornou tão hermético.

Primeiramente, devemos compreender que a linguagem escrita é uma produção social e de domínio público. Ela é usada para que as pessoas possam se comunicar, se expressar. A escola é a responsável por ensinar às crianças como utilizá-la adequadamente fora dela. Como nos lembra Ferreiro (2003):

> No decorrer dos séculos, a escola (como instituição) operou uma transmutação da escrita. Transformou-a de objeto social em objeto exclusivamente escolar, ocultando ao mesmo tempo suas funções extraescolares: precisamente aquelas que historicamente deram origem à criação das representações escritas da linguagem. É imperioso (porém nada fácil de conseguir) restabelecer, no nível das práticas escolares, uma verdade elementar: a escrita é importante na escola porque é importante fora da escola, e não o inverso. (p. 20-1)

É exatamente porque a escola transformou um saber social em um saber privado, guardado, cheio de mistérios e inacessível à maior parte da população, que a cada dia vemos o crescente número do fracasso escolar, traduzido em evasão, abandono, repetência, descrença no sistema de ensino, culpabilização das famílias pobres e, acima de tudo, crianças desiludidas e frustradas porque falharam naquilo que deveriam ter tido êxito: aprender.

Compreendemos que a escola é o lugar que deveria socializar o conhecimento produzido historicamente pela humanidade, mas que numa sociedade de classes deixa de cumprir seu papel social porque reproduz as relações sociais de dominação postas pelo sistema capitalista. O analfabetismo é entendido, nessa perspectiva, como uma consequência lógica de uma sociedade desigual e injusta, e não apenas como o resultado da falta de acesso à escola. É a sociedade excludente que o produz. Essa questão seria resolvida garantindo educação básica para todos, e isso só aconteceria em uma sociedade igualitária.

As discussões sobre os processos de ensino e aprendizagem devem levar em conta as relações sociais presentes no interior da escola. As escolas públicas, em sua grande maioria, têm alunos provindos das camadas populares. Entretanto, muitos ainda são os "mitos" sobre esses alunos. O ideário pedagógico está permeado de justificativas preconceituosas sobre por que a população pobre não aprende; ora os pais são os culpados porque são analfabetos, trabalham fora, não estimulam, ora as crianças são as culpadas porque têm problemas emocionais, não estão prontas ou não querem aprender (Collares e Moysés, 1996).

O que entendemos, na verdade, é que o sistema educacional brasileiro passa por um grande sucateamento. Os professores cada vez mais têm formação acadêmica precária, péssimas condições de trabalho e pouca ou nenhuma formação continuada. Os alunos, por sua vez, encontram a escola nesse estado em que se apresenta, não tendo nem os materiais pedagógicos adequados nem condições efetivas de aprender (Rossler, 2004).

Percebemos com essa pesquisa que o ensino da linguagem escrita, na educação brasileira, permaneceu até agora deixado de lado, enfatizando-se apenas as habilidades motoras necessárias para a "escrita mecânica".

As discussões em torno da alfabetização infantil estão centradas muito mais nos mecanismos e técnicas de leitura do que de escrita. Percebemos uma produção bastante extensa sobre a leitura e uma carência de trabalhos acadêmicos feitos sobre os processos da escrita. Já na década de 1920, Vygotsky apontava esse fenômeno, quando discutia a pré-história da linguagem escrita, ressaltando que

> Até agora, a escrita ocupou um lugar muito estreito na prática escolar, em relação ao papel fundamental que ela desempenha no desenvolvimento cultural da criança. Ensina-se as crianças a desenhar letras e construir palavras com elas, mas não se ensina a linguagem escrita. Enfatiza-se de tal forma a mecânica de ler o que está escrito que acaba-se obscurecendo a linguagem escrita como tal. (Vygotsky, 1998, p. 139)

Podemos perceber que transcorrido quase um século, apesar de todos os avanços científicos, discussões e pesquisas sobre o tema alfabetização, o processo de ensino da linguagem escrita ainda é feito da mesma forma.

Considerando que a apropriação da linguagem escrita é muito mais do que a aquisição de habilidades motoras necessárias para escrever, julgamos importante pesquisar como a aprendizagem da escrita têm acontecido no interior das escolas.

As práticas pedagógicas de ensino da escrita que temos encontrado na educação infantil e fundamental nos parecem muito mais o treino das habilidades motoras do que o ensino da linguagem. Essa perspectiva também é discutida por Mello (2005), quando nos esclarece que

> Essa atividade de treino de escrita de letras ou sílabas ou palavras e até mesmo de textos que não expressam o desejo de comunicação e expressão das crianças vai, aos poucos, tomando o lugar de todas as demais atividades que deveriam ter lugar na escola, privilegiando a cultura da expressão. Em outras palavras, com um olhar orientado pela crítica de Vygotsky, perceberemos que por um longo período – durante o qual a criança se aproxima da escrita – fechamos para a criança os canais de expressão na escola: para as formas pelas quais ela poderia se expressar – a fala, o desenho, a pintura, o faz de conta... que formam as bases necessárias para a aquisição da escrita –, não há tempo porque ela está ocupada com a escrita, e pela escrita ela não pode se expressar ainda, porque está ainda aprendendo as letras. Sem exercitar a expressão, o escrever fica cada vez mais mecânico, pois sem ter o que dizer, a criança não tem porque escrever. (p. 29-30)

Encontramos em diversos autores (Ferreiro, 1985; Luria, 1989; Mello, 2005; Santos, 2002; Vygotsky, 1998) a afirmação de que copiar não é escrever, e que a habilidade para copiar não se relaciona com a compreensão da escrita.

Levantamos uma hipótese que pretendíamos investigar nesta pesquisa realizada com os alunos copistas: se esse momento de cópia seria parte da apropriação da escrita, ou se deveria ser superado por práticas pedagógicas que possibilitassem a compreensão da simbolização da linguagem escrita.

A hipótese da cópia pôde ser pensada a partir de estudos sobre a zona de desenvolvimento proximal, quando Vygotsky (1998) afirma que "uma compreensão plena do conceito de zona de desenvolvimento proximal deve levar à reavaliação do papel da imitação no aprendizado" (p. 114, grifo nosso).

Entendemos que se a cópia é a imitação da escrita do professor ou dos colegas de sala que conseguem escrever, a criança está realizando uma atividade com

Ouvindo Crianças na Escola abordagens qualitativas e desafios metodológicos para a psicologia

a ajuda de um mediador, no caso a professora ou o colega. Para além disso, Vygotsky explica que o aprendizado cria desenvolvimento. Entretanto, somente se a aprendizagem realmente for internalizada é que será considerado um desenvolvimento real da criança. Se a cópia da escrita adulta não ultrapassar esse limite de imitação e não for internalizada, não terá acontecido nada novo no desenvolvimento da criança.

Vygotsky (1998), discutindo a diferença entre a apropriação da cópia e da linguagem escrita afirma que

> [...] o ensino da linguagem escrita depende de um treinamento artificial. Tal treinamento requer atenção e esforços enormes, por parte do professor e do aluno, podendo-se, dessa forma, tornar fechado em si mesmo, relegando a linguagem escrita viva a segundo plano. (p. 139)

Também encontramos essa diferenciação de "escrita-cópia" para "escrita como tal" no clássico trabalho de Emília Ferreiro e Ana Teberosky (1985), *Psicogênese da língua escrita*. Nele, as autoras afirmam que escrever não é copiar:

> Da mesma maneira, pensamos que a evolução da escrita que evidenciamos não depende da maior ou menor destreza gráfica da criança, de sua maior ou menor possibilidade de desenhar letras como as nossas, mas sim do que chamamos seu nível de conceitualização sobre a escrita, quer dizer, o conjunto de hipóteses exploradas para compreender este objeto. Impedindo-as de escrever (isto é, explorar suas hipóteses no ato de produção de um texto) e obrigando-a a copiar (isto é, a repetir o traçado do outro, sem compreender sua estrutura) a impedimos de aprender, quer dizer, descobrir por si mesma. (p. 274-275)

Temos defendido que a linguagem escrita é uma das objetivações humanas mais importantes para o desenvolvimento da humanidade dos alunos e que é preciso resgatar o papel do professor como fundamental nesse processo, já que é ele quem garante acesso aos conteúdos escolares e dirige o desenvolvimento psíquico dos alunos, atuando diretamente na formação das funções psicológicas superiores.

É com a atuação intencional do professor que o aluno vai se apropriar da linguagem escrita, compreender seu significado social, seus usos e costumes, e transformar isso em sentido interno. Facci (2004a), ao estudar a importância do trabalho do professor nas obras de Vygotsky, esclarece que

Na atividade de estudo, com a orientação do professor, o aluno pode apropriar-se da experiência histórico-social por meio das diversas esferas de conhecimento da ciência. É nesse processo de apropriação do mundo externo, por meio do processo de internalização, que o aluno desenvolve as FPS. A educação, se corretamente organizada, constitui a forma universal e indispensável ao desenvolvimento do processo intelectual. (p. 231)

Ressaltamos, dessa forma, a necessidade de termos uma organização pedagógica voltada para a intencionalidade do ensino do conhecimento historicamente produzido pelos homens. Os professores são os agentes capazes de socializar esse saber.

A PESQUISA

Esta pesquisa de mestrado foi realizada durante o ano letivo de 2005, numa escola estadual do município do interior do estado de São Paulo. Para realizar este trabalho com os alunos copistas, escolhemos a 3ª série como campo de pesquisa porque, primeiramente, entendemos que as duas primeiras séries do ensino fundamental, precedidas ou não pela educação infantil[3], devem cumprir o papel de alfabetização, sendo que na 3ª série a maioria dos alunos deve estar alfabetizada. Posteriormente, porque essa era a sala de aula, nessa escola, que tinha mais alunos copistas, cinco num total de quarenta. No meio do ano, um dos alunos foi transferido de escola; as observações feitas com ele e o material coletado foram utilizados no processo de análise dos dados. As demais salas de aula da escola, 2ª, 3ª e 4ª séries, contavam com dois ou três alunos copistas em cada uma.

Além disso, foi possível acompanhar os alunos durante todo o ano letivo e na mudança para a 4ª série, verificando as mudanças que ocorreram em alguns desses alunos no processo de aquisição e compreensão da linguagem escrita.

Tivemos como objetivo geral da pesquisa investigar o sentido da escrita para os alunos copistas, isto é, de que forma eles haviam se apropriado da linguagem escrita, o que ela significava para eles escrever.

Como objetivos específicos, buscamos: a) observar as práticas pedagógicas referentes às solicitações de escrita; b) investigar se o "copismo" faria parte do processo de apropriação da linguagem escrita; c) reconstruir o percurso escolar

---

[3] Nesse momento não havia ainda a discussão do ensino fundamental de nove anos.

dos alunos copistas; d) identificar marcas subjetivas produzidas nos alunos pelo contexto escolar na aquisição da leitura e da escrita.

Dessa forma, a escolha de uma abordagem metodológica que possibilitasse a compreensão das relações que permearam o contexto escolar foi de extrema importância para o desenvolvimento desta pesquisa.

Como o objetivo principal deste trabalho era investigar o sentido da escrita para o aluno copista, entendemos que essa compreensão seria possível se a pesquisadora convivesse durante um longo período no contexto escolar dos alunos. Optamos por realizar uma pesquisa do tipo etnográfica, pois, como nos lembram Lüdke e André (2004), uma das "características da etnografia é a preocupação com o significado, com a maneira própria com que as pessoas veem a si mesmas, as suas experiências com o mundo que as cerca" (p. 29).

A pesquisa etnográfica, uma das pesquisas de abordagem qualitativa, tem o interesse de descrever a cultura de determinado grupo social, seus hábitos, valores e crenças. Para isso, o pesquisador deve permanecer um longo tempo no campo, defrontando-se com outras culturas e estabelecendo categorias de análise social.

Como na educação o interesse dos pesquisadores é pelos processos pedagógicos, o que acontece é uma adaptação da pesquisa etnográfica, que pode ser melhor intitulada como pesquisa do tipo etnográfico. Mas para que uma pesquisa possa ser entendida como do tipo etnográfico, é necessário que se utilizem algumas técnicas da etnografia, como a observação participante, a entrevista e a análise de documentos (Lüdke e André, 2004).

De acordo com Lüdke e André (2004), outras características devem fazer parte da pesquisa do tipo etnográfica, como a interação do pesquisador com os sujeitos pesquisados, pois o pesquisador é o principal instrumento da coleta e análise dos dados. É dada uma grande ênfase aos processos e aos significados que os sujeitos atribuem à realidade, além de um trabalho em campo no seu estado "natural", ou seja, não há intenção do pesquisador em modificar o contexto social em que realiza a pesquisa.

É muito importante salientar o papel que o pesquisador desempenha na pesquisa do tipo etnográfica, pois ele é o principal instrumento da coleta de dados. Lüdke e André (2004) explicam que, "devido ao seu grau de imersão na realidade, o observador está apto a detectar as situações que provavelmente lhe fornecerão dados discordantes e as que podem corroborar suas conjecturas". Cabe, portanto, ao pesquisador "selecionar e reduzir a realidade sistematicamente", conforme o desenvolvimento da pesquisa e os dados que obter nesse processo (p. 16-17).

A convivência da pesquisadora durante um longo período no campo de pesquisa possibilitou "documentar o não documentado", conhecer as relações postas nesse espaço e, principalmente, conhecer as pessoas que fizeram parte da pesquisa (Ezpeleta e Rockwell, 1989, p. 37).

As relações que foram criadas entre a pesquisadora e os sujeitos estudados, durante o período da pesquisa, possibilitaram uma maior compreensão da realidade estudada. A presença da pesquisadora na sala de aula teve a intenção de possibilitar um "processo de reconstrução dessa prática, desvelando suas múltiplas dimensões, refazendo seu movimento, apontando suas contradições" (André, 2004, p. 42).

Para reconstruir e compreender as práticas cotidianas do campo de pesquisa e as relações entre os sujeitos envolvidos, a pesquisadora optou por utilizar várias técnicas de investigação da realidade propostas pelas abordagens qualitativas, como entrevistas, análise de documentos e observação participante.

A observação participante, que ocupa lugar de destaque na pesquisa do tipo etnográfico, possibilitou que a pesquisadora entrasse em contato direto com os sujeitos da pesquisa, recriando com eles a realidade concreta que era estudada, além de clarear os objetivos da pesquisa e demonstrar que seria necessário realizar quatro estudos de caso, pois em uma mesma sala de aula estavam presentes quatro alunos copistas (Lüdke e André, 2004).

Neste trabalho, utilizamos o estudo de caso como método de pesquisa para compreender a realidade escolar dos alunos copistas e investigar o percurso escolar de cada um desses alunos, e assim descobrir quais foram os fatos marcantes em sua história escolar e como contribuíram para a criação do fenômeno do copismo. Stake (1988, *apud* André, 2004, p. 50) salienta que os estudos de caso explicitam a relevância dos resultados da pesquisa, pois "são extremamente úteis para conhecer os problemas e ajudar a entender a dinâmica da prática educativa".

Além de reconstruir a história escolar dos alunos – a partir de entrevistas com eles e professoras da escola –, para fazer esses estudos de caso, levamos em consideração todo o contexto das relações criadas dentro da escola. A realidade da sala de aula, em toda sua complexidade, precisou ser compreendida. Centramos a pesquisa na coleta e análise de dados dos alunos copistas sobre as atividades propostas pela professora: a execução dessas atividades, a forma como se deram, as relações criadas entre os alunos e a professora e os colegas de classe e, principalmente, a relação estabelecida com a escrita.

Acreditamos que o estudo de caso contribuiu no desenvolvimento da pesquisa e na análise dos dados, pois, como nos lembra Lüdke e André (2004, p. 19), "esse tipo de abordagem enfatiza a complexidade natural das situações, evidenciando a interrelação dos seus componentes".

Dessa forma, tanto as entrevistas quanto a análise de documentos dos cadernos escolares e dos materiais pedagógicos produzidos pela professora permitiram realizar os estudos de casos, aprofundando o conhecimento sobre as situações e os acontecimentos que foram observados ao longo do ano letivo.

Uma vez que este estudo pretendeu compreender o sentido da escrita para o aluno copista, partimos de Leontiev (1978) para apreender o conceito de sentido, analisando as condições concretas da vida do sujeito, pois, como esclarece o autor, "para encontrar o sentido pessoal devemos descobrir o motivo que lhe corresponde" (p. 97), portanto, como quisemos saber o sentido da escrita para o aluno copista, precisamos descobrir o que motivava esse aluno a escrever, que sentimentos permeavam a relação com a escrita e, na concepção dele, qual era a finalidade de escrever.

Os procedimentos de coleta de dados utilizados nesta pesquisa foram: observação participante, entrevistas formais e informais com alunos copistas e professora, análise dos materiais pedagógicos produzidos pela professora e análise dos cadernos escolares. A seguir, descreveremos cada um dos procedimentos.

Observações participantes

As observações em sala de aula foram o procedimento mais utilizado pela pesquisadora e que mais forneceram elementos para a pesquisa. Foram realizadas 18 observações semanais ao longo de todo o ano, com permanência média de uma hora por semana em sala de aula, na posição de observadora-participante, isto é, começamos o trabalho distante do grupo de alunos e, no decorrer da pesquisa, nos aproximamos dos alunos copistas e participando das atividades realizadas por eles em sala de aula.

A pesquisadora sentava preferencialmente no fundo da sala, de onde era possível observar melhor os alunos. Entretanto, não havia lugares fixos para que eles se sentassem, então a pesquisadora sentava onde tinha lugar ou, como aconteceu muitas vezes, onde eles pediam para que ela se sentasse.

Aos poucos, o papel da pesquisadora na sala de aula e o objetivo da pesquisa foram sendo explicitados, à medida que intensificava sua aproximação dos alunos copistas. Os demais alunos contribuíram como "informantes", relatando experiências e mostrando produções dos alunos "que não sabem escrever", na voz deles.

Durante as observações, utilizávamos um diário de campo, no qual anotávamos os principais acontecimentos, bem como as atividades postas na lousa. O diário de campo era acessível a todos os alunos, que todas as vezes que a pesquisadora estava em sala de aula pediam para ler o que tinha sido escrito. Os alunos copistas também tinham acesso ao diário, mas, como não conseguiam ler o que estava escrito, apenas folheavam. Quando eles identificavam seu nome, perguntavam o que estava escrito; nós, ou outra criança que estivesse por perto, líamos o trecho citado. Posteriormente, essas informações eram registradas mais detalhadamente pela pesquisadora no que chamamos de "registro ampliado", material que foi utilizado para análise dos dados levantados.

Também realizamos observações das aulas de educação artística e aulas de reforço. As aulas de arte, que deveriam privilegiar momentos de expressão e criatividade, eram, de maneira geral, maçantes e repressoras. Os alunos eram obrigados a reproduzir desenhos feitos na lousa pela professora ou então colorir desenhos impressos. Os alunos que não obedeciam às regras, pintando com outras cores e fazendo outras formas, eram repreendidos e os demais alunos acabavam rindo da situação.

Com todos os dados obtidos nas observações participantes, decidimos por fazer quatro estudos de caso, privilegiando as entrevistas e a análise dos documentos desses alunos, uma vez que, dentro de uma mesma sala de aula, encontramos quatro alunos copistas.

Entrevistas

As entrevistas dividiram-se em dois grupos: formais e informais. As informais eram realizadas dentro da sala de aula ou nos corredores e pátios com os alunos, as professoras e a diretora; serviam para esclarecer pontos que haviam ficado confusos para a pesquisadora, como dinâmica de funcionamento da escola, das atividades da sala de aula e informações sobre os alunos.

As entrevistas informais realizadas com a professora objetivavam compreender melhor a dinâmica da sala de aula, as atividades propostas, a forma de correção dessas atividades, o processo de avaliação dos alunos e a concepção que ela tinha dos alunos copistas e do processo de cópia, acontecia dentro da sala de aula, no momento em que os alunos estavam envolvidos em alguma atividade. Também aconteceram conversas nos corredores e nas salas dos professores.

As entrevistas formais foram feitas com os alunos em data previamente combinada com o objetivo de reconstruir seu percurso escolar. O que pudemos observar durante as entrevistas foi que os anos escolares passados estavam apagados da memória deles. Dois alunos nem se lembravam do nome da professora do ano anterior. Os alunos se lembravam de algumas atividades e de alguns colegas, mas o que mais se lembravam é de não conseguirem fazer as atividades propostas.

P: *Como era sua outra escola?*
B: *Eu não sei...*
P: *Você não lembra?*
B: *Não...*
P: *E da professora, você lembra?*
B: *Não....*
P: *Não? Você não lembra o nome dela?*
B: *Não...*
(Entrevista com Breno)

P: *Você lembra da 1ª série?*
D: *Não.*
P: *Onde você fez a 1ª série?*
D: *Lá em cima*
P: *Mas foi aqui na escola?*
D: *Foi.*
P: *Você lembra o nome da professora?*
D: *Não.*
(Entrevista com Daniela)[4]

Análise de documentos

Outra grande fonte de informações foram os materiais didáticos usados pelos alunos copistas, em sua maioria atividades em folhas soltas produzidas pela professora, como as "cruzadinhas" e os cadernos escolares, usados durante as aulas, e os cadernos de reforço, feitos pela professora.

A análise dos cadernos escolares durante as aulas observadas possibilitou verificar quais eram os momentos de cópia e as produções independentes. Nem todas as atividades colocadas na lousa eram copiadas. Na maioria das vezes, os alunos copiavam o cabeçalho e o começo do exercício e logo paravam. Então, eles arrumavam outras atividades para fazer em sala de aula, que não eram relacionadas com o proposto pela professora. Eles conversavam, andavam, brincavam

---

[4] Perguntas feitas aos alunos durante entrevista formal.

com o que estivesse à mão, mas não voltavam ao caderno. Por isso, observamos uma descontinuidade nas atividades dos cadernos, um exercício começou a ser copiado, mas não terminou, ou terminou de ser copiado mas não foi resolvido; outras vezes, verificamos que o aluno passou dias sem copiar nada.

Os cadernos eram divididos de acordo com as matérias: um para português, outro para matemática e assim por diante. Os alunos copistas tinham no máximo dois cadernos, mas, como não sabiam qual deveriam usar, todo o conteúdo estava embaralhado, confuso e, às vezes, muito difícil de entender. Alguns alunos tentavam resolver algumas atividades propostas pela professora, e foi aí que pudemos comprovar que eles ainda não tinham domínio nenhum sobre a linguagem escrita, pois haviam terminado de copiar com exatidão o que estava na lousa, mas a resolução do problema era incompreensível.

Os materiais pedagógicos analisados foram as atividades dadas em sala de aula para todos os alunos e as atividades montadas num caderno específico para os alunos copistas. As atividades comuns eram quase sempre "cruzadinhas", com o desenho de objetos ou frutas e os espaços para escrever o nome. Ao longo do ano letivo, observamos que os alunos copistas não conseguiam resolver nenhuma cruzadinha, deixando em branco ou às vezes colocando letras aleatórias.

ASPECTOS ANALISADOS

Apresentaremos aqui apenas alguns dos pontos que analisamos na pesquisa, aqueles que se referem mais aos processos de aprendizagem e aquisição da escrita.

Organização das atividades pedagógicas

As observações foram realizadas em dias e horários diferentes para que várias atividades pudessem ser acompanhadas; observamos práticas pedagógicas confusas, diferentes atividades que eram realizadas ao mesmo tempo; alunos fazendo tarefas de outras matérias e alguns copiando novos conteúdos da lousa. Em nenhum desses momentos de observação, as atividades foram corrigidas com os alunos, explicando-lhes o que deveria ter sido feito ou tirando dúvidas. A professora também dava algumas tarefas que chamava de "prova", para que os alunos ficassem em silêncio e ela pudesse fazer outras atividades, corrigir cadernos, por exemplo.

Observamos um fato curioso na sala de aula. A professora sempre teve a ajuda de duas ou três alunas para passar os conteúdos na lousa. No início da pesquisa, a professora relatou estar passando por momentos muito difíceis e ter desenvolvido alergia nas mãos, ficando impossibilitada de usar o giz, por isso pedia ajuda para algumas alunas para passar a matéria na lousa. Além de passar os exercícios na lousa, essas alunas também ajudavam a professora a organizar o material para as aulas:

> *Larissa, que estava passando a matéria na lousa, vem falar comigo. Pergunto se ela é a ajudante da professora. Ela me diz que só passa a matéria na lousa e que as ajudantes são duas meninas. Fala os nomes e vai até elas para me mostrar quem são. Volta para sua carteira e copia o que acabou de passar na lousa.* (Registro Ampliado n. 2)

Outra característica percebida durante as observações foi a naturalização do "não fazer nada" dentro da sala de aula. Os alunos que não realizavam as atividades propostas, ficavam conversando, brincando ou passeando pela sala.

Em alguns momentos a professora pedia que voltassem a seus lugares, mas não cobrava a realização das tarefas; voltar para os lugares e sentar-se estava mais ligado com a disciplina que a professora desejava manter dentro da sala do que com a produção e execução das atividades. Essa prática era tão comum com os alunos copistas quanto com os alunos alfabetizados.

> *O tempo todo, Daniela, uma das alunas que é considerada copista, fica sentada ao lado da professora. Observo atentamente e não há nenhuma indicação para que ela volte à sua carteira para realizar as atividades. Em um dado momento, Daniela vem falar comigo. Pergunto se ela não vai fazer a atividade. Ela diz que não e sai de perto.* (Registro Ampliado n. 2)

Em oposição a essa dinâmica da sala de aula, a professora das aulas de reforço estabelecia uma relação mais rígida com os alunos, não permitindo que eles conversassem ou saíssem de seus lugares. A forma de apresentar os conteúdos se mostrou bastante parecida, passando as atividades na lousa e pedindo que os alunos copiassem no caderno. A professora explicava o que deveria ser feito, mas não dava nenhuma atenção especial aos alunos que não realizavam as atividades propostas e que, nesse caso, eram vários. Também nas aulas de reforço, que esses alunos frequentavam, não havia uma atenção específica às dificuldades que cada um apresentava, pois lá estavam alunos de diversas séries e com diversas dificuldades.

Durante a observação na aula de reforço, a professora disse que eu não deveria me preocupar com os alunos copistas, pois as três horas de aula de reforço semanais ajudavam bastante, e não importava se eles eram copistas, o importante é que eles estavam fazendo alguma coisa, que nesse caso continuava sendo cópia.

Essa fala da professora explicita o que permeia o ideário pedagógico, principalmente das professoras que acompanharam esses alunos ao longo dos anos escolares: os problemas de aprendizagem são problemas dos alunos e pedagogicamente nada pode ser feito.

Esses problemas são atribuídos à falta de organização familiar ou imaturidade emocional das crianças, campos aos quais as professoras não têm acesso e não podem transformar. Só lhes resta esperar que os alunos tenham um "estalo", como explicou essa professora do reforço[5].

Solicitações de escrita

A apresentação de novos conteúdos em sala de aula era feita da seguinte maneira: na maior parte das vezes, a professora, ou uma de suas alunas ajudantes, passava o conteúdo na lousa e pedia que os alunos copiassem no caderno e resolvessem a atividade. Muitas vezes, essa forma de organizar as atividades na classe foi observada e, em nenhuma delas, presenciamos a professora tirando dúvidas ou corrigindo com a classe os exercícios; ela sempre dizia que estava corrigindo alguma outra coisa ou que levava para casa os cadernos para serem corrigidos. E mesmo tendo realizado as observações em diferentes horários e dias da semana, não observamos a devolução desses cadernos.

Muitos são os exemplos das observações de como foram feitos os pedidos para que os alunos escrevessem; o mais comum de todos eles foi a cópia da lousa, que na maior parte das vezes era passado pela aluna ajudante.

Uma das alunas, Carol, está passando a continuação de um exercício na lousa e também distribui algumas folhas, nas quais os alunos devem continuar copiando. A pesquisadora pergunta a um dos meninos ao seu lado que atividade é aquela, ele diz que é prova. A professora explica que primeiro eles devem copiar o cabeçalho, que contém o "Dizer de Deus". Aquilo que chamamos de frase do dia é nomeado pela professora como sendo o "Dizer de Deus". (Registro Ampliado n. 4)

---

[5] A esse respeito, existem muitas produções na área, a consultar: Machado e Souza (1997), Souza (2002).

Outra solicitação de escrita muito presente durante o ano foram a palavras-cruzadas e os caça-palavras. Essa atividade era a preferida dos alunos, que sempre se envolviam em resolver as "cruzadinhas". Mas, assim como as outras solicitações de escrita, nunca observamos sua correção em sala de aula.

A professora dá uma folha para cada um, para que eles façam palavra-cruzada de figuras. Alguns alunos pedem ajuda da pesquisadora, perguntando como se escreve uma palavra (lã, por exemplo) ou perguntando que figura é aquela que eles não conseguem identificar, como um saxofone. (Registro Ampliado n. 5)

A professora dá instruções para os alunos fazerem as atividades, cruzadinha e caça-palavras e uma redação da sua mesa, enquanto corrige as provas. (Registro Ampliado n. 6)

Apesar da capacidade para realizar o que chamamos de cópia perfeita – copiar exatamente o que está na lousa, ter compreensão espacial do caderno, escrever as palavras corretamente –, nem sempre os alunos copistas realizavam a cópia, e nunca conseguiam ler aquilo que tinham copiado.

Cristina começa a copiar a atividade, acompanhamos. Ela copia exatamente como está na lousa. Pedimos que ela leia o enunciado, ela não consegue. (Registro Ampliado n. 8)

Vemos o do Breno. Ele está copiando, observamos que tem bastante coisa escrita. Ele copia, perguntamos se ele tem feito tudo, ele diz que sim. Pedimos para ver o caderno. São fragmentos de atividades copiadas em diferentes dias, mas sem resolução. Ele termina de copiar e se distrai. (Registro Ampliado n. 8)

Percebemos que os momentos de cópia oscilavam entre totalmente sem sentido, ou como uma forma de aproximar o aluno das atividades que eram feitas na sala de aula. Apesar de algumas vezes não realizar a cópia, a maioria das atividades passadas na lousa era copiada, porque essa era a tarefa que os alunos copistas haviam internalizado, era o que eles sabiam fazer: copiar. Durante a pesquisa, ficou muito claro que os alunos sabiam que não conseguiam escrever sozinhos, mas em alguns momentos parecisavam acreditar que sabiam escrever quando copiavam.

Em algumas observações, percebemos que depois de copiar o que estava na lousa, os alunos copistas sentiam-se satisfeitos por terem terminado de fazer suas obrigações, pois quando perguntávamos se eles não iam fazer os exercícios, eles afirmavam que já tinham terminado.

Mesmo os alunos alfabetizados algumas vezes tiveram dificuldades em copiar o que estava na lousa. Além disso, copiar do caderno de algum colega, quando o aluno tinha faltado à aula ou o trecho em questão já tinha sido apagado também era prática frequente na organização das atividades em sala de aula.

Copiar do caderno do colega permitia que o aluno recuperasse a matéria e as atividades dadas no dia em que havia faltado, mas, por outro lado, realizar essa ação no horário da aula atrapalhava as outras atividades que a criança deveria fazer junto aos colegas.

Devido à cópia da matéria e dos exercícios do dia em que faltaram, ou por ficar conversando com os colegas de sala, algumas vezes os alunos não terminavam de fazer as atividades do dia, então a professora ameaçava passar pelas carteiras para verificar se haviam feito a tarefa solicitada, mas logo em seguida dizia que teriam até o dia seguinte para terminar as tarefas.

Tendo tantos momentos dedicados à escrita nas atividades pedagógicas, somente uma vez presenciamos a professora realizar uma atividade de leitura com os alunos: ela pedia que eles fossem, individualmente, até sua mesa e lessem. Ela realizou essa atividade pacientemente, esperando o tempo dos alunos e a maioria leu corretamente. Os alunos copistas não participaram da atividade.

Caderno de reforço

Não podemos deixar de ressaltar um fato muito interessante que acompanhou os alunos copistas durante todo o ano letivo: o caderno de reforço feito pela professora da 3ª série. No segundo semestre, a professora contou que desde o começo do ano fazia um caderno de atividades para os alunos copistas, mas que não sabia se daria certo porque não sabia alfabetizar. Esses cadernos continham atividades de escrita que eram coladas nas folhas, cujo material didático havia sido fornecido por uma colega dela, também professora.

Após algumas análises desse material dado pela professora para todos os alunos copistas, verificamos que se tratava de fotocópia reduzida da cartilha *Caminho suave*, contendo todas as lições de todas as famílias silábicas, de diferentes edições da cartilha ao longo de suas publicações. É interessante considerar como um instrumento usado no espaço escolar por tanto tempo e tão controverso volta "repaginado", assumindo *status* de material didático eficiente no ensino da linguagem escrita, sem que a professora efetivamente soubesse do que se tratava esse material.

A professora pede que os alunos copistas mostrem o caderno de atividades que ela está fazendo para eles. Quase todas as atividades são de cópia. Existe uma atividade na qual eles devem classificar as palavras em oxítonas, paroxítonas e proparoxítonas. Ela nos explica que está fazendo esse caderno "para ver se ajuda alguma coisa", mas como ela não é alfabetizadora acha que não vai dar muito certo. (Registro Ampliado n. 9)

Mortatti (2000, p.46), ao analisar a utilização histórica da cartilha no espaço escolar, afirma que, "a partir dos anos de 1980, passa-se a questionar programaticamente a necessidade dos métodos e da cartilha de alfabetização, em decorrência da intensa divulgação, entre nós, dos pensamentos construtivistas e interacionistas sobre alfabetização", pois, com o advento do construtivismo, ressalta-se a importância de *como se aprende*, em detrimento do *como se ensina*.

Dessa forma, preocupados com a forma como os alunos aprendem, os pedagogos, adeptos do construtivismo, aboliram o uso das cartilhas no espaço escolar por entenderem que elas eram incompatíveis com a relação que as crianças estabelecem com o universo escrito, muito mais amplo e rico do que o encontrado em frases prontas e sem sentido como as da cartilha.

O que se verifica na prática de sala de aula do professor é que, sem a cartilha, muitos ficaram sem saber o que fazer, sem saber como ensinar os alunos a ler e a escrever, pois não compreenderam o que foi explicado pelo construtivismo, como os alunos aprendem. A solução foi transformar o instrumento de ensino em material didático, ou seja, introduzir de forma encoberta a cartilha em sala de aula "apenas para consulta quando da preparação de suas aulas, e no ensino e aprendizagem do modelo de leitura e escrita" (Mortatti, 2000, p. 46).

Explicações sobre o processo de alfabetização

Desde que entramos na escola, preocupamo-nos em compreender e investigar com as professoras quais eram suas hipóteses sobre o fenômeno do copismo, como e por que acontecia. Não nos surpreendemos quando os alunos e suas famílias novamente foram culpabilizados pelo fracasso escolar (Collares e Moysés, 1996).

Além das explicações sobre o copismo, as professoras posicionaram-se com relação ao processo de alfabetização de forma geral.

Questionar essa temática, problematizar a atuação pedagógica e saber como as professoras se posicionavam, auxiliou a compreender as práticas observadas. As duas professoras deram explicações baseadas no senso comum sobre os processos de aprendizagem, como "estalo" ou "simpatia" e "antipatia" pelo alfabetizador, como um facilitador ou não da alfabetização. Em nenhum momento elas se remeteram às teorias pedagógicas que estudam e explicam metodologias de como ensinar ou as que explicam como as crianças aprendem.

Perguntamos à professora da 2ª série se podemos assistir algumas aulas de reforço, e ela aceita e pergunta se não queremos ver o caderno dos alunos. Vamos até a sala dela. Ela abre o armário e pega uma pilha de cadernos encapados de vermelho com os nomes dos alunos escritos em adesivos coloridos. Nos mostra as últimas atividades. Os alunos copistas demonstram o mesmo desempenho da sala de aula, copiam as atividades e, quando respondem, escrevem palavras incompreensíveis. Dizemos da nossa preocupação com esses alunos. Ela diz para não nos preocupar que "eles estão no período pré-silábico e que a qualquer momento vão estalar". Voltamos para a classe. Perguntamos para a professora se ela acreditava em "estalo". Ela disse que não. Depois pensou e respondeu: "quer dizer, eu acredito em simpatia e antipatia. Se você é autoritária e os alunos têm medo de você, eles vão fazer com medo da punição. (Registro Ampliado n. 9)

Por isso, defendemos o trabalho do professor, a importância de resgatar o papel do professor como um trabalhador intelectual autônomo e competente, com uma formação de qualidade e condições efetivas de trabalho (Facci, 2004a).

A crença de que a habilidade motora e a prática da caligrafia levam à boa escrita permeia os ideários pedagógicos há muito tempo.

Em seu artigo sobre as experiências realizadas com a caligrafia muscular nos anos de 1930, Vidal (1998) retoma os preceitos higienistas da época, que se preocupavam em normatizar a escrita, racionalizar o espaço escolar e o espaço corporal dos alunos. Dessa normatização da escrita provêm os cadernos de caligrafia, pois, como explica a autora,

A boa escrita, caracterizada como a escrita clara, legível, rápida, elegante e com certa liberdade de execução, só poderia ser realizada através da técnica da **caligrafia muscular,** baseada em movimentos ritmados do antebraço, cujo resultado era uma letra inclinada e sem talhe, uniforme no tamanho e nas ligações, obtida por tração e não por pressão. Diferentemente das denominações anteriores que se reportavam ao formato da letra, vertical ou inclinada, a nova caligrafia era chamada **muscular,** indicando a relação necessária entre movimento e escrita. (Vidal, 1998, p. 138)

A relação que se estabelecia entre a boa escrita e os movimentos musculares necessários para escrever não levava em consideração a importância de compreender a escrita como um sistema de signos culturais, que devem ser apropriados pelos indivíduos. Essa concepção de escrita dos anos de 1930, como podemos verificar a partir das falas das professoras, deixou marcas profundas no sistema de ensino de nossa língua.

Por outro lado, a compreensão da linguagem escrita como um sistema de signos culturais é muito recente na história da psicologia e da pedagogia. O entendimento e o interesse em saber como as crianças aprendem a escrever ainda está em processo de formação.

CONSIDERAÇÕES FINAIS

Após essa apresentação de algumas das experiências pelas quais os alunos copistas passaram, e depois dos exemplos apresentados sobre os momentos de cópia vivenciados pelos alunos, remetemo-nos a Martins (2005), que discute o sentido pessoal para tentar compreender como o sentido da escrita se constrói para os alunos copistas.

Lembramos que, nessa análise sobre o sentido, a autora refere-se a pessoas que compreendem o que fazem na escola, que sabem ler e escrever, mas que não atribuem sentido ao que fazem.

> Nessas condições desintegra-se a unidade entre o significado e o sentido destas atividades. As atividades escolares possuem uma significação para a pessoa, mas apenas na medida em que são necessárias para futuras operações de trabalho. Na medida em que essas atividades encontram-se subjugadas a esta esfera de significação, os motivos encontram-se condicionados pelos fins, ou, por outra, os primeiros encontram-se determinados pelos segundos e não seu contrário. **Como consequência, ocorre um esvaziamento da própria construção do sentido pessoal destas atividades, comprometendo sobremaneira a expressão do sentido no significado. Assim sendo, as atividades escolares têm seu significado empobrecido quanto mais são determinadas por significações para com as quais o indivíduo não mantém uma relação pessoal efetiva e consciente.** (Martins, 2005, p. 130-131, grifo nosso)

Dito de outra forma, as atividades escolares perdem sua significação na medida em que os alunos se afastam, ou são afastados, dos seus significados.

É exatamente isso que observamos nos alunos copistas: eles compreenderam o significado cultural da escrita, e demonstram isso ao pedirem que lêssemos uma história ou tentar expressar suas ideias numa redação.

O fato é que, como os motivos da atividade – o escrever – não têm uma finalidade para eles – para quê –, não acontece a construção do sentido pessoal. Ou seja, a escrita não tem sentido para os alunos copistas e, possivelmente, nunca terá, pois sua significação está muito distante da sua realidade. Essa significação somente acontecerá quando e se os alunos copistas compreenderem o significado e o uso da escrita na vida das pessoas.

Percebemos que as crianças não tinham motivos reais para escrever, pois as atividades de escrita propostas pela professora, em quase sua totalidade, consistiam de cópia, ou da lousa ou nos cadernos de reforço. Os motivos observados para a realização da escrita encerravam-se em si mesmos, visto que as atividades feitas pelos alunos copistas eram as cópias das atividades propostas pela professora, e por diversas vezes apareceram em sua fala, quando ela dizia que "queria tudo copiado".

Precisamos possibilitar que haja uma mudança de motivo nas atividades realizadas pela criança no interior da sala de aula. Se o motivo para a criança fazer a tarefa, ou escrever, for somente o de passar no exame ou ser promovido para uma série superior, ela não compreenderá o verdadeiro sentido de realizar tais atividades, que é o de aprender, e assim desenvolver características psicológicas essencialmente humanas, as Funções Psicológicas Superiores.

Como explica Leontiev (1978), é na realização da atividade que se faz essa mudança de motivo.

> Como se faz a mudança de motivo? A resposta é simples. Em certas condições, o **resultado da ação** conta mais que o motivo que realmente suscita a ação. A criança começa por fazer conscientemente os seus deveres para poder mais rapidamente ir brincar. Mas o resultado é bem maior: não apenas pode ir brincar, como ainda ter boa nota. Produz-se uma nova "objetivação" das suas necessidades, quer isto dizer que elas se elevam de um grau. (p. 299-300, grifo nosso)

O "resultado da ação" de um aluno copista aconteceria se ele pudesse escrever sozinho uma palavra. Para que isso acontecesse, alterando seu motivo da escrita, seria necessário uma prática pedagógica intencional por parte do professor no sentido de alfabetizá-lo, possibilitando que ele adentrasse o mundo da linguagem escrita, compreendendo seus significados.

E isso foi observado e constatado quando uma das alunas copistas pesquisadas demonstrou que lia e escrevia. Ao investigar essa situação, descobrimos que pela atuação de uma professora particular – que ministrava aulas nos períodos em que a aluna estava fora da escola – ela foi alfabetizada.

Pudemos perceber, a partir das observações e análises que realizamos ao longo deste trabalho, que o copismo, por si mesmo, não leva à escrita consciente, pois, dos quatro alunos pesquisados ao longo do ano letivo, apenas uma aluna terminou o ano escrevendo.

Constatamos que o percurso escolar desses alunos foi marcado pela exclusão em sala de aula, visto que pouco ou nada se lembravam dos dois anos escolares precedentes. Também observamos que, embora o contexto concreto do processo de alfabetização tenha afastado essas crianças do significado do trabalho pedagógico, principalmente pela ausência dos motivos que levam à escrita, havia um interesse visível desses alunos para o aprendizado.

Por fim, consideramos que a prática da cópia esvaziada de significado não possibilita a apropriação da linguagem escrita e muito menos a formação de sentido pessoal. Entendemos que para reverter essa realidade e possibilitar que os alunos copistas aprendam a escrever, é preciso um comprometimento político e uma prática intencional do professor alfabetizador com os estudos referentes à apropriação da linguagem escrita, visando superar práticas pedagógicas inconsistentes e empíricas, bem como a melhoria das condições de funcionamento e de estrutura do espaço escolar e do trabalho de seus profissionais.

Referências bibliográficas

ANDRÉ, M. E. *Etnografia da prática pedagógica.* 11. ed. Campinas: Papirus, 1995.

ARCE, A. Pedagogia da infância ou fetichismo da infância? In: DUARTE, N. (org.). *Crítica ao fetichismo da individualidade.* Campinas: Autores Associados, 2004. p. 145-168.

ARENDT, H. A crise na educação. In: _____. *Entre o passado e o futuro.* São Paulo: Perspectiva, 1979.

AZEVEDO, M. A.; MARQUES, M. L. (orgs.). *Alfabetização hoje.* São Paulo: Cortez, 1994.

CODO, W. (org.). *Educação:* carinho e trabalho. Petrópolis: Vozes; Brasília: Confederação Nacional dos Trabalhadores em Educação; Universidade de Brasília, Laboratório de Psicologia do Trabalho, 1999.

COLLARES, C. A. L.; MOYSÉS, M. A. Por que as crianças não aprendem? In: _____. *Preconceitos no cotidiano escolar*: ensino e medicalização. São Paulo: Cortez, 1996.

BOCK, A. M. B. *et al. Psicologia sócio-histórica:* uma perspectiva crítica em psicologia. 2. ed. revista. São Paulo: Cortez, 2002.

EZPELETA, J.; ROCKWELL, E. *Pesquisa participante.* 2. ed. São Paulo: Cortez, 1989.

FACCI, M. G. D. Teorias educacionais e teorias psicológicas – em busca de uma psicologia marxista da educação. In: DUARTE, N. (org.). *Crítica ao fetichismo da individualidade.* Campinas: Autores Associados, 2004a. p. 99-119.

_____. *Valorização ou esvaziamento do trabalho do professor?* um estudo crítico-comparativo da teoria do professor reflexivo, do construtivismo e da psicologia vigotskiana. Campinas: Autores Associados, 2004b.

FERREIRO, E. *Com todas as letras.* São Paulo: Cortez, 2003.

FERREIRO, E.; TEBEROSKY, A. *Psicogênese da língua escrita.* Porto Alegre: Artes Médicas, 1985.

FOUCAMBERT, J. *A leitura em questão.* Porto Alegre: Artes Médicas, 1994.

GONTIJO, C. M. M. *Alfabetização*: a criança e a linguagem escrita. Campinas: Autores Associados, 2003.

LEONTIEV, A. *O desenvolvimento do psiquismo*. Lisboa: Livros Horizontes, 1978.

LÜDKE, M.; ANDRÉ, M. E. *Pesquisa em educação*: abordagens qualitativas. 8. ed. São Paulo: EPU, 2004.

LUKÁS, G. A consciência de classe. In: BERTELLI, A. R.; PALMEIRA, M. G. S.; VELHO, O. G. C. A. (orgs.). *Estrutura de classes e estratificação social*. 2. ed. Rio de Janeiro: Zahar Editores, 1969. p. 15-55.

LURIA, A. R. O desenvolvimento da escrita na criança. In: VYGOTSKY, L.; LURIA, A.; LEONTIEV, A. *Linguagem, desenvolvimento e aprendizagem*. São Paulo: Ícone, 1989. p. 143-189.

_____. *Pensamento e linguagem*: as últimas conferências de Luria. Porto Alegre: Artes Médicas, 1986.

MACHADO, A. M.; SOUZA, M. P. R. de. *Psicologia escolar*: em busca de novos rumos. São Paulo: Casa do Psicólogo, 1997.

MARTINS, L. M. Psicologia sócio-histórica: o saber fazer científico. In: ABRANTES, A. A.; SILVA, N. R. da; MARTINS, S. T. F. (orgs.). *Método histórico-social na psicologia social*. Petrópolis: Vozes, 2005.

MARX, K. *O capital*. 2. ed. São Paulo: Nova Cultural, 1985.

_____. *O capital*. Livro 1, Capítulo VI (inédito). São Paulo: Ciências Humanas, 1978.

MEIRA, M. E. M. Psicologia escolar: pensamento crítico e práticas profissionais. In: TANAMACHI, E.; PROENÇA, M.; ROCHA, M. (orgs.). *Psicologia e educação*: desafios teórico-práticos. São Paulo: Casa do Psicólogo, 2000. p. 35-71.

_____. Construindo uma concepção crítica de Psicologia Escolar: contribuições da pedagogia histórico-crítica e da psicologia sócio-histórica. In: MEIRA, M. E. M.; ANTUNES, M. A. M. *Psicologia escolar*: teorias críticas. São Paulo: Casa do Psicólogo, 2003. p. 13-77.

MELLO, S. A. A apropriação da escrita como um instrumento cultural complexo. In: FARIA, L. G.; MELLO, S. A. (orgs.). *Linguagens infantis*: outras formas de leitura. Campinas: Autores Associados, 2005. p. 23-40.

MORTATTI, M. do R. L. Cartilha de alfabetização e cultura escolar: um pacto secular. *Cadernos. CEDES* [*on-line*], v. 20, n. 52, p. 41-54, nov. 2000. Disponível em: http://www.scielo.br/scielo.php?script=sci_arttext&pid=S0101 32 622000000300004&lng=pt&nrm=iso. Acesso em: 2 nov. 2005.

PARO, V. H. *Administração escolar*: introdução crítica. 12. ed. São Paulo: Cortez, 2003.

_____. Parem de preparar para o trabalho!!! Reflexões acerca dos efeitos do neoliberalismo sobre a gestão e o papel da escola básica. In: *Escritos sobre educação*. São Paulo: Xamã, 2001. p. 13-31.

PATTO, M. H. S. *A produção do fracasso escolar*: histórias de submissão e rebeldia. 2. ed. São Paulo: Casa do Psicólogo, 1999.

ROSSLER, J. H. A educação como aliada da luta revolucionária pela superação da sociedade alienada. In: DUARTE, N. (org.). *Crítica ao fetichismo da individualidade*. Campinas: Autores Associados, 2004. p.75-98.

SANTOS, A. A. C. e. *Cadernos escolares na 1ª série do ensino fundamental*: funções e significados. 2002. Dissertação (Mestrado em Psicologia). Instituto de Psicologia, Universidade de São Paulo, São Paulo.

SATO, L.; SOUZA, M. P. R. de. Contribuindo para desvelar a complexidade do cotidiano através da Pesquisa Etnográfica em Psicologia. *Psicol. USP [online]*, v. 12, n. 2, p. 29-47, 2001. Disponível em: http://www.scielo.br/scielo. php?script=sci_arttext&pid=S0103-65642001000200003&lng=pt&nrm =iso. Acesso em: 10 abr. 2006.

SAVIANI, D. *Escola e democracia*. São Paulo: Cortez, 2003a.

_____. *Educação*: do senso comum à consciência filosófica. São Paulo: Cortez, 1989.

_____. *Pedagogia histórico-crítica*: primeiras aproximações. Campinas: Autores Associados, 2003b.

SILVA JUNIOR, C. A. da. *A escola pública como local de trabalho*. São Paulo: Cortez, 1990.

SOARES, M. B. *Alfabetização no Brasil*: o estado do conhecimento. Brasília: Inep, Reduc, 1989.

SOUZA, M. P. R. de. A queixa escolar na formação de psicólogos: desafios e perspectivas. In: TANAMACHI, E.; PROENÇA, M.; ROCHA, M. (orgs.). *Psicologia e educação*: desafios teórico-práticos. São Paulo: Casa do Psicólogo, 2000. p. 105-141.

_____. Problemas de aprendizagem ou problemas de escolarização? Repensando o cotidiano escolar à luz da perspectiva histórico-crítica em Psicologia. In: OLIVEIRA, M. K.; SOUZA, D. T. R; REGO, T. C. (orgs.). *Psicologia, educação e temáticas da vida contemporânea*. São Paulo: Moderna, 2002.

TANAMACHI, E. de R. Mediações teórico-práticas de uma visão crítica em Psicologia Escolar. In: TANAMACHI, E.; PROENÇA, M.; ROCHA, M. (orgs.). *Psicologia e educação*: desafios teórico-práticos. São Paulo: Casa do Psicólogo, 2000, p. 73-103.

VIDAL, D. G. Da caligrafia à escrita: experiências escolanovistas com caligrafia muscular nos anos 30. *Revista da Faculdade de Educação*. [*on-line*]. jan./jun. 1998, v. 24, n. 1 [citado 2 nov. 2005], p. 126-140. Disponível em: http://www.scielo.br/scielo.php?script=sci_arttext&pid=S0102-25551998000100009-&lng=pt&nrm=iso.

VYGOTSKY, L. S. *A formação social da mente*. São Paulo: Martins Martins Fontes, 1998.

_____. Génesis de las funciones psíquicas superiores. In: VYGOTSKI, L. S. *Obras Escogidas III*. Madri: Visor Distribuciones, 1995, p. 183-206.

_____. La prehistoria del desarrollo del lenguaje escrito. In: VYGOTSKI, L. S. *Obras Escogidas III*. Madri: Visor Distribuciones, 1995, p. 183-206.

A DOR E A DELÍCIA DE ENTREVISTAR CRIANÇAS NA CONSTRUÇÃO DE UM PROCEDIMENTO METODOLÓGICO INFANTIL

Carmen Tereza Gonçalves Trautwein

Baseando-nos na pesquisa de campo de nossa dissertação de mestrado[1] e tomando por empréstimo o sentimento dialético de sofrimento e prazer implícitos na canção de Caetano Veloso, procuraremos desvelar neste trabalho a dor e a delícia[2] em ter utilizado o procedimento de entrevistas individuais e em grupo com cinco crianças, objetivando aqui contribuir para a construção de uma metodologia infantil, não apenas visando à compreensão de problemas de escolarização, mas também dos mais amplos contextos de pesquisa, em que a criança seja a protagonista a partir do campo da psicologia.

Iniciaremos contextualizando a pesquisa de campo realizada no ano de 2005, em uma Unidade Básica de Saúde (UBS) da região Sudeste da Prefeitura Municipal de São Paulo (PMSP), a qual subsidia este artigo, para então relatar as dificuldades e facilidades encontradas, ou seja, as dores e as delícias vividas em sua realização, apresentando, após, os dados obtidos nas entrevistas, para refletirmos, ao final, sobre o procedimento utilizado.

Sentimos a deliciosa satisfação em dizer que esta pesquisa foi ancorada em nossa experiência profissional de 13 anos de trabalho como psicóloga clínica concursada e contratada após a extinção do Departamento de Saúde do Escolar

---

[1] A respeito, ver Trautwein e Nébias (2006).
[2] "O dom de iludir", música de Caetano Veloso.

em 1990. Esse departamento, segundo Taverna (2003), mantinha profissionais como psicólogos, oftalmologistas, dentistas etc. em escolas do município para atender exclusivamente às demandas das crianças nas escolas. Com sua extinção, os profissionais foram transferidos para as unidades de saúde e ali iniciaram os novos contratados para que atendessem não apenas crianças, mas todas as faixas etárias da população, de forma mais democrática.

Mesmo após a saída das escolas, os psicólogos continuavam a ser procurados ao longo dos anos, agora nas UBS. Os profissionais denominavam de "queixas escolares" as dificuldades que originavam as solicitações de atendimento ou encaminhamentos dos professores para os profissionais de saúde mental. Essas queixas se referiam tanto ao comportamento quanto ao rendimento dos alunos no processo ensino-aprendizagem. Focalizamos em nosso estudo as queixas escolares relacionadas ao rendimento pedagógico que se caracterizaram como dificuldade de aprendizagem.

Os encaminhamentos dos professores eram direcionados primeiramente aos psicólogos. Pela nossa observação e a de estudiosos como Machado (1996) e Patto (1984, 1990), essa categoria atribuía o fracasso escolar aos próprios alunos e às suas famílias, já que após o psicodiagnósticoindependente do tipo de queixa, indicavam em geral, ludoterapia ou atendimento psicomotor para as crianças e orientação para a família, pautados ainda pelo modelo médico-clínico, demonstrando, assim, dificuldades de assumirem papel de psicólogos sociais, segundo Castanho (1996).

Essa dolorosa realidade nos despertou o desejo de pesquisar as dificuldades de aprendizagem enquanto tema de conexão da Saúde com a Educação na rede pública. Embora esse tema já tivesse sido tratado por muitos autores, sob diversos aspectos, desde a década de 1980, não tinha sido sob o olhar do aluno. Inspiramo-nos então na leitura do texto de Andreazi (1992) que, ao lançar um olhar sobre a escola pública, questionou-se:

> Como o aluno se percebe em termos de competências e dificuldades? Que nível de compreensão tem e que juízo faz do que está indo fazer todos os dias na escola? Como percebe o professor – agente de mediação entre ele e o conhecimento sistematizado? Como se faz presente nas falas, nos gestos e no projeto de vida que seus professores organizam? (p. 75)

Oliveira (1992, p. 85) nos provocou de forma incontestável ao questionar: "E essa criança tida como fracassada? O que ela tem a dizer – com seu corpo, seu traço, suas histórias?". Também Patto (1990) ressaltou a importância de ouvir as crianças e de como não se incorporou essa prática à pesquisa do fracasso escolar. Por sua vez, Machado (1996, p. 94) nos alertou que pesquisar esse tema "é algo delicado, pois a criança sente-se incapaz, tende a viver seu não saber como fracasso e não como desafio". Concordamos com a proposta de Oliveira (1992, p. 86) de que "focalizar a criança, entendê-la em seus símbolos e marcas, reveladas no cotidiano da escola e instituição de saúde é uma tentativa de *desdoentizá-la*".

Em relação à entrevista com crianças utilizada nesse estudo, Carvalho (2004) nos disse que é uma técnica pouco explorada na literatura devido ao pensamento de que a criança é incapaz de falar sobre suas próprias preferências, concepções e avaliações. No entanto, o questionamento recente dessas suposições tem levado a um crescente uso de entrevistas com crianças, como forma de obter dados sobre fenômenos pouco suscetíveis de serem observados diretamente. Consideramos o que nos disse Arfouilloux (1976, p. 156), que em situação de entrevista "a criança não se confia facilmente", não esperando nada além de aborrecimentos se a entrevista ocorre em razão de fatos precisos, como dificuldades escolares ou perturbações de comportamento, pelos quais teme ser castigada. Para o autor, pode-se desenvolver toda uma estratégia de questionamento sem obter outra coisa além de respostas lacônicas ou parceladas, não permitindo que se tenha uma ideia nítida sobre a continuidade de sua experiência vivida.

Assim, essa escolha implicou um desafio, já que os aportes teórico-metodológicos colocavam em dúvida o uso de entrevistas com crianças. Porém, motivamo-nos a enfrentá-lo por nos indignarmos com o número de alunos que todos os anos eram encaminhados ao psicólogo sem que essa categoria profissional questionasse as diretrizes (ou sua falta) de política pública para atuação nessa área. E, ainda, por reconhecer que o aluno, sujeito do processo, pouco tem sido ouvido.

Assumimos o pressuposto de que as dificuldades de aprendizagem surgem da interação social do aluno com os demais membros da escola, não podendo ser localizada individualmente neste ou em sua família, sendo entendida por determinante sócio-político-cultural de um tempo histórico específico.

Definimos como objetivo de nossa pesquisa compreender que sentido as crianças constroem sobre si quando encaminhadas, pelo professor ou coordenador da escola, a um serviço de atendimento psicológico, com queixas escolares ou dificuldades de aprendizagem, tomando como referencial teórico a abordagem sócio-histórica, formulada por Lev Semenovich Vygotsky (1982, 1988, 1991, 2000).

Por essa abordagem interpretamos as queixas de que não memoriza, não lê, não escreve, não aprende, apresentadas pelos professores ao encaminharem seus alunos, como sintomas que podem ter surgido de interações não educativas.

Carvalho (2001) partiu do pressuposto de que a queixa escolar se constitui e se soluciona nas interações sociais que se desenvolvem na escola. Destacou o fato de que as interações em sala de aula entre professores e alunos "nem sempre são educativas [...] [no sentido de que] podem não impulsionar o desenvolvimento da criança e, consequentemente, não levar à aquisição do conhecimento" (p. 67).

Encontramos em Hashimoto (1997, p. 36) a definição mais coerente com nossa experiência profissional: "Dificuldade de aprendizagem é uma situação momentânea na vida do aluno, que não consegue caminhar em seus processos escolares dentro do currículo *esperado* pela escola, acarretando comprometimento em termos de aproveitamento e/ou avaliação".

Carvalho (2001, p. 71) também identificou dificuldade de aprendizagem como uma "situação momentânea na vida do aluno, decorrente de sua falta de compreensão do que está sendo proposto, em virtude de estratégias inadequadas utilizadas pelo docente em sala de aula".

Na proposta inicial deste estudo, a pesquisa seria realizada em diferentes UBS de uma única subprefeitura (subdivisão administrativa à qual se submetiam as unidades de saúde) da PMSP na ocasião. No entanto, não conseguimos colaboração dos profissionais na indicação de pacientes: em uma das 31 subprefeituras do município de São Paulo, levantamos junto a Coordenadoria de Saúde, Assessoria de Saúde Mental, quais UBS da região realizavam atendimento psicológico a crianças e, entre estas, quais recebiam queixas de dificuldades de aprendizagem.

Constatamos que no total de 18 UBS dessa subprefeitura, psicólogos atuavam somente em 11. Dentre estas, em seis atendiam-se crianças, e, destas ainda, somente cinco se configuravam e como referência às ações básicas, sendo a outra referência para crianças com transtornos mentais graves (CAPSI – Centro de Atenção Psicossocial Infantil).

A partir de junho de 2004, de posse dessa lista, solicitamos aos profissionais de saúde mental a colaboração na indicação de pacientes adequados às características de sujeitos da pesquisa, explicando-lhes nossos objetivos.

Uma psicóloga declarou que atendia vários casos, mas a questão deles era emocional e, portanto, não caberiam como sujeitos, segundo sua visão. Outra profissional que atendia crianças relatou que deixaria de fazê-lo, pois não estava contente com as condições de trabalho e considerava mais desgastante o atendimento à população infantil. Uma terceira profissional argumentou que não haveria espaço de horário em sua UBS para as entrevistas. Outra estava de férias.

Por outro lado, alguns gerentes das unidades, quando contatados, negaram autorização para as entrevistas, justificando o momento de eleições municipais. Em face desses dolorosos argumentos, decidimos realizar a pesquisa na UBS em que passamos a trabalhar desde julho de 2004 e onde recebemos total apoio da equipe e gerência. Nessa unidade, colaboramos na elaboração do acolhimento em saúde mental, grupo de recepção para novos pacientes, em que os profissionais se propunham a ouvi-los semanalmente, eliminando assim a fila em lista de espera para novos atendimentos.

Os participantes, alunos de escolas públicas municipais e estaduais na faixa de 8 a 12 anos, foram sorteados entre os pacientes da velha lista de espera que estava se extinguindo e os novos, acolhidos na UBS no período de agosto a outubro de 2004, encaminhados por seus professores para atendimento psicológico por serem portadores de dificuldades de aprendizagem. Entendemos e utilizamos "portador" no sentido de quem porta, carrega, conduz, que é, a nosso ver, o que acontece com o aluno que leva as queixas do professor ao psicólogo.

Adotamos a pesquisa qualitativa como modo de trabalho por verificarmos a adequação desse modelo aos princípios do materialismo dialético e por ele "permitir a criação teórica acerca da realidade plurideterminada, diferenciada, interativa e histórica, que representa a subjetividade humana", de acordo com González Rey (2002, p. 29). Buscamos a construção do conhecimento por meio de um estudo exploratório, no sentido de uma primeira investigação sobre os sentidos construídos pelo aprendiz, "realizando análise de conteúdo com uma conotação construtivo-interpretativa" e baseando-nos especificamente neste autor, para quem o conhecimento não é visto como produto de fatos constatados no ato da pesquisa, mas construído a partir da atribuição de sentido, em que "o pesquisador integra, reconstrói e apresenta em construções interpretativas os indicadores obtidos durante a pesquisa" (González Rey, 2002, p. 146).

ENTREVISTANDO AS CRIANÇAS

Utilizamos entrevistas semiestruturadas como instrumento, procurando, de acordo com sugestão de Souza (1996), entender a dificuldade de aprendizagem a partir do ponto de vista do aprendiz, examinando-a em sua totalidade para apreender os sentidos construídos pelos alunos a partir do modo como percebem o papel da escola, de seus professores e de seus colegas. Organizamos um conjunto de questões sobre o tema, porém permitindo e até incentivando que os entrevistados falassem livremente sobre assuntos que surgissem como desdobramento do tema principal.

Por lidarmos com crianças e adolescentes, tomamos cuidados extras, especialmente quanto à determinação de horários, levando em conta a disponibilidade da família. Outro cuidado referiu-se aos próprios entrevistados quanto aos compromissos da escola, que, às vezes, oferece atividades extras, como educação física e reforço.

Após os esclarecimentos aos pais e crianças e a assinatura do termo de consentimento pelos responsáveis, foram realizadas as entrevistas semiestruturadas individuais de aproximadamente uma hora com cada participante, no período de outubro a dezembro de 2004. Antes de cada entrevista, retomávamos o esclarecimento de que estávamos realizando uma pesquisa e de que gostaríamos que falassem a respeito de suas escolas, pois queríamos entender como se sente um aluno quando está com dificuldades na escola e é encaminhado ao psicólogo. Utilizamos um roteiro previamente elaborado somente para as entrevistas individuais. A partir desse material, percebemos que de fato a pesquisa qualitativa é um processo permanente de produção de conhecimento, pois novas questões surgiram, indicando novos caminhos.

Nas entrevistas individuais, inicialmente notamos certo receio de um participante em falar com um adulto desconhecido, seja pelo ambiente, local onde recebe injeções e vacinas, seja pelo peso emocional que o assunto tenha lhe causado. Outro participante nos revelou, timidamente, "não saber o que deveria ser aprendido na escola". Esse fato fortaleceu a ideia de encontros grupais, em que a carga emocional poderia ser dividida entre seus integrantes, uma vez que tínhamos claro o limite de nossa atuação como pesquisadoras e não como psicólogas da unidade naquela situação.

Trabalhamos inicialmente com seis crianças, realizando entrevistas individuais. Na segunda etapa da pesquisa, quando realizamos a entrevista grupal, um dos participantes faltou, levando-nos a eliminá-lo do processo. Assim, passamos a trabalhar com cinco crianças, que aqui apresentaremos com nomes fictícios para preservar suas identidades. Cada um dos participantes interagiu de forma própria durante a entrevista individual.

Silvânia pareceu fascinada pelo fato de ser ouvida e, ainda mais, por ter sua voz gravada. Falou com desenvoltura, expondo seu descontentamento com a escola:

*Eu queria mudar de escola para eu ir para uma **classe especial**. Eu acho que se eu levasse atestado psicológico, acho que eu conseguiria. Eu acho que eu aprenderia mais. Eles devem passar coisa diferente. É a sílaba... Tudo... Coisa diferente.* [sic]

Aos 14 anos, revelou que buscava laudo psicológico para classe especial para aprender algo também especial, e via no trabalho do psicólogo a possibilidade de obter tal laudo-passaporte.

Já para André não era claro o motivo de estar ali, mas aproveitou para falar da violência que sofre na escola e em casa, como "apanhar com o fio da televisão", por não ter feito a lição, e de como a professora apagou sua lição:

Outro dia ela apagou tudinho, eu já estava acabando... eu fiquei atrasado... estava tudo certo, tudo! Mas ela apagou. Não quer que eu faça com letra de mão... [sic]

Com sua linguagem infantil e ainda ingênua mostrou incoerências do comportamento da professora e falou também de seus sonhos para o futuro: Quer aprender a ler para "ser policial, e policial tem que trabalhar muito duro" [sic].

Michel, de forma reservada, conversou longamente e em baixo tom de voz sobre as humilhações sofridas na escola e as preferências da professora pelas meninas. Após anos de escolarização, ainda não sabe o que deve aprender na escola e reconhece que quando vê "que os outros [colegas] sabem o que ele não sabe, **sente-se ruim**".

Sônia, mostrou com meiguice compreender a importância da escola enquanto sistematizadora do conhecimento, o qual pode também ser abordado pela família, embora tenha outra função: "Em casa também a mãe ensina... É porque existe a lição... E em casa eles ensinam como ser educado".

Rogério mostrou-se sonolento, inicialmente dando respostas lacônicas, que se transformaram aos poucos em profundas reflexões sobre si e sobre o motivo pelo qual não aprende, já que não tem rabo e orelhas de burro. Também explicitou a violência que sofre tanto em casa quanto na escola. Revelou que na escola "todo mundo entende, só eu é que não... A professora diz que eu não despertei. Aí ela me dá mais desenho" [sic].

Além de entrevistas individuais, utilizamos também a entrevista em grupo, objetivando, segundo Romero (2000, p. 57), "identificar opiniões, sentimentos, formas de pensar, entender e interpretar a realidade" dos portadores de dificuldades de aprendizagem. Aqui podemos confessar que a dificuldade, exposta pelos autores citados anteriormente, em realizar entrevistas com crianças e o enorme desejo de viabilizar a pesquisa fizeram-nos temer por sua confiabilidade, levando-nos a optar também pela entrevista em grupo, o que se mostrou vantajoso. A entrevista em grupo favoreceu a interação entre os pares, o que possibilitou uma ação lúdica na busca do sentido sobre as dificuldades escolares. Participaram da entrevista em grupo os mesmos sujeitos da entrevista individual. Suas respostas foram gravadas, transcritas e organizadas na análise.

Realizamos somente uma entrevista grupal. Inicialmente pretendíamos realizar duas. Planejamos para o primeiro encontro, realizado em 24 de janeiro de 2005, uma dinâmica de apresentação em que pedimos que cada um falasse o nome, a idade e o nome da escola em que estudavam. Em seguida propusemos o brinquedo cantado "Escravos de Jó". Utilizamos copos plásticos para marcar o ritmo, o que possibilitou um clima de diversão e entretenimento. Na sequência, pedimos para que fizessem um desenho sobre a escola para e, então, conversássemos sobre ela. Nesse momento foi fundamental a abertura da pesquisadora em aceitar o pedido de André de lhe darmos tintas, o que não constava da programação, mas que pôde ser inserido. Foi nesse ambiente que Sônia, antes tímida, ansiosa, pôde ensinar o que sabia sobre a mistura das cores. E todos se mostraram muito interessados.

Para o segundo encontro, por três vezes agendado e desmarcado devido às dificuldades dos responsáveis ou condições de saúde dos participantes, somente uma integrante compareceu, enquanto os demais justificaram a ausência pelas fortes chuvas que caíram sobre a cidade naquela tarde. Diante da proximidade do retorno às aulas, quando as transferências de escolas ou de horários poderiam alterar significativamente as condições relatadas, resolvemos considerar válida somente uma entrevista grupal.

As entrevistas com essas crianças proporcionaram descobertas desconcertantes, emocionantes e de grande impacto na pesquisadora. As revelações feitas individualmente se confirmaram e puderam ser aprofundadas na entrevista em grupo. Observá-las desenhando, pintando enquanto falavam livremente sobre a escola, restituiu o papel de observador participante à cena de pesquisa, já que os participantes se mostraram concentrados na tarefa e discorreram sobre as relações escolares entretidos na atividade gráfica. Consideramos a entrevista em grupo a delícia maior da experiência de entrevistar crianças em meio a tantas dores que revelaram nas entrevistas individuais.

Na análise, associamos ao *corpus* das entrevistas individuais os dados significativos da entrevista grupal, somadas às nossas observações e informações obtidas no "acolhimento" com os pais. Seguimos as recomendações de Bardin (1977), iniciando pela organização do material. Em seguida, efetuamos uma "leitura flutuante" das entrevistas individuais e em grupo, registrando impressões e relações que surgiram durante a leitura. Imersões na leitura das transcrições das entrevistas revelaram indicadores relevantes, quer pela ênfase, pela emoção ou pela recorrência do tema. Leituras minuciosas do material nos levaram a destacar os núcleos de significação que possibilitaram realizar uma reflexão construtivo-interpretativa (González Rey, 2002). Destacamos os núcleos de significação, utilizando a palavra como unidade, e procuramos identificar as falas que representassem as emoções, motivações e que denunciassem o envolvimento ao tema revelado na entrevista. Assim, garimpamos nas falas dos participantes frases, expressões, questões que pudessem ser agregadas a cada núcleo, como pedras brutas à espera da lapidação.

Os núcleos de significação construídos foram: como percebe a escola; interações sociais com professor e colegas; o processo ensino-aprendizagem; como se sente percebido por sua família na escola; como percebe as interações com o profissional de saúde.

APRESENTANDO ALGUNS DADOS

Parte dos dados obtidos, bem como as reflexões construtivo-interpretativas de dois participantes, será aqui apresentada, para que se tenha uma ideia da riqueza de contribuições que proporcionou, ressaltando-se que o trabalho de análise não ocorreu de modo contínuo e linear, mas sofreu avanços e recuos próprios do movimento e do esforço para integrar, reconstruir e apresentar em novas construções interpretativas os indicadores da pesquisa (González Rey, 2002).

Michel, 12 anos, mostrou-se extremamente tímido, reservado. Foi aprovado para a 5ª série em 2005. Iniciou a 1ª série aos 7 anos e estudou em três diferentes escolas. Revela apenas não saber ler, embora também demonstre dificuldade em escrever seu nome. Não tem dificuldades em matemática, e a professora disse que ele faz a lição quando quer, segundo informações da mãe. Falando sobre o dia a dia da escola, a mãe revela que ele apresenta troca de letras, não brinca, é muito quieto na escola e em casa. A mãe o considera "uma criança de poucas palavras" e por isso solicita também atendimento em fonoaudiologia.

Os sentidos atribuídos por Michel

Para ele, a escola serve para estudar e aprender. Ao dizer que na próxima escola para onde vai ele "vai tentar aprender [...] já que na outra não conseguia",

Ouvindo Crianças na escola abordagens qualitativas e desafios metodológicos para a psicologia

assume para si a responsabilidade de não estar aprendendo e assim vai "tentar" fazê-lo. Diante da expectativa de que na próxima venha a conseguir, o menino expressa, no subtexto de sua fala, uma remota dúvida de que seja a escola a causa da não aprendizagem.

Ao falar do que gosta na escola, lembra do teatro, dos números de mágica e do palhaço, dos jogos de competição e das aulas de educação física e artística. Menciona que aprendeu com a professora de educação física a jogar vôlei, damas, e com a de educação artística aprendeu a desenhar.

Percebemos aqui sua ampla possibilidade de aprendizagem. Os jogos que menciona possuem regras e desenvolvem habilidades como esperar a vez de jogar; manter-se concentrado na atividade; desenvolver estratégia de ataque e defesa; e respeito às regras estabelecidas. Especificamente no caso do jogo de vôlei, que é um jogo coletivo, desenvolve integração à equipe e sentimento de pertencimento ao time.

Não conseguiremos, nem é nosso objetivo, constatar o quanto Michel aprendeu desses jogos. No entanto, queremos enfatizar que essa aquisição de noções esportivas pode ter ativado o desenvolvimento, segundo a concepção de Vygotsky (1991) de que aprendemos para então nos desenvolvermos. É exatamente isso que o menino demonstra ter conquistado. A prova está no tom de sua voz ao falar da conquista do terceiro lugar no campeonato da escola, pois "para quem vê os primeiros... Bom mesmo é ganhar".

Quando perguntado sobre o que aprende, fala de questões morais: não roubar, não matar e não machucar os amigos – estão entre as coisas que não pode fazer e aprender. Quanto às que pode aprender, menciona que "eles [professores] falam que pode aprender, mas não falam nada, só isso", deixando-o com uma incógnita sobre o que há para ser aprendido na sala de aula. Essa questão o emociona (e também à pesquisadora), deixando-o transtornado. Transpira, muda seu tom de voz, lacrimeja, ruboriza. Demonstra uma separação da aprendizagem que ocorre na educação física e educação artística com a que ocorre na sala de aula.

Quando mudamos a questão, perguntando-lhe o que já consegue fazer, responde que faz desenho e joga bola, ou seja, apoia-se sobre sua zona de desenvolvimento real. Uma vez que não sabe o que deveria aprender, responde com o silêncio para o que ainda não consegue. No subtexto, dentro da concepção de Vygotsky (1991), é como se falasse também da falta de integração existente entre as atividades de sala de aula e de educação artística e educação física. Mas quando avalia sua aprendizagem, em resposta à sua família sobre o que aprendeu, contempla o processo de aprendizagem de forma integrada, dizendo "eu aprendi a jogar vôlei e bola e a fazer um pouco de lição".

Uma outra interpretação para essa fala é que ele aprendeu de forma significativa a jogar, enquanto que a lição é apenas feita, como se dissesse no subtexto que é feita sem sentido, sem aprendizagem, mecanicamente. E, mesmo assim, só um pouco.

O interessante é que justamente nas aulas em que ele aprendeu a jogar e a desenhar é que as professoras são colocadas como pessoas que ensinam, revelando uma mão dupla na relação professor-aluno. É o mesmo que dizer que quando lhe ensinam, ou seja, quando o ensinam de forma significativa, ele aprende. Estaria no subtexto dizendo que o mesmo ocorreria se fosse ensinado na sala de aula?

Entretanto, se por um lado não sabe o que há para aprender na sala de aula, por outro demonstra ter conhecimento do verbo aprender. Conjuga-o com a professora de educação física, mostrando que gosta do que aprendeu, e confirma que só se aprende quando se gosta ou quando se desenvolve uma relação afetiva com a aprendizagem: "Aprendi. Foi a outra professora de física. Eu gostei".

Quanto aos colegas, demonstra rivalidade com as meninas, que revela na entrevista em grupo: "se fofoca fosse dinheiro, as meninas já estariam ricas". Na entrevista individual, justifica que é "porque elas querem tudo para elas", cometendo um lapso ao afirmar que a professora gosta mais dos meninos, quando quis dizer das meninas. Corrige-se finaliza o assunto dizendo que as meninas são "folgadas".

A professora de sala de aula, que "às vezes é legal e às vezes é chata", segundo sua visão, também é inadequada, pois "quando ela briga com um [aluno], ela fica brigando no meio da sala. Em vez de ir lá para o fundo e falar baixo". Michel demonstra aqui a percepção do quanto é vexatório ser chamado à atenção na presença dos colegas, alegando que a professora poderia fazê-lo em particular para não causar constrangimento aos demais e ao próprio aluno.

No entanto, sua professora, que não percebe o quanto suas atitudes atingem seus alunos, também parece não conseguir ser "legal", só o fazendo "quando não briga com ninguém", não havendo mais nada a ser dito sobre essa possibilidade.

Apreendemos no subtexto da fala de Michel que a professora não consegue deixar marcas positivas, ou, dizendo de outra forma, não fornece elementos para que o menino se aproprie e construa um sentido positivo sobre sua atuação na sala de aula. Com os elementos de que dispõe, o aluno percebe sua professora como constrangedora e autoritária, como no exemplo em que um aluno falou mais alto "e ela foi lá, interrompeu e falou mais alto ainda". É possível que a vivência de situações como esta favoreça a expressão de um comportamento de insegurança, timidez e vergonha, revelados na fala desse aluno, ao dizer na entrevista em grupo: "eu também já passei por muito medo e vergonha assim".

Michel não menciona indícios de que a professora faça mediações entre os alunos e o conhecimento de forma adequada, e esse aluno diz sentir-se discriminado e injustiçado pelas meninas que ganham mais materiais.

É importante destacarmos a percepção de sua família sobre a aprendizagem, a de "que a escola dá aula direito, eu é que não quero aprender". Provavelmente, é esta ideia que internaliza e que o faz sentir-se responsável por sua não aprendizagem. Falas com esse conteúdo, que devem ser frequentemente repetidas no cotidiano de Michel, revelam a ideia de que a ação da escola é inquestionável e, dessa maneira, se ele não aprende, ele é o culpado.

Ele assume, então, a responsabilidade sobre sua dificuldade e vai para a UBS, considerada um "hospital para pessoas doentes, para aprender as falas e a ler" com a psicóloga, sem saber por que foi mandado para esse profissional. Ele afirma ainda não gostar de tomar injeções. Mesmo assim, gesticula com a cabeça para dizer que gostaria de continuar a ir até lá, onde gosta de "brincar" e que tem dificuldades para "escrever, ler e que troca letras". Assim, o menino nos diz que espera que o psicólogo faça a função do professor, pois após cinco anos de escolarização ainda não aprendeu a ler e escrever. Sua mãe, ao achar que ele é um menino de poucas palavras, também procura fonoaudiólogo.

Reconhece que quando vê "que os outros [colegas de classe] sabem o que ele não sabe, **sente-se ruim**". No entanto, esse sentimento inexplicável em palavras, transborda em rubor e lágrimas. Dá mostras de que está construindo sobre si um sentido negativo. Michel tem clareza de suas possibilidades de aprendizagem, mas também percebe que não aprende o conteúdo ensinado na sala de aula, sentindo-se "ruim" ao perceber que outros o fazem e ele não.

Michel expressa dúvida intensa sobre o que deve aprender. Refere que na sala de aula aprende "o que não deve fazer e o que pode. Não pode roubar nem matar e nem machucar um amigo". Para ele, os professores "falam que pode é aprender, mas não falam mais nada, só falam isso". Diante dessa fala emocionada, apreendemos que o sentido construído por Michel é de lacunas, em que a aprendizagem se dá de forma segmentada, onde não se fala o que deve ser aprendido, como e por quê.

É como se o menino, diante dessa fragmentação, criasse sentidos parciais sobre as diferentes vivências ocorridas na escola. Assim, sobre a educação física com que aprende e se desenvolve por meio de jogos e campeonatos, constrói o sentido de que gosta do que a professora ensina e que ele aprende. O mesmo ocorre na aula de educação artística em que ele desenha, assiste a peças de teatro, números de mágica e de palhaços que o divertem, marcando a aprendizagem de forma emocionada. Já na sala de aula, o sentido construído é de incompreensão do que pode e não pode ser feito, já que não se poderia machucar um amigo e ele presencia a professora dando cascudos e brigando com os alunos, conforme o que revela na entrevista em grupo.

Sônia, 11 anos, foi encaminhada pela escola para psicólogo, fonoaudiólogo e neurologista no início de 2004. Iniciou atendimento fonoaudiológico em maio de 2003 na unidade onde realizamos a pesquisa. Na escola demonstra saber copiar, mas não sabe o que escreve. Só consegue saber quais palavras foram escritas quando estas já foram decoradas. Comporta-se bem na escola, demonstrando ser muito esforçada, porém é muito tímida e quieta. Corporalmente demonstra tensão constante. Sua postura de ombros encurvados e movimentos repetitivos nas mãos parecem indicar certa ansiedade e rigidez.

Os sentidos atribuídos por Sônia

Para Sônia, as escolas servem para "ensinar as crianças" e lhes ensinam português, matemática, ciências, história do Brasil. Ela confirma a importância da escola ao dizer "senão elas [as crianças] não vão aprender". Isso porque na visão de Sônia a escola é a responsável pelo saber sistematizado, o que fica muito claro quando ela diz que "em casa também a mãe ensina. É porque existe a lição [mas] em casa eles ensinam como ser educado". Resta à escola, então, transmitir o conhecimento formal. Sônia reafirma a posição de Vygotsky (1991) de que há um conhecimento popular advindo das coisas do dia adia e um conhecimento científico que é transmitido pela escola, o que lhe determina sua função e importância.

A professora do ano de 2004 era vista como alguém que "gritava muito... Mas era um pouco legal". A forma como Sônia se refere ao comportamento de gritar da professora nos leva a interpretar que isso a deixa assustada, o que pode colaborar no desenvolvimento de um comportamento mais tímido, receoso. A dinâmica da sala de aula com uma professora que grita muito e com colegas "bagunceiros" pode levar à ansiedade, gerando o comportamento contínuo de retorcer as mãos e a postura tensa fisicamente, já que nesse clima ela não consegue aprender.

A relação com os colegas parece restringir-se ao grupo de meninas, pois "**eles** ficam falando alto" e não a deixam prestar atenção na aula. Essa divisão de gênero exibe o momento do desenvolvimento emocional em que os grupos preferem seus semelhantes, criando clubes de "Luluzinhas" e de "Bolinhas" que não se misturam. Há um lapso expresso na seguinte fala: "Quando é... Quando eu não consigo fazer lição, aí se elas terminarem né, eu ajudo. Tem vezes que elas... Se elas não terminarem, aí eu as ajudo". Essa construção indica que ela ajuda mais do que é ajudada na relação em que as amigas são legais.

Não questionamos Sônia durante a entrevista sobre se a professora incentiva a interação entre pares, aspecto fundamental da aprendizagem na teoria sócio-histórica. Mas fica claro em sua fala que essas trocas se realizam, embora seja restrita às meninas. No entanto, o que queremos ressaltar aqui é como Sônia se mostra disponível a ajudar os colegas. Fato também observado durante a entrevista em grupo com os outros participantes do estudo, quando a menina de forma descontraída ajudou André e Rogério[3] a misturarem as tintas para obter novas cores. Como é um assunto de seu conhecimento, ela indicava a cor que deveriam misturar e a sua proporção. Não constatamos nesse momento restrição às interações com os meninos, que, curiosamente, eram os mais agitados na situação de entrevista em grupo, até o momento em que ela assumiu as orientações das tintas e demonstrações de desenho de carros e caminhões.

Em relação ao processo de aprendizagem, Sônia coloca-se como aprendiz de todas as áreas: educação física, matemática, português e ciências. De acordo com seu jeito singular de aprender, demonstra ter se apropriado de conceitos das mais diversas disciplinas de forma integrada. Da educação física aprendeu as regras dos jogos; da matemática aprendeu contas grandes e contas pequenas; de português, as estórias; e de ciências, os conteúdos sobre a água do subsolo, mencionando também o principal órgão de respiração do corpo humano. Repassando esse mapa conceitual, é questionável se essa aluna realmente tem dificuldade em aprender. Concluímos que talvez não tenha aprendido na profundidade exigida pelos professores e, lógico, não podemos descartar que Sônia ainda assim tenha algumas dificuldades. Essas se referem à escrita, o que fica claro quando diz que não gosta de aprender "as coisas que eu não entendo. Português, história, ciências e geografia".

Suas dificuldades aparecem nas áreas que exigem maior compreensão da leitura e escrita. Como sabemos, nosso ensino situa-se preferencialmente sob a forma oral de transmissão de conceitos. Assim, em uma classe onde, segundo Sônia, os alunos "fazem muita bagunça e não deixam eu prestar atenção na aula [...] e não dá para ouvir o que a professora fala...", é natural que não se aprenda adequadamente os conceitos.

---

[3] Nomes fictícios de dois outros participantes.

Para analisar esse aspecto da aprendizagem de Sônia, resgatamos as formulações teóricas de Vygotsky (1988) ao ensino. Esse autor afirma que um sistema de ensino, ao se basear em um meio exclusivo de transmissão de conhecimento, seja visual ou oral, exclui ações que levam ao pensamento abstrato e, além de não ajudar a criança a superar sua incapacidade natural, consolida tal dificuldade.

Em tempos atuais, torna-se importante lembrarmos da diversidade dos meios de que dispomos para receber informações. Por outro lado, a escola, de modo geral, pouco tem transformado seus métodos e instrumentos de ensino, a despeito de toda a tecnologia de que dispomos atualmente.

O clima de turbulência da sala de aula, em que a professora parece não conseguir transformar as interações não educativas desses alunos "bagunceiros" em proposta de desafio ao conhecimento, faz com que a menina diga: "Fico brava porque os outros estão conversando e a professora está falando e não dá para ouvir o que a professora fala". Sem conseguir definir direito o que sente, retorce as mãos em sinal de ansiedade, mesmo sabendo que os gritos da professora eram com quem estava "bagunçando" e não com ela. Essa situação parece lhe causar estresse, o que é expresso em sua postura física e no movimento contínuo com as mãos.

Analisando o discurso presente nessa entrevista, Sônia nos parece plenamente integrada à necessidade de adquirir conhecimentos por meio da escola. Os sinais de ansiedade manifestos pela aluna são identificados pela professora como problema, mandando-a ao psicólogo, ao neurologista e ao fonoaudiólogo novamente no ano de 2004, ainda que já se tratasse com a fonoaudióloga desde o ano anterior. Podemos apreender dessa situação a dificuldade da professora de conviver com o diferente, levando-a a suspeitar que o comportamento de retorcer constantemente as mãos indica uma patologia. Tanto que a encaminha a diversos especialistas, revelando a crença de que a menina seja possuidora de "todos os males" ou de que algo orgânico possa estar por trás de seus sintomas de ansiedade.

Mas nem tudo é ansiogênico na escola. A aluna encontra no desenho uma forma de expressão, desenhando "tudo o que acontece". Aqui Sônia nos mostra a importância de favorecer a expressão da subjetividade por múltiplas linguagens, de acordo com a singularidade de cada aluno na sala de aula ou enquanto paciente no atendimento psicológico da Unidade de Saúde.

Quando desenha, mostra para sua mãe, e "ela fala que está bonito". A menina nos coloca a importância da interação com os mais velhos e, além isso, confirma que a construção da subjetividade é individual e social.

No grupo familiar, o significado de que a escola em que estuda "é a melhor do bairro" e, quanto aos professores, "minha mãe fala que são legais", contribuem para a formação do sentido dado à escola, de que serve para "ensinar as crianças [...]. Senão, elas não vão aprender [...]. Em casa também a mãe ensina. Porque existe a lição, [mas] em casa eles ensinam como ser educado".

Para essa aluna, a psicóloga é alguém que "quer saber como está a escola", "serve para ensinar as crianças que não... que não conseguem... falar direito, as que têm problemas... para ajudar elas". Aqui fica claro que a menina busca similaridades entre o trabalho do psicólogo, ainda desconhecido, e a experiência do atendimento fonoaudiológico que realizou por mais de dois anos. Nesse ponto, semelhante ao lapso cometido por Sônia em relação às amigas, arriscamo-nos a dizer que se fizesse psicoterapia – que não é indicada pela fonoaudióloga – iria ajudar mais, desta vez a psicóloga, do que ser ajudada.

A prova dessa nossa hipótese está na fala de Sônia de que na UBS ela aprende que é "uma menina alegre", demonstrando que desenvolveu a respeito de si um sentido positivo, apesar de toda a forma de interação vivenciada na escola. Assim é que a menina vai ao posto para "falar direito". Mas Sônia não se coloca detentora de um problema, pois, como uma menina alegre que é, tem uma expectativa positiva diante da professora, pois "este ano... vai ser mais legal".

O sentido que constrói sobre sua dificuldade revela-se no ambiente tumultuado da sala de aula, onde a professora fala e não consegue se fazer escutar pela aluna, deixando-a brava, ansiosa, pois ela quer aprender, sabe que a professora tem algo a lhe dizer, mas seus colegas não lhe permitem devido ao barulho. Nesse clima, a professora grita muito, o que a assusta, deixando-a quieta, sem conseguir resolver o problema de sua suposta não aprendizagem.

Sônia deposita no meio a impossibilidade de avançar em seus conhecimentos. No subtexto, nos diz que as interações que ocorrem na sala de aula a impedem de aprender mais. Isso porque os colegas fazem muita bagunça e a professora, que é "um pouco legal", grita muito.

REFLETINDO SOBRE OS DADOS

Examinando o conjunto dos dados, observamos que com cada participante a entrevista tomou um rumo diferente. O roteiro também se construiu durante o processo, à medida que algumas questões se colocaram como necessárias para atingir os objetivos, implicando a reformulação no meio do caminho. A razão maior para as diferenças de respostas obtidas em cada entrevista pode ser creditada à singularidade de cada aluno, que foi sendo desvelada no contato com a pesquisadora.

A escola é vista como um lugar chato e de várias agressões, punições e injustiças. Apesar disso, é tida como o lugar para se "estudar e aprender". Mas, mesmo que estejam nas séries iniciais, embora também estejam avançados em idade, os participantes revelam insatisfações com as suas escolas que, para eles, não realizam adequadamente sua tarefa de dar aula. Mostram-se insatisfeitos com a forma com que a escola realiza essa função, confirmando que reconhecem na escola a tarefa de compartilhar o conhecimento construído por gerações anteriores, demonstrando que dela necessitam. Revelam ver na escola uma possibilidade de ser aprovado e de ascender em seus conhecimentos. Nessa linha de raciocínio, o que se aprende na escola "serve para muitas coisas... para passar de ano... para não ficar sem trabalho, ter carteira assinada quando crescer", "serve para ensinar as crianças, senão elas não vão aprender".

Na interação com seus professores e colegas, os participantes relataram várias formas de interação não educativas. Os professores são apontados pelos participantes como pessoas violentas que desrespeitam seus alunos, seja por criarem situações desagradáveis em que um aluno é exposto diante dos colegas; gritarem muito, causando ansiedade; e, ainda, por menosprezarem suas habilidades. Interpretamos no subtexto das falas dos participantes que eles se sentem violentados. Somente um participante nega sentir-se dessa forma, embora diga que a professora lhe dá mais desenho por achar que ainda não despertou, e nisso esteja implícito um ato de violência e preconceito. A violência nua e crua parece fazer parte do cotidiano das escolas não apenas por parte de professores que beliscam, dão cascudos, puxam e empurram, mas também dos alunos que se vangloriam de quebrarem braços de colegas e de terem assistido a colegas quebrando braço de professor.

Referem-se à educação física e educação artística como algo prazeroso, em que aprendem a jogar damas, vôlei, jogar bola, as regras dos esportes, desenham, enfim, onde parecem perceber a função de ensinar e aprender fluir com naturalidade. O que nos leva a interpretar que não tenham dificuldades em aprender, mas que necessitam de outras estratégias pedagógicas para significar a aprendizagem ministrada na sala de aula, a qual é vista como vazia de sentido. Todos expressam uma ansiedade positiva diante dos desafios futuros que enfrentarão diante de uma nova classe, professora e até mesmo outra escola, o que nos fez ver que pensam de forma prospectiva.

Percebemos que os sentidos atribuídos pelos alunos estão impregnados pelos significados dados pelos familiares. Alguns percebem que suas famílias não os colocam como culpados pelas dificuldades. Outros percebem claramente que são responsabilizados pelos problemas escolares, dizendo, por exemplo "a escola dá aula direito, eu é que não quero aprender" e "todo mundo entende, só eu é que não". Um participante percebe que a família valoriza a escola, afirmando que "é a melhor do bairro". As famílias utilizam agressões físicas a seu filho diante do comportamento considerado inadequado na escola.

O psicólogo é visto como alguém a quem se pode pedir ajuda, brincam e aprendem com o profissional. Os participantes receiam sentir dor física, já que o psicólogo trabalha no mesmo local onde já receberam vacinas e injeções. Não sabem o que foram fazer no psicólogo, embora depositem no profissional a expectativa de com ele "aprender as falas e a ler", que começarão a aprender depois de com ele iniciar atendimento, que ele vá até a escola falar com os professores e que seja divertido brincar com esse profissional. Somente um participante vê o profissional como alguém que possa ajudar os alunos com problemas, embora ele mesmo não se coloque com essa necessidade.

Os participantes desta pesquisa, dentre outros, configuraram-se enquanto sentidos como desafio, decepção, desrespeito, dúvida e agressão, construídos na escola. Os alunos entrevistados explicitaram interações sociais que lhes forneceram elementos para constituírem o sentido de que são responsáveis por suas dificuldades. Contraditoriamente, não se colocam como incapazes, demonstrando, ao contrário, enorme vontade e capacidade para aprender. Apesar de tudo o que sofrem, pensam de forma prospectiva, confiam que ainda irão aprender, acreditam na escola e demonstram ansiedade positiva em relação à escolarização.

CONCLUINDO...

Diante das colocações dos alunos, o psicólogo tem um papel fundamental quanto às dificuldades ou queixas escolares, pois nele os alunos encontram ajuda, seja para intermediar suas relações na escola, facilitar a aprendizagem com outra metodologia, ou mesmo realizando a função de recreacionista. Embora as crianças apontem a importância do atendimento psicológico, é preciso tomar cuidado e não incorrer nos riscos de fazer uma interpretação apressada. É fato que essas crianças estão denunciando a necessidade de serem ouvidas, que são vítimas dos mais variados tipos de violência por parte do professor, da escola e da sociedade.

Por outro lado, aceitar o pedido de atendimento da forma como tem se dado, restringindo-o ao aluno, seria reforçar a ideia de que a escola vem desenvolvendo um trabalho adequado às necessidades educacionais e não precisa ter suas relações pedagógicas questionadas, tal como já foi apontado por autores como Patto (1984, 1990), Machado (1996), entre outros. Assim, torna-se necessário enfatizarmos a importância de intervir na instituição escolar, para que o trabalho do psicólogo amplie a consciência que os indivíduos possuem sobre a realidade que os cerca, instrumentando-os para agir no sentido de transformar e resolver as dificuldades que essa realidade lhes apresenta (Aguiar; Bock; Ozella, 2002).

Este estudo, ao revelar o ponto de vista do aluno, nos trouxe elementos para pensar em como problematizar a intervenção do psicólogo junto à comunidade escolar de forma a não cristalizar as relações enquanto queixas, e confirmou ser possível utilizar a entrevista com crianças como instrumento válido para ouvir o aluno, sujeito diretamente implicado no processo. O fato de dar voz aos alunos entrevistados mostrou ser instrumento significativo na mediação das pretensas dificuldades com seus possíveis portadores. Além disso, as entrevistas com crianças utilizadas neste trabalho de pesquisa destacaram a importância em estudar outros campos ainda não abordados em profundidade, como é o caso da violência que aqui se manifestou de forma explícita nas relações escolares, tanto entre alunos como entre eles e seus professores. Assim, enfatizamos o quanto o uso de entrevistas com crianças nos colocou na posição de aprendizagem, abrindo novos campos e confirmando outros conhecimentos acerca da realidade escolar. As entrevistas permitiram descobrir, segundo o verso de Caetano, que às vezes o aluno "cala a boca, mas não cala na boca, notícias ruins".

Referências bibliográficas

AGUIAR, W. M. J.; BOCK, A. M. B.; OZELLA, S. A orientação profissional com adolescentes: um exemplo de prática na abordagem sócio-histórica. In: BOCK, A. M. B; GONÇALVES, M. da G. M; FURTADO, O. (orgs.). *Psicologia sócio-histórica*: uma perspectiva crítica em psicologia. 2. ed. São Paulo: Cortez, 2002.

ANDREAZI, L. C. Uma história do olhar e do fazer do psicólogo na escola. In: CAMPOS, F. C. B. (org). *Psicologia e saúde:* repensando práticas. São Paulo: Hucitec, 1992.

ARFOUILLOUX, J. C. *A entrevista com a criança*: a abordagem da criança através do diálogo, do brinquedo e do desenho. Rio de Janeiro: Zahar, 1976.

BARDIN, L. *Análise de conteúdo*. Lisboa: Edições 70, 1977.

CARVALHO, A. M. J. de. *História na escola e produção da queixa escolar*: a visão da criança e do professor. 2001. Dissertação (Mestrado em Psicologia da Educação). Pontifícia Universidade Católica de São Paulo, São Paulo.

CARVALHO, A. M. A. *et al*. O uso de entrevistas em estudo com crianças. *Psicol. Estud.* [*on-line*], v. 9, n. 2, p. 291-300, mai.-ago. 2004. Disponível em: http://.scielo.php? Script=sci_arttext&pid=S1413-7372200 40002000 157Ing=pt&nrm=iso. Acesso em: 26 fev. 2005.

CASTANHO, M. I. S. *Da educação para a saúde:* o processo de construção da identidade do psicólogo. 1996. Tese (Doutorado em Psicologia Escolar e do Desenvolvimento). Instituto de Psicologia, Universidade de São Paulo, São Paulo.

GONZÁLEZ REY, F. L. *Pesquisa qualitativa em psicologia*: caminhos e desafios. São Paulo: Pioneira Thompson, 2002.

HASHIMOTO, C. I. *Dificuldade de aprendizagem*: concepções que permeiam a prática de professores e orientadores. 1997. Dissertação (Mestrado em Psicologia). Pontifícia Universidade Católica de São Paulo, São Paulo.

MACHADO, A. M. *Reinventando a avaliação psicológica*. 1996. Tese (Doutorado em Psicologia). Instituto de Psicologia, Universidade de São Paulo, São Paulo.

MACHADO, A. M.; SOUZA, M. P. R.; SAYÃO, Y. As classes especiais e uma proposta de avaliação psicológica. In: CONSELHO REGIONAL DE PSICOLOGIA DE SÃO PAULO. *Educação especial em debate*. São Paulo: Casa do Psicólogo, 1996.

OLIVEIRA. M. da G. C. A criança e o fracasso escolar: mitos/ritos. In: CAMPOS, F. C. B. (org.). *Psicologia e saúde*: repensando práticas. São Paulo: Hucitec, 1992.

PATTO, M. H. S. *A produção do fracasso escolar:* histórias de submissão e rebeldia. São Paulo: T. A. Queiroz, 1990.

_____. *Psicologia e ideologia*: uma introdução crítica à psicologia escolar. São Paulo: T. A. Queiroz, 1984.

ROMERO, S. M. A utilização dos grupos focais na pesquisa em psicologia. In: SCARPARO, H. (org.). *Psicologia e pesquisa*: perspectivas metodológicas. Porto Alegre: Sulina, 2000.

SOUZA, M. P. R. de. *A queixa escolar e a formação do psicólogo*. 1996. Tese (Doutorado em Psicologia Escolar). Instituto de Psicologia, Universidade de São Paulo, São Paulo.

TAVERNA, C. S. R. *Um Estudo histórico sobre a psicologia escolar na secretaria municipal de educação da prefeitura de São Paulo*. 2003. Tese (Doutorado em Psicologia Social). Pontifícia Universidade Católica de São Paulo, São Paulo.

TRAUTWEIN, C. T. G. *O sentido atribuído à queixa escolar por quem não se queixa* – o aluno. 2005. Dissertação (Mestrado em Psicologia). Universidade São Marcos, São Paulo.

TRAUTWEIN, C. T. G.; NÉBIAS, C. M. A queixa escolar por quem não se queixa – o aluno. *Mental: Revista de Saúde Mental e Subjetividade da UNIPAC*, ano IV, n. 6, jun. 2006.

VYGOTSKY, L. S. El problema y el método de investigacioón. In: VYGOTSKY, L. S. *Obras escogidas II*. Madri: Visor, 1982.

_____. Aprendizagem e desenvolvimento intelectual na idade escolar. In: VYGOTSKY, L. S; LURIA, A.; LEONTIEV, A. *Linguagem, desenvolvimento e aprendizagem*. 5. ed. São Paulo: Ícone, 1988.

_____. *A formação social da mente*. São Paulo: Martins Fontes, 1991.

_____. *Pensamento e linguagem*. São Paulo: Martins Fontes, 2000.

SOBRE OS AUTORES

Anabela Almeida Costa e Santos. Doutora em Psicologia Escolar e Desenvolvimento Humano pelo Instituto de Psicologia da Universidade de São Paulo, professora do Instituto de Psicologia da Universidade Federal de Uberlândia, membro do Laboratório Interinstitucional de Estudos e Pesquisas em Psicologia Escolar do Instituto de Psicologia da Universidade de São Paulo.
E-mail: anabelaacs@gmail.com

Ana Tereza Gôngora de Lucca. Graduada em Pedagogia pela Universidade Estadual de Londrina, especialista em Psicopedagogia Institucional pela Universidade Estadual de Londrina e em Psicopedagogia Clínica pelo Cepes, Buenos Aires. Mestre em Educação pela Universidade Estadual de Londrina e coordenadora pedagógica da Escola Apoena, Londrina.
E-mail: anatdelucca@yahoo.com.br

Angela Uchôa Branco. Professora do Programa de Pós-Graduação em Processos de Desenvolvimento Humano e Saúde do Instituto de Psicologia da Universidade de Brasília. Desde 1995 coordena o Laboratório de Microgênese nas Interações Sociais na UnB. Tem publicadas em nível nacional e internacional pesquisas sobre os processos de comunicação e metacomunicação relacionados ao desenvolvimento da criança e do adolescente. Trabalhando a partir de uma perspectiva sistêmica e sociocultural construtivista, tem especialmente analisado as interações professor-alunos, a cooperação, a competição e o individualismo, em nossa sociedade. Atualmente dedicada a investigações no sentido da promoção da Cultura da Paz; publicou em 2004, em coautoria com

o dr. Jaan Valsiner, da Universidade de Clark, EUA, o livro *Communication and metacommunication in human developmen*. (Greenwhich, CT: InfoAge Publishing).
E-mail: ambranco@terra.com.br

Beatriz Belluzzo Brando Cunha. Psicóloga (Unesp, Assis), mestre e doutora em Psicologia Escolar (USP/SP). Professora-assistente doutora aposentada junto ao Departamento de Psicologia Evolutiva, Social e Escolar e ao Programa de Pós-graduação em Psicologia, na linha de pesquisa Infância e Realidade Brasileira, ambos da Faculdade de Ciências e Letras, da Universidade Estadual Paulista Júlio de Mesquita Filho, *campus* de Assis, São Paulo. Conselheira e Coordenadora da Comissão Gestora do Conselho Regional de Psicologia-SP, subsede Baixada Santista e Vale do Ribeira, e da Comissão de Psicologia e Educação (2008-2010); presidente eleita para a diretoria da Associação Brasileira de Psicologia Escolar/Educacional (ABRAPEE), para o período de 2010-12.
E-mail: beatrizbelluzzo@gmail.com

Carmen Tereza Gonçalves Trautwein. Psicóloga graduada pela Universidade Federal de Santa Catarina – Florianópolis (1986), mestre em Psicologia do Desenvolvimento Humano pela Universidade São Marcos – São Paulo (2005), especialista em saúde pública, com ênfase em ESF, pela Faculdade São Camilo (2009), psicoterapeuta de adolescentes e pré-adolescentes pelo Instituto Sedes Sapientiae (2002), psicopedagoga pela Faculdade Senador Fláquer Santo André (1991). Atua na prefeitura municipal de São Paulo como psicóloga e em docência da rede particular de ensino superior, membro do Laboratório Interinstitucional de Ensino e Pesquisas em Psicologia Escolar – Instituto de Psicologia da USP.
E-mail: carmentereza@bol.com.br

Edwiges Ferreira de Mattos Silvares. Psicóloga pela Universidade de São Paulo (1969), mestre em Psicologia Experimental pela Northeastern University (1974). doutora em Psicologia (Psicologia Experimental) pela Universidade de São Paulo (1981), professora livre-docente (1998). Professora titular (2000) e orientadora no Programa de Pós-Graduação em Psicologia Clínica da Universidade de São Paulo, em nível de mestrado e doutorado. Tem experiência na área de Psicologia Clínica Comportamental-Cognitiva, com ênfase em tratamento e prevenção psicológica, pesquisando principalmente os seguintes temas: clínicas-escola, avaliação comportamental, atendimento psicológico, enurese e comportamento infantil. Bolsista de Produtividade em Pesquisa do CNPq, Nível 1B.

Endereço para correspondência: Av. Prof. Mello Moraes, 1.721, Bloco F, Cidade Universitária, São Paulo – SP, CEP: 05508-900. Telefone/Fax: (11) 3091-4910/4911.
E-mail: esilvares@gmail.com

Elisabeth Gelli Yazzle. Graduação em Psicologia – Bacharelado, Licenciatura e Formação de Psicólogo, pela Pontifícia Universidade Católica de São Paulo (1970), mestrado em Psicologia da Educação pela Pontifícia Universidade Católica de São Paulo (1977) e doutorado em Psicologia da Educação pela Pontifícia Universidade Católica de São Paulo (1986). Em 2008, aposentou-se pela Universidade Estadual Paulista (Unesp) Júlio de Mesquita Filho (*campus* de Assis), onde atuou desde 1970 em RDIDP. Foi vinculada ao Departamento de Psicologia Evolutiva, Social e Escolar do Curso de Psicologia da FCL de Assis e ao Programa de Pós-Graduação em Psicologia (mestrado) da mesma unidade universitária da Unesp, na linha de pesquisa Infância e Realidade Brasileira. Tem experiência em docência, pesquisa e trabalhos de extensão no campo da Psicologia Escolar, principalmente em temas relacionados à formação de psicólogos para a educação, à educação infantil (creche e pré-escola) e à formação de educadores. Ocupou funções administrativas de Coordenação de Curso e Comissão de Ensino, bem como representação em órgãos colegiados. Tem trabalhos publicados nas áreas de atuação, e tem orientado diversos trabalhos de Iniciação Científica e de Mestrado, com Bolsa Institucional e de agência de fomento – Fapesp. Atualmente presta serviços voluntários junto à Pró-Reitoria de Administração da Unesp, na condição de assessoria à Comissão Técnica dos Centros de Convivência Infantil e é membro da Comissão Gestora do Fórum Paulista de Educação Infantil. Em algumas de suas produções, seu nome aparece como Elisabeth GELLI.
E-mail: egelli@uol.com.br

Gisele Favoretto de Oliveira. Pedagoga, formada pela Universidade Estadual de Londrina. Há dez anos atua no campo da primeira infância. Diretora da Escola Apoena. Desde a fundação da escola, trabalha também com a formação de educadores na cidade de Londrina.
E-mail: gisele_favoretto@yahoo.com.br

Giuliana Carmo Temple. Psicóloga, graduada pela Universidade Estadual Paulista, *campus* de Bauru, especialista em Psicologia e Educação pelo Instituto de Psicologia da Universidade de São Paulo e mestre em Psicologia Escolar e do Desenvolvimento Humano também pelo IPUSP/SP. Atua como docente e em projetos de pesquisa e extensão nas áreas de psicologia do desenvolvimento e psicologia escolar.

E-mail: gctemple@gmail.com

João Batista Martins. Graduação em Psicologia, Formação de Psicólogo, pela Faculdades Metropolitanas Unidas (1980), licenciatura e bacharelado pela Universidade Estadual Paulista Júlio de Mesquita Filho (1979), mestrado em Antropologia Social pela Universidade Federal de Santa Catarina (1995); doutorado em Educação pela Universidade Federal de São Carlos (2000) e pós-doutorado em Educação pela Universidade de Brasília (2008). Atualmente é professor da Universidade Estadual de Londrina (UEL), junto ao Departamento de Psicologia Social e Institucional e ao Mestrado em Educação da UEL. Atuou como assessor da Fundação Araucária e como Avaliador de Cursos de Especialização junto ao CFP/ABEP. Assessor das revistas: *REIPE* – Revista Electronica de Investigación Psico Educativa, *Revista de Psicologia Escolar e Educacional, Teoria e Prática da Educação* e *Psicologia em Estudo*. Tem experiência na área de psicologia, com ênfase em psicologia social, atuando principalmente nos seguintes temas: educação, psicologia escolar, escola, juventude, psicologia do desenvolvimento e da aprendizagem.

E-mail: jbmartin@sercomtel.com.br

Leticia Passos de Melo Sarzedas. Docente de Psicologia do Centro Universitário Filadélfia – UniFil, em Londrina, PR. Psicóloga, mestre em Psicologia e Sociedade pela Universidade Estadual Paulista (Unesp) Júlio de Mesquita Filho, *campus* de Assis.

E-mail: leticia.sarzedas@gmail.com

Lygia de Sousa Viégas. Graduada em Psicologia pelo Instituto de Psicologia da Universidade de São Paulo (1999), mestre e doutora em Psicologia Escolar e do Desenvolvimento Humano pelo Instituto de Psicologia da Universidade de São Paulo (2002 e 2007, respectivamente). Foi bolsista de pesquisa pela Fapesp (iniciação científica, mestrado e doutorado). Atualmente, coordena o curso de Psicologia da Faculdade São Bento da Bahia (graduação e especialização) e é professora da Faculdade São Bento da Bahia e da Faculdade Social da Bahia.

E-mail: lyoviegas@uol.com.br

Márcia Helena da Silva Melo. Psicóloga clínica infantil. Graduada em Psicologia pela Universidade Federal do Pará (1996), mestre em 1999, doutora em 2003,

com pós-doutorado no ano de 2006 em Psicologia Clínica, pela Universidade de São Paulo. Autora de artigos científicos voltados para as áreas de competência social e prevenção. Pesquisadora do Laboratório de Terapia Comportamental do Instituto de Psicologia da Universidade de São Paulo.
E-mail: mmelo@usp.br

Marilene Proença Rebello de Souza. Graduada em Psicologia pela Universidade de São Paulo (1978). Mestrado e doutorado em Psicologia Escolar e do Desenvolvimento Humano pela Universidade de São Paulo (1991 e 1996, respectivamente). É professor-assistente doutora da Universidade de São Paulo. Coordenadora e pesquisadora do Programa de Pós-Graduação em Psicologia Escolar e do Desenvolvimento Humano no Instituto de Psicologia da Universidade de São Paulo. Coordena o Laboratório Interinstitucional de Ensino e Pesquisas em Psicologia Escolar e é líder do Grupo de Pesquisa do CNPq "Psicologia Escolar e Educacional: processos de escolarização e atividade profissional em uma perspectiva crítica". Realizou estágio pós-doutoral na York University, Canadá (2001-02). É Bolsista Produtividade do CNPq, nível 2.
E-mail: mprdsouz@usp.br

Sergio Fernandes Senna Pires. Psicólogo, doutor em psicologia, com diversas especializações nas áreas de educação e segurança pública. No campo profissional foram desempenhadas funções de assessoria de autoridades e planejamento estratégico. Foi observador da Organização das Nações Unidas na Guatemala nas eleições presidenciais de 1999 e na verificação de violação de direitos humanos no período de 1999-2001. Atualmente, é consultor legislativo da Câmara dos Deputados nas áreas de Defesa Nacional e Segurança Pública. Entre outros trabalhos, assessorou parlamentares no projeto do Estatuto do Desarmamento, no grupo de trabalho para revisão do Estatuto da Criança e do Adolescente e na Comissão Parlamentar Especial constituída para apreciação do Sistema Nacional de Atendimento Socieducativo. Desenvolve trabalhos, em colaboração com pesquisadores nacionais e internacionais, no campo da participação infantil nos processos decisórios e da promoção da cultura da paz na escola.
E-mail: senna_pires@yahoo.com.br

Silvia Helena Vieira Cruz. Graduação em Psicologia (1979), mestrado em Psicologia Escolar e do Desenvolvimento Humano (1987) e também doutorado em Psicologia Escolar e do Desenvolvimento Humano pela Universidade de São Paulo (1994). Fez estágio de aperfeiçoamento no Departamento de Pesquisas da

Fundação Carlos Chagas durante o ano de 2005 e pós-doutorado na Universidade do Minho (Braga, Portugal) de 2007 a 2008. Atualmente é professora da Universidade Federal do Ceará. Tem experiência na área de Educação, com ênfase em Educação Infantil, atuando principalmente nos seguintes temas: pesquisas com crianças pequenas, trabalho pedagógico na educação infantil e formação de professores.
E-mail: silviavc@uol.com.br

Renata Fernanda Fernandes Gomes. Graduação em Psicologia pela Universidade Estadual Paulista Júlio de Mesquita Filho (2003) e mestrado em Psicologia pela Universidade Estadual Paulista Júlio de Mesquita Filho (2005). Tem experiência na área de Psicologia e Instituições, com ênfase em Psicologia Social, atuando principalmente nos seguintes temas: infância, juventude, educação, violência e relações de gênero.
E-mail: renataffg@yahoo.com.br

Ruth Bernardes de Sant'Ana. Graduação em Ciências Sociais pela Universidade de São Paulo (1989), graduação em Psicologia pela Universidade Paulista (1984), mestrado em Sociologia pela Universidade de São Paulo (1993) e doutorado em Psicologia Social pela Pontifícia Universidade Católica de São Paulo (2002). Atualmente é membro da Comissão Editorial da revista *Pesquisas e Práticas Psicossociais* (PPP) e professor adjunto doutor da Universidade Federal de São João del Rei. Tem experiência na área de psicologia, com ênfase em psicologia social, atuando principalmente nos seguintes temas: criança, brincadeira, formação, ensino fundamental e interação família e escola.
Endereço para correpondência: Praça Dom Helvécio, 74, São João del Rei, Minas Gerais, CEP 36301-160.
E-mail: ruthbs@ufsj.edu.br

impressão acabamento

rua 1822 n° 341
04216-000 são paulo sp
T 55 11 3385 8500
F 55 11 2063 4275
www.loyola.com.br